社会组织与社会治理研究

马玉丽　著

山东大学出版社

图书在版编目(CIP)数据

社会组织与社会治理研究/马玉丽著. —济南:山东大学出版社,2019.11
ISBN 978-7-5607-6513-6

Ⅰ. ①社… Ⅱ. ①马… Ⅲ. ①社会组织管理—研究—中国 Ⅳ. ①C916

中国版本图书馆 CIP 数据核字(2019)第 267724 号

责任编辑:李艳玲
封面设计:刘芳蕾 孙 骞

出版发行:山东大学出版社
社 址 山东省济南市山大南路 20 号
邮 编 250100
电 话 市场部(0531)88363008
经 销:新华书店
印 刷:山东和平商务有限公司
规 格:720 毫米×1000 毫米 1/16
15 印张 291 千字
版 次:2019 年 11 月第 1 版
印 次:2019 年 11 月第 1 次印刷
定 价:38.00 元

目　录

绪 论

自国家产生以来，如何更好地治理国家就成为最重要的课题。按照马克斯·韦伯的观点，“无论政府的任务是什么，国家治理就是要使政府职能范围内的工作得以完成”①。经过40多年的改革开放，我国在政治、经济、文化等领域都取得了巨大的成就，社会主要矛盾也发生了根本性的改变。② 社会主义建设出现新的局面：一方面，我国的经济体制发生了深刻的变化；另一方面，我国的社会结构也发生了巨大的变动。这在推动我国社会发展进步的同时，也使政府在社会管理领域面临一些新的问题和挑战：政府职能转变存在滞后性，满足不了社会管理的需要；政府直接配置资源的行为过多，影响了市场发挥作用的效率；政府公共服务不完善，在社会管理与市场监管领域存在很多问题与薄弱环节。

当前，我国已进入全面建成小康社会的关键期，传统政府在社会管理中包揽一切事务的管理模式遭到挑战，难以适应时代要求。在这一背景下，各种社会问题就需要社会多方面力量的广泛参与、合力解决。现代社会治理，是多元主体作用的治理，是以非全能政府为假设、以有限责任为基础、以法治思维与法治逻辑为手段、以提高人民生活水平和幸福感为目的而进行的服务与治理。加强与政府的沟通、通过社会组织带动社会的发展，是今天实现多元化社会治理的必然选择。这就要求政府积极转变观念，努力创新社会治理方式。

由于国情不同，国外并无“社会组织”这一提法，往往以“非政府组织”

---

① 转引自王强编著：《政府治理的现代视野》，中国时代经济出版社2010年版，第1页。

② 党的十九大报告提出：“中国特色社会主义进入新时代，我国社会主要矛盾已经转化为人民日益增长的美好生活需要和不平衡不充分的发展之间的矛盾。”参见习近平：《决胜全面建成小康社会 夺取新时代中国特色社会主义伟大胜利——在中国共产党第十九次全国代表大会上的报告》，人民网，http://politics.people.com.cn/n1/2017/1028/c1001-29613514.html。

“非营利组织”“第三部门”等概念来代替。20世纪90年代，美国著名学者萨拉蒙在其名著《全球公民社会——非营利部门国际指数》中提出“结社革命”这一概念，强调结社革命的主体乃“占据介于市场与政府之间的社会空间的各种社会组织”①。可以说，“社会组织”是一个具有中国特色的词语，一直到中共十六届六中全会，才第一次提出了“社会组织”的概念，代替了之前“民间组织”的概念。我国社会组织起步晚、基础弱，但其在参与社会治理中的作用却十分突出，推动社会组织更好地参与社会治理具有必要性与紧迫性。

虽然社会组织在参与社会治理的过程中还存在一系列的问题与不足，但外部大环境是在逐渐向好的，这为社会组织的发展提供了良好的现实基础，有利于社会组织更好地参与到社会治理中来。首先，40多年的改革开放带来的持续稳定的经济增长为社会治理奠定了经济基础。②③ 雄厚的经济基础为我国社会建设和社会治理奠定了物质基础，也为社会组织的发展提供了资金支持，有利于推动社会组织的进一步发展，促使其更好地发挥作用。其次，社会转型期给社会组织的发展带来了挑战，也带来了更多的发展空间。当前，我国正处于社会转型时期，政治、经济、社会等领域都发生着深刻变化。社会组织作为连接政府与社会的重要桥梁，应参与到社会治理中，积极承担部分公共职能，表达公众诉求，服务于社会发展。最后，社会组织发展的法治化环境逐步形成。④ 今天的法治已被提到前所未有的战略高度，

---

① [美]莱斯特·萨拉蒙等：《全球公民社会——非营利部门国际指数》，陈一梅等译，北京大学出版社2007年版，第5页。

② 从经济增速来看，1978～2017年，中国国内生产总值(GDP)的年均名义增速高达14.5%，去除年均4.8%通胀率，年均实际增速仍高达9.7%。参见张建平、沈博：《改革开放40年中国经济发展成就及其对世界的影响》，人民网，http://theory.people.com.cn/n1/2018/0515/c40531-29991327.html。

③ 从数量规模上看，1978年改革开放伊始，中国的经济规模仅有3679亿元；而到2017年，中国国内生产总值(名义)已经高达82.71万亿元，已经成为世界第二大经济体，中国经济总量占世界经济的比重由1978年的1.8%上升到2017年的16%，仅次于美国。2018年，国内生产总值已突破90万亿元，达到900309亿元，比2017年增长6.6%。参见《2018年国民经济和社会发展统计公报》，中华人民共和国中央人民政府网，http://www.gov.cn/shuju/2019-02/28/content_5369270.htm。

④ 党的十八届四中全会提出，“全面推进依法治国，总目标是建设中国特色社会主义法治体系，建设社会主义法治国家”，“法律是治国之重器，良法是善治之前提”。参见《中共中央关于全面推进依法治国若干重大问题的决定》，载《求是》2014年第21期。

为完善社会组织参与社会治理方面的法制建设提供了重要保障。①

进入新时代，社会组织被赋予了新的地位。党的十八届三中全会提出，“创新社会治理体制”②，将社会组织作为全面深化改革的重要内容③。由此可见，社会组织作为社会治理体系中的重要主体，具有不可替代的重要作用。从“创新社会管理”到“创新社会治理”，两者虽然只是一字之差，却充分体现了我们党社会治理理念的突破与转变、对社会改革与发展的勇气与决心④，同时也体现了党和国家在新时期对于重塑国家和社会关系的努力与自信。⑤

党的十九大报告将社会组织纳入中国特色社会主义事业“五位一体”的总体布局，社会组织成为新时代全方位参与社会治理的重要力量。党的十九届三中全会提出：“推动人大、政府、政协、监察机关、审判机关、检察机关、人民团体、企事业单位、社会组织等在党的统一领导下协调行动、增强合力，全面提高国家治理能力和治理水平。”⑥面对我国社会组织领域的全新机遇，社会组织应进一步明确发展定位，更好地展现新作为。⑦

尽管在当前简政放权的大背景下，政府职能正在发生转变，一定程度上优化了社会组织参与社会治理的环境，拓展了社会组织发展的空间，但从客

---

① 法治在国家治理方面具有明显优势。首先，法治是治国理政的基本方式。推进国家治理、社会治理必须以法治思维和法治方式进行。其次，法治是依法办事的方式。最后，法治是维持良好社会秩序的重要方式。

② 《中共中央关于全面深化改革若干重大问题的决定》，人民网，http://cpc.people.com.cn/n/2013/1115/c64094-23559163.html。

③ 创新社会治理体制的目的就是实现政府治理和社会自我调节、居民自治的良性互动，充分发挥社会组织的作用，进一步激发社会活力，真正实现从“依靠群众打天下”向“依靠群众治天下”的转变，政府逐渐由“全能政府”转为“有限政府”，从“撑船”转向“掌舵”。创新社会治理体制体现的是一种积极的发展观。

④ 参见易轩宇：《社会组织参与社会治理的机制创新研究》，湘潭大学博士学位论文，2015 年，第 30 页。

⑤ 党的十九大报告进一步提出：“推动社会治理重心向基层下移，发挥社会组织作用，实现政府治理和社会调节、居民自治良性互动。”

⑥ 这一规定体现了党和国家将社会组织作为机构改革的一部分，是社会组织第一次被纳入国家最高层面的机构改革设计，成为党和国家机构改革统筹谋划的一部分，社会组织成为党总揽全局、协调各方的一支重要力量。与此同时，我国社会组织法律政策体系正在加速健全和完善。参见《中国共产党第十九届中央委员会第三次全体会议公报》，新华网，http://www.xinhuanet.com/politics/2018-02/28/c_1122468000.htm。

⑦ 参见黄晓勇主编：《社会组织蓝皮书：中国社会组织报告(2018)》，社会科学文献出版社 2018 年版，https://www.ssap.com.cn/c/2018-05-17/1068019.shtml。

观情况来看,社会组织在社会治理领域的功能和作用仍未得到充分发挥,社会组织参与社会治理的成熟的运作机制尚未形成,社会组织参与社会治理的总体水平不高。比如社会组织自治性不足,内部治理结构不科学,治理能力不高,社会组织的专业化职业化水平不高,社会组织缺乏公信力,与政府的衔接不充分,等等。由此可见,实现社会组织有效参与社会治理仍然任重而道远。因此,有必要结合我国自身国情,同时适当借鉴国内外较为成熟的经验和模式,进一步完善社会组织参与社会治理的可选择的模式与机制,构建新时期政府与社会组织的良性互动模式。

第一章　社会组织参与社会治理的理论基础

第一节　社会组织概述

一、"社会组织"相关概念的界定及理论发展

（一）社会组织的概念界定

社会组织（social organization）是公共关系的主体，是公共关系的三大构成要素之一。社会组织的概念来源于英文"non-profit organization"，简称非营利组织。社会组织在中国是一个新的研究领域，学术界对此有不同称谓，如"非政府组织"（non-governmental organization）、"第三部门"（the third sector）、"独立部门"（independent sector）、"慈善组织"（charitable sector）、"免税组织"（tax-exempt sector）、"民间团体"（civil group）等，是指在社会建设与发展过程中，通过自愿的机制，在国家法律、制度框架内，不以营利为目的，致力于社会公共事业管理、服务的民间组织。①

需要说明的是，社会组织有广义和狭义之分。广义的社会组织是指除政府以外的包括政党、军队、企业、学校等在内的各类组织。狭义的社会组织有时也称为"非政府组织""非营利组织""民间组织"等，主要指以非政府的方式从事特定的或普遍的公益事业、不以营利为目的的组织。按照2015年9月中共中央办公厅发布的《关于加强社会组织党的建设工作的意见（试行）》中的规定，社会组织主要包括社会团体、民办非企业单位、基金会、社会

① 参见贾霄锋编著：《社会转型加速时期社会组织介入社会问题治理研究》，西南交通大学出版社2016年版，第1页。

中介组织以及城乡改称社区社会组织等。[①] 需要指出的是，2016年5月，民政部在《〈民办非企业单位登记管理暂行条例〉修订草案征求意见稿》公开征求意见中，将“民办非企业单位”改为“社会服务机构”[②]，修订后改称《社会服务机构登记管理条例》。《社会服务机构登记管理条例》和《基金会管理条例》是2016年9月1日起正式实施的《中华人民共和国慈善法》的配套法规；1998年制定的《民办非企业单位登记管理暂行条例》和2004年制定发布的《基金会管理条例》都需要作出相应的修改，以达到与《慈善法》相衔接的目的。《慈善法》中将“民办非企业单位”改为“社会服务机构”。根据《慈善法》第八条第二款规定：“慈善组织可以采取基金会、社会团体、社会服务机构等组织形式。”因此《社会服务机构登记管理条例》依照《慈善法》，将“民办非企业单位”改称为“社会服务机构”。[③] 这一修改标志着“民办非企业单位”的称谓将逐渐淡出人们的生活，但鉴于民政部门在进行有关的数据统计分析时仍沿用了这一称谓，故本书在相关表述时为行文方便，亦沿用这一称谓。

“社会组织”这一概念目前并未形成统一的概念界定，我国官方所称的“社会组织”主要是从狭义上来理解的，它与西方国家所称的“第三部门”(the third sector)、“非政府组织”(NGO)、“非营利性组织”(NPO)、“公民社会组织”、“志愿组织”、“公益组织”等概念的含义相近，只是强调和突出的侧重面不同，这与学者的研究视角和习惯用语不同有关。[④] 党的十六届六中全会首次提出了“社会组织”这一概念，取代了之前的“民间组织”提法。本书使用的是狭义的社会组织概念——特指社会团体、民办非企业单位、基金会。

（二）社会组织的理论发展

社会组织的概念基本上是“舶来品”，其在西方国家具有较强生命力，经历了较长时期的发展，有其自身的理论支撑。

---

① 参见《中共中央办公厅印发〈关于加强社会组织党的建设工作的意见（试行）〉》，中华人民共和国中央人民政府网，http://www.gov.cn/xinwen/2015-09/28/content_2939936.htm。

② 《社会服务机构登记管理条例》规定“社会服务机构，是指自然人、法人或者其他组织为了提供社会服务，主要利用非国有资产设立的非营利性法人”。这个定义不仅概括范围更全面，而且还能准确地反映此类组织的社会组织性质和社会服务功能。

③ 参见《〈社会服务机构登记管理条例〉修改意见稿研讨会举行》，央广网，http://news.cnr.cn/native/city/20160624/t20160624_522487881.shtml。

④ 参见谢玥：《我国社会组织参与社会治理中存在的问题及对策研究》，四川师范大学硕士学位论文，2017年，第12页。

1.志愿服务精神

目前学术界对志愿服务(volunteer service)的内涵尚无统一的界定。通常来讲,志愿服务主要是指不求回报为社会和他人进行的服务。2013 年 11 月修订的《中国注册志愿者管理办法》[①]对志愿者和志愿服务作了界定。[②]志愿服务领域主要包括扶贫济困、助老助残、社区服务、生态建设、大型活动、抢险救灾、社会管理、文化建设、西部开发、海外服务等。

志愿服务不同于有偿服务,具有自身的特点:(1)公益性。从上述志愿服务的定义可以看出,志愿服务的出发点是社会公共利益或爱心,它是自发的、不受别人强迫的行为,而且不以获取物质报酬为目的。(2)自愿性。志愿活动是自愿的而非强制性的。(3)公众性。志愿服务是公众参与社会生活的一种重要方式和途径。

国外志愿服务经历了较长的发展期。19 世纪初现代志愿服务开始萌芽,那时的志愿服务主要与宗教慈善相关联,比如英国的慈善会社等,很多慈善人员成为最早的志愿服务者。20 世纪 40 年代,尤其是第二次世界大战结束后,志愿服务进入快速发展时期,成立了大批的志愿组织,广泛开展了一系列志愿服务活动。志愿服务发展到今天,已遍布社会各个领域,在医疗救护、灾后重建、安置孤儿、环境保护等领域发挥了重要作用。世界上许多国家致力于推动志愿服务的发展,比如美国政府给予志愿服务大力支持,在学校教育、法律规范、制度建设等方面予以政策倾斜,保障志愿者的合法权益,促进志愿服务的发展。日本将志愿服务与国民教育相连接,志愿者活动被纳入学校的正式课程,在教育阶段就培育志愿服务的理念,为志愿服务的发展奠定了良好基础。

2.“市场失灵”与“政府失灵”

为了响应资本主义快速发展下弱化政府职能的呼声,早期的西方自由主义经济学家提出了“大社会,小政府”的主张,认为政府不应过多干涉社会发展,而应由市场对社会资源进行配置和调节;政府不应管得过宽,应该少

① 为贯彻落实党的十八大和十八届三中全会精神,引导广大团员青年和社会公众广泛参与志愿服务,根据团十七大及《中国青年志愿者行动发展规划(2014～2018)》要求,共青团中央对 2006 年颁行的《中国注册志愿者管理办法》进行了修订。条例共有 7 章,包括总则、注册、权利与义务、志愿服务、组织与管理、激励与表彰、附则。

② 按照《中国注册志愿者管理办法》第二条规定:“志愿者(英文名称为 Volunteer)是指不以物质报酬为目的,利用自己的时间、技能等资源,自愿为国家、社会和他人提供服务的人。”第十二条规定:“志愿服务是指志愿者不以物质报酬为目的,利用自己的时间、技能等资源,自愿为国家、社会和他人提供服务的行为。”

管，甚至不管，为市场发挥作用预留充分的空间。这一主张带来的影响就是过于相信市场，忽视了资本的逐利本性，政府放任的结果就是市场失灵，最终会爆发经济危机。

社会组织参与社会治理是防止市场失灵的有效途径之一。随着社会组织的发展壮大，其吸纳的社会工作人员越来越多，开展的业务活动范围也越来越广泛，这一方面有利于经济的发展，另一方面也有利于协调各方利益纠纷，防止垄断，稳定经济。社会组织在弥补市场失灵方面的作用主要体现在两个方面：第一，社会资源的有效配置；第二，监督企业承担相应的社会责任。[①] 在社会资源的配置方面，社会组织贴近民众，更关注民众利益最大化的实现与否，具有调动社会资源的能力。在监督企业承担社会责任方面，由于企业具有追求经济效益的特点，很多企业更关注生产效率，忽视企业社会责任，有些企业甚至为了追求经济效益的最大化而违法犯罪，严重损害了社会公众利益，例如发生在2017年的"长春长生疫苗事件"[②]。社会组织在监督企业方面可以有很多作为，例如可以通过开展相关的宣传，督促企业注重环保、节能、承担社会责任，等等。

经济的高速发展也带来了社会利益主体的分化，不同利益主体之间的诉求日益多样化，社会的利益整合困难重重。在这种情况下，政府不可能满足所有人的需求，也不可能解决所有的社会问题，也就出现了"政府失灵"。1974年，美国经济学家伯顿·韦斯布罗德(Burton A. Weisbrod)提出政府失灵理论。该理论认为，国家机构在提供社会公共服务方面存在很大的限制性，急需社会组织来弥补出现的一系列问题。[③] 在接二连三发生"市场失灵""政府失灵"的情况下，西方国家的社会问题增多、矛盾频发，社会治理出现危机，急需新的力量介入。社会组织的成员来自于社会的各个阶层，他们掌握着广泛的社会资源，在提供公共服务方面具有一定的优势和经验。因此，社会组织可以有效填补政府失灵与市场失灵造成的空白地带，较好地满足社会的多样化需求。社会组织的民间性、志愿性等特性使其能更好地扎

---

① 参见盛婷婷：《我国社会组织参与社会治理中的政府责任研究》，长春工业大学硕士学位论文，2018年，第10页。

② 2017年11月，长春长生生物科技有限公司和武汉生物制品研究所有限责任公司生产的各一批次共计65万余支百白破疫苗效价指标不符合标准规定，被食药监总局责令查明流向，并要求立即停止使用不合格产品。

③ 参见唐敏：《社会组织参与社会治理研究》，贵州民族大学硕士学位论文，2015年，第24页。

根社区、代表民意，及时回应来自民众的心声和需求。社会组织对社会问题更有敏锐性，能够在第一时间尽早介入社会问题或者公共事务治理。① 这就使得政府可以有更多的资金和精力去应对更为复杂的社会问题，有更多余力去化解矛盾纠纷，从而实现社会秩序的稳定。

3.“第三方管理”理论

20 世纪 90 年代，“第三方管理”理论兴起，这是国际社会回应全球秩序变迁的产物，在欧美国家产生了广泛影响。该理论是对资本主义内部传统民主主义和新自由主义的扬弃，“它坚定地超越了那种专注于国家控制、高税收与生产者利益的旧左派，和那种把公共投资以及常常把‘社会’和集体事业概念当成邪恶而要予以消除的新右派”②。

萨拉蒙提出了第三方政府理论③，该理论主要从平衡政治与权力的视角对非政府组织存在的必要性予以阐释，强调非政府组织的存在对弥补市场失灵和政府失灵具有重要作用。在对比分析由政府和非政府组织提供公共物品所产生的成本时，萨拉蒙引入了“交易成本”。通过对比分析发现，由非政府组织提供公共服务所产生的成本较低。这一结果意味着在应对市场失灵时，可以由非政府组织承担部分公共服务职能。非政府组织具有更大的灵活性和创新性，使其在提供公共服务时能够发挥自身的优势，既降低了社会成本又提高了效率。④

实际上，“第三方管理”理论在政治上要超越传统的“左”与“右”的分野，有利于寻求到更广泛的社会支持。在国家与市场的关系问题上，“第三方管理”理论放弃了国家主义的思想和市场是恶的伦理判断，认为市场和国家都是经济运行的必要调控手段，力图建立一种富有活力的能够克服纯粹的市场或政府主导型经济缺陷的“混合经济”模式；在社会政策上提出建立包容性的社会，改革社会福利制度，建立“积极的福利社会”，重视环保，更新公共

---

① 参见贾霄锋编著：《社会转型加速时期社会组织介入社会问题治理研究》，西南交通大学出版社 2016 年版，第 2～3 页。

② 陈林等主编：《第三条道路：世纪之交的西方政治变革》，当代世界出版社 2000 年版，第 5 页。

③ 萨拉蒙认为：“所谓第三方政府，其主要特征是由民间组织执行政府的目标，完成政府希望完成而没有精力完成的事情，对公共财政的支出具有实质上的裁量权，防止权力滥用，代为政府执行公共权力。社会通过第三方政府的组织来增加政府提供社会福利的功能。”参见杨得志：《非政府组织对农村治理的参与研究》，载《管理现代化》2012 年第 5 期。

④ 参见贾霄锋编著：《社会转型加速时期社会组织介入社会问题治理研究》，西南交通大学出版社 2016 年版，第 3 页。

资金观念等。在实践中，持该理论的学者提出政府要“少一些管，多一些治理”，强调建立政府与市民社会之间的合作互动关系，改善中央与地方的关系，政府同社会组织建立各种合作互助关系等。①

早期的社会组织主要由传统的慈善组织构成，在后来的发展进程中，它的结构、形态越来越复杂，经费来源日益多样化。20 世纪 70 年代末，社会组织对公共政策的影响日益明显；20 世纪 80 年代以来，社会组织更致力于各种社会问题的解决，它们积极参与社区建设、地方自治、公共政策的制定和执行等公共管理过程。在此基础上，社会组织逐渐形成积极参与政策制定、实施过程的基本功能。②

由此可见，正是以上的理论奠定了社会组织发展的基础，同时也决定了社会组织的特征以及其介入社会问题治理的空间与边界。

二、社会组织的功能与基本属性

通过考察社会组织几十年的发展可以看出，社会组织成员之间有共同的奋斗目标，会形成合力，共同去完成一系列社会公共事业，从而形成一个稳定的、开放的系统。社会组织在社会治理中具有特殊意义：一方面，社会组织心系公众利益，致力于满足公民切身需要，也为政府与公众之间搭建了沟通的桥梁，有利于激发民众的政治参与热情，促进公共政策的完善；另一方面，社会组织也履行了政府部门的部分公共职责，凭借自身优势，弥补政府失灵，促进政府职能转变，减少社会矛盾纠纷，促进社会秩序的稳定和谐。因此，社会组织既可以服务于公民，又可以协助政府进行社会治理。③ 以“5·12”汶川地震为例，据不完全统计，当时全国直接参与汶川地震灾害救灾工作及灾后重建工作的社会组织就达 5000 多家，间接参与的社会组织约 20000 家，以中华慈善总会、红十字会、中国社会组织促进会、中国扶贫基金会为代表的全国性公益慈善组织呼吁全社会向灾区进行慈善捐助。截至

---

① 第三方管理理论中的第三方主要指非政府组织。在美国，非政府组织拥有的权力是比较大的，可以帮助政府进行多方面的社会治理。之前由政府负责的事务逐渐被分摊给非政府组织，这同时也促进了非政府组织的发展，公共部门与私营部门的关系日益密切。参见刘远波：《我国非政府组织参与社会治理研究》，郑州大学硕士学位论文，2017 年，第 14 页。

② 参见贾霄锋编著：《社会转型加速时期社会组织介入社会问题治理研究》，西南交通大学出版社 2016 年版，第 4 页。

③ 参见盛婷婷：《我国社会组织参与社会治理中的政府责任研究》，长春工业大学硕士学位论文，2018 年，第 6 页。

2008 年 6 月 21 日，全国共接收社会组织捐赠物款达到 467.4 亿元。这次灾难中社会组织参与社会治理的行为表现被学界誉为“井喷式”爆发，社会组织的作用进一步凸显。[①]

从社会组织的概念及实践中的作为可以看出，社会组织具有以下几方面的基本属性：

第一，非政府性。不隶属于政治体制是社会组织与政府之间的根本区别。社会组织具有独立性，它们不隶属于政府机构，也不隶属于政府的附属部门。虽然社会组织履行的公共职能与政府相似，但其职能和职责还是有自己的特点。当然，社会组织与政府之间也有一定的共性，即它们都属于社会的公共部门，这点与经济组织不同。[②]

第二，志愿公益性或互益性。这是社会组织最重要的一个属性。社会组织不以营利为目的，存在的目标并非经济利益，不以追求利润和权力为原则，而是以志愿精神、奉献精神为纽带凝聚在一起的组织形态。

第三，民间性。社会组织的成员来自于民间，代表民众的利益和诉求。社会组织不是由国家出资设立的[③]，其资金虽然有部分来自于政府的财政性投资，但最主要的来源是创办者的个人资产、集体财产、社会或个人的捐赠等，因此民间性是社会组织的一个重要属性。

第四，非营利性。社会组织与私人部门不同，不具有营利性，这是社会组织区别于经济组织的根本属性。社会组织并不以创造财富或获取经济利润为目标，其活动宗旨是服务社会与大众。[④] 社会组织是政府与社会之间沟通的桥梁，主要职责是表达公共诉求、缓解社会矛盾、提供公共服务，最终实现社会公共利益。

---

① 参见易轩宇：《社会组织参与社会治理的机制创新研究》，湘潭大学博士学位论文，2015 年，第 62～63 页。

② 参见谢玥：《我国社会组织参与社会治理中存在的问题及对策研究》，四川师范大学硕士学位论文，2017 年，第 12 页。

③ 由国家自身举办或者其他组织利用国有资产举办的，从事教育、科技、文化、体育、卫生等活动的社会服务组织，属于事业单位。事业单位接受政府领导。社会组织主要是由企事业单位、社会力量以及公民个人等举办的，而不是由政府或政府的部门举办的。

④ 这点与企业等经济组织不同。在市场经济条件下，经济组织包括服务类经济组织。这些经济组织是以营利为目的的，运用各种生产要素向市场提供商品或服务。获取利益，它们的宗旨是通过其经营活动获取利润，追求经济效益。社会组织则不同，它们不是经济组织，不从事产品生产和流通，不提供商品，而是以非营利性的社会服务活动为主业，以方便群众、服务大众、促进社会公共利益的实现和社会的进步与发展为主要宗旨。

第二节　社会治理概述

一、“治理”的概念界定及特征

（一）“治理”的概念

“治理”最早出现在古希腊语和拉丁语中，初始的意思是引导、操纵、控制，主要被运用于和公共管理、公共服务相联系的社会管理以及政治活动当中。[①] 20世纪90年代开始，“治理”的概念开始在公共管理领域兴起。作为现代意义上的世界范围内的公共行政改革潮流与理论实践，治理研究源于西方国家治理现象全球化，全球治理理念方兴未艾。[②]“治理”概念最早可追溯至拉丁语“gubernare”，目前其英文动词为“govern”，名词为“governance”，意为统治、掌舵。在很长一段时间内，“治理”与政府“统治”（government）区别不大，两者经常交替使用，主要指管理国家公共事务等。[③]

20世纪90年代以来，随着全球政治、经济、社会文化等的不断发展，西方政治学家与经济学家对“治理”的含义进行了拓展。[④] 至此，“governance”所涵盖的范围已超出了传统意义上的范围，它突破了政治学领域，逐渐被应用到社会经济领域，此时的“governance”与“government”含义有了明显的区别。有学者认为，“governance”在很长一段时间内“在许多语境中大行其道，以至于成为一个可以指涉任何事物或毫无意义的‘时髦词语’。它得以复活的重要因素或许在于有必要区分‘governance’与‘government’。governance 指治理的方式、方法，government 指负有治理之责的机构，而 governing

① 参见刘震：《社会组织参与社会治理的路径研究》，南昌大学硕士学位论文，2014年，第10页。

② 参见许玉镇：《公众参与政府治理的法治保障》，社会科学文献出版社2015年版，第39页。

③ G. Stoker, *The Management of British Local Governance*, Macmilan, 1998, p. 17.

④ 例如，著名的治理理论创始人詹姆斯·罗西瑙认为治理是“一系列活动领域的管理机制，它们虽未得到正式授权，却能发挥作用。治理，不等同于通知，指一种由共同目标支持的活动，这些活动的主体不一定是政府，也并不完全靠国家的强制力来实现治理的目标”。参见[美]詹姆斯·罗西瑙主编：《没有政府的治理》，张胜军、刘小林等译，江西人民出版社2001年版，第4～5页。

则用来指治理行为本身”[1]。可见，在统治模式时期，社会控制的核心在于“治民”，管理时代的核心在于“管民”，治理时代政府与民众的关系则处在政民互动、公私协作的正和博弈阶段。[2] 联合国全球治理委员会认为治理是一个过程，其基础是协调，涉及公私部门之间的持续互动。[3] 这一表述成为“治理”的一个具有代表性和权威性的定义。

围绕“治理”的概念界定问题，国内外学术界展开了一系列研究，产生了诸多有关治理的理论学说，使得治理理论成为当今国际学术界最热门的前沿理论问题之一。从治理维度来看，有地方治理、大学治理、公司治理、国家治理、全球治理等。[4] 从名称上就可以看出，治理涉及诸多具体的领域，这表明治理已在实践中得到广泛应用。目前，“治理”一词尚未形成统一的概念界定，我国学者俞可平认为：“治理的基本含义是指官方的或民间的公共管理组织在一个既定的范围内运用公共权威维持秩序，满足公众的需要。”[5]

（二）治理的特征

治理涉及的领域众多，且具有广泛的适用性。治理的特征主要体现在以下几方面[6]：

第一，治理的主体不一定是政府，还可以是政府之外的其他私人机构等。相比“统治”概念中强调的统治主体的一元性，治理强调治理主体的多元性。治理与统治既有区别又有联系。二者的共同之处在于，治理的最终

---

① ［英］鲍勃·杰索普：《治理的兴起及其失败的风险：以经济发展为例的论述》，漆芜译，载《国际社会科学杂志》（中文版）1999 年第 1 期。

② 参见江必新：《推进国家治理体系和治理能力现代化》，载《光明日报》2013 年 11 月 15 日。

③ 1995 年，联合国全球治理委员会发表了题为《我们的全球伙伴关系》的研究报告，其中对治理作出了界定，它是“各种公共的或私人的机构管理其共同事务的诸多方式的综合。它是使相互冲突的或不同的利益得以调和并且采取联合行动的持续的过程。它既包括有权迫使人们服从的正式制度和规则，也包括各种人们同意或以为符合其利益的非正式的制度安排。它有四个特征：治理不是一整套规则，也不是一种活动，而是一个过程；治理过程的基础不是控制，而是协调；治理既涉及公共部门，也包括私人部门；治理不是一种正式的制度，而是持续的互动”。

④ 参见贾霄锋编著：《社会转型加速时期社会组织介入社会问题治理研究》，西南交通大学出版社 2016 年版，第 7 页。

⑤ 俞可平主编：《治理与善治》，社会科学文献出版社 2000 年版，第 24 页。

⑥ 参见李风华：《治理理论：渊源、精神及其适用性》，载《湖南师范大学社会科学学报》2003 年第 5 期。

目标也是维护社会的正常秩序,因此治理也需要权威,需要人们遵守社会秩序,维持社会的和谐稳定。治理与统治也有明显的区别,总体而言,统治的主体一定是公共机构,权威必定是政府,而治理指的是一种由共同的目标支持的活动,尽管一定程度上也需要权威,但与统治的权威是政府不同,治理的权威可以是公共机构,可以是私人机构,也可以是公私合作的机构,治理主体的多元化意味着治理的权威也是多元的。治理是政府与非政府的合作、公共机构与私人机构的合作、强制与自愿的合作,这些管理活动虽未得到正式授权,却能有效发挥作用。

第二,治理强调的是国家与社会之间的合作,更强调国家对社会的依赖关系,一定程度上模糊了公共领域与私人领域的明确界限。如果说社会管理主体的多元化是对政府社会管理的补充,那么社会治理即是对社会管理主体多元化的进一步延伸。① 现代国家的趋势之一就是将政府独自承担的责任逐渐向社会转移。其他主体诸如市场、社会组织等正在承担很多原先由政府承担的责任,国家与社会、公共部门与私人部门之间的界限不再分明,治理理论便应运而生。

第三,治理的方式和手段是多元化的。在治理过程中,解决问题的途径不再局限于政府层面。在公共事务的管理过程中,政府逐渐探讨其他的管理方式、方法、手段、工具、技术等,力求采取多样化的方法来实现治理的最佳效果。② 治理在依靠政府权威的同时,也可以依赖于市场化的手段。考虑新技术及工具的应用,治理手段应由以强制性为主向以平等对话、合作为主的多元化手段转变,强调多元主体共同对社会公共事务的协同治理。

第四,治理更强调管理对象的参与性,整个过程呈现上下互动的模式。这一点与统治是不同的。在统治过程中,主要运用政府的政治权威来管理社会公共事务,权力是自上而下运行的。在治理过程中,它主要通过不同部门、不同主体间的合作、协商进行,因此是一个上下互动的过程。

第五,治理目标多元化,即一改传统的"善政"治理目标,转变为"善治"治理;具体来说,治理目标应由单纯追求效率向公共利益最大化的实现转变,以最终达成国家与公民社会间的互动与合作的关系。

---

① 参见童星:《中国社会治理》,中国人民大学出版社 2018 年版,第 11 页。

② 参见唐兴霖:《国家与社会之间:转型期的中国社会中介组织》,社会科学文献出版社 2013 年版,第 47 页。

二、"社会治理"的概念及特征

(一)"社会治理"的概念

长期以来,我们使用更多的是"管理"或"社会管理"的概念。党的十八届三中全会首次从国家战略的高度,对治理思想作出了重要的具有中国特色的解释。在十八届三中全会《关于全面深化改革若干重大问题的决定》(以下简称《决定》)中,"治理"概念被明确直接提及 24 次之多。[①] 在"创新社会治理体制"的小标题下,用了 1000 字左右的篇幅,阐述了一个新的执政理念——"社会治理"[②],把"完善和发展中国特色社会主义制度,推进国家治理体系和治理能力的现代化"作为全面深化改革的总体目标。在此基础上,党的十八届五中全会进一步指出:"构建全民共建共享的社会治理格局。"[③]这是对社会治理思想认识上的再次升华,也是探索实现中国社会治理现代化的指导思想和实践路径。只有确认广大人民群众的主人翁主体地位,调动全体人民共同参与、共同创造、共同建设的积极性,才能实现让全体人民共同享有经济发展成果的全面小康社会。[④]

新的"社会治理"概念的提出,引出了一系列问题:什么是社会管理?什么是社会治理?社会管理与社会治理是什么关系?两者之间有什么区别?在十八届三中全会的《决定》中,为什么要用社会治理取代社会管理?关于社会治理的研究逐渐成为学界研究的热点,但由于受西方思想的影响,国内学界对社会治理的概念尚未达成共识。因此,批判吸收西方治理的核心内涵,结合中国文化和国情来界定社会治理的基本概念,是创新社会治理的基础和前提。[⑤]

"如果说 19 世纪至 20 世纪之交的改革家们倡导建立最大限度的中央控制和高效率的组织结构的话,那么 21 世纪的改革家们则将今天的创新视为

---

① 参见王浦劬:《国家治理、政府治理和社会治理的基本含义及其相互关系辨析》,载《社会学评论》2014 年第 3 期。

② 参见唐钧:《社会治理的四个特征》,http://theory.gmw.cn/2015-03/02/content_14967028.htm,2015 年 3 月 2 日。

③ 《中共中央关于制定国民经济和社会发展第十三个五年规划的建议》,人民网,http://cpc.people.com.cn/n/2015/1103/c399243-27772351.html。

④ 参见陶希东等:《共建共享:论社会治理》,上海人民出版社 2017 年版,第 7 页。

⑤ 参见陶希东等:《共建共享:论社会治理》,上海人民出版社 2017 年版,第 8 页。

是一个创建以公民为中心的治理结构(citizen-centered governance structure)的复兴实验过程。"[①]"governance"即"治理",在20世纪后半期随着新公共管理理论的风行而得到学界和政界的青睐。关于"社会治理"的概念界定,学者从不同的视角进行了阐述。例如,有的学者从多元主体的目标的角度来界定[②],有的学者从执政党与多元治理主体的关系的角度来界定[③],有的学者从多元主体发挥作用的过程的角度来分析[④],有的学者从社会治理的本质上进行界定[⑤],也有学者从共建共治共享下的社会秩序构建视角进行阐述[⑥]。

(二)社会治理的特征

党的十九大报告提出打造"共建共治共享"的社会治理格局,并将其列为加强和创新社会治理的七大战略决策之一,突出强调了新时期社会治理的基本格局。"共建"意味着多方合力合资,"共治"突出各方合智合作,"共享"则关注共益共赢,三者的重心集中于一个"共"字。"公共治理体系包括治理的主体如政府、公共组织、非营利性组织、私人组织、社会个人等

① [美]理查德·博克斯:《公民治理:引领21世纪的美国社区》,孙柏瑛等译,中国人民大学出版社2005年版,第10页。

② 例如将社会治理界定为"在社会领域中,从个人到公共或私人机构等各种多元主体,对与其利益攸关的社会事务,通过互动和协调而采取一致行动的过程,其目标是维持社会的正常运行和满足个人和社会的基本需要"。参见唐钧:《社会治理的四个特征》,http://theory.gmw.cn/2015-03/02/content_14967028.htm,2015年3月2日。

③ 例如有学者认为:"在我国,社会治理是指在执政党领导下,由政府组织主导,吸纳社会组织等多方面治理主体参与,对社会公共事务进行的治理活动。"参见王浦劬:《国家治理、政府治理和社会治理的基本含义及其相互关系辨析》,载《社会学评论》2014年第3期。

④ 例如有学者认为,社会治理是"以实现和维护群众权利为核心,发挥多元治理主体的作用,针对国家治理中的社会问题,完善社会福利,保障改善民生,化解社会矛盾,促进社会公平,推动社会有序和谐发展的过程"。参见姜晓萍:《国家治理现代化进程中的社会治理体制创新》,载《中国行政管理》2014年第2期。

⑤ 例如俞可平认为:"社会治理本质上就是组织权利的转移和重新在不同主体间进行分配,在地位平等的主体和其自愿的基础上的一种有效合作,从而形成一种良性和有效率的互动。"参见俞可平等:《中国公民社会的兴起与治理的变迁》,社会科学文献出版社2002年版,第31页。

⑥ 例如"社会治理就是在中国共产党的统筹和领导下,充分发挥政府、市场、社会三个领域的各自优势,通过共商共议、共建共享、共治自治等方式,有效化解制约社会的诸多社会问题和矛盾,从而构建富有活力,包容、公平、和谐的社会秩序的动态过程"。参见陶希东等:《共建共享:论社会治理》,上海人民出版社2017年版,第8页。

……治理的方式如强调各种机构、团体之间的自愿、平等合作。”[①]因此，“共建共治共享”体现了社会治理的公共性、多元性、跨界协商性和共生性。[②] 通过对社会治理概念的界定，可以看出社会治理具有以下几方面的显著特征：

第一，主体的多元。当前，我国相对单一的社会结构正向相对多元的社会结构演进，利益主体呈现多元化。经历改革开放40多年的发展，我国的经济、社会、阶层结构等都发生了深刻的变化，分化出了一些新的社会阶层和群体，社会的利益主体出现多元化趋势。社会整体由各种各样的阶层和群体组成，不同阶层、群体的利益和诉求均不相同。随着改革的持续深化，社会的结构性矛盾突出，社会各阶层的利益整合更加复杂和困难。因此，社会治理必须非常重视治理主体的多元化。社会治理的主体既包括公共部门，也包括私人部门，政府不再对所有的公共服务事项大包大揽，不同主体共同参与社会治理，共同分享发展成果。

第二，方式的多元。与以往传统的社会管理不同，社会治理不再仅靠政府的行政审批、行政命令等方式，而是更加强调治理手段和治理方法的多元化，更多采用经济手段、行业自律、道德教育、科技等手段，采取一系列的协商、对话、协作、谈判、妥协等方式，促进不同主体的沟通协调，从而更好地配置社会资源，协调解决社会矛盾。

第三，各方的互动。社会治理更加注重引导全社会达成利益共识，特别是针对长期目标的利益共识，因此是一个适合多元主体参与的治理框架和社会机制。在社会治理的背景下，多元主体都可以提出自身的利益诉求，采取合理的表达利益诉求的方式，并在沟通交流、相互妥协、协商一致的基础上达成社会共识。

第三节　社会组织参与社会治理的有关理论

“政府—市场—社会”多元合作与良性互动是和谐社会的重要表征。

① G. Stoker, “Governance as Theory: Five Propositions,” *International Social Science Journal*, Vol. 68, 2018, pp. 15-24.

② 参见王名、董俊林：《关于新时代社会治理的系统观点及其理论思考》，载《行政管理改革》2018年第3期。

市场失灵、政府失灵与志愿失灵的存在，表明单靠市场、政府与社会一元的治理机制不能实现社会的善治；只有建立政府、市场和社会的良性互动与合作格局，实现多元合作治理，才能实现社会良治。目前，完善“党委领导、政府负责、社会协同、公众参与、法治保障”的社会治理体制[①]已成为共识，中国社会治理的未来走向必然是多元主体协商共治的社会治理和社会善治。[②]

党的十九大将对社会治理的认识提高到一个新的高度，形成了全面深化改革整体框架中关于社会治理的系统观点和相对完整的思想体系。[③] 从十九大报告中可以看出，党和国家对社会组织在新时期提出了更高期待和要求，在全面推进国家治理体系和治理能力现代化和全面深化改革的大格局中，社会组织作为当前社会主义现代化建设的重要推动力量，将发挥越来越重要的作用。

社会治理理论的形成与发展不是一蹴而就的，也不是一成不变的。20世纪80年代以来，社会经济取得巨大进步，传统公共行政理念经历了改革，围绕公共治理理论以及治理实践的解释，衍生出诸多的思想流派。它们的出现也适应了政府管理和社会发展的实际需求。不同思想流派所主张的治理范式也是不断演进的，是一种不断被怀疑和经历改革以获得成熟、完善的变迁过程。[④]

一、新公共管理理论

当代西方以“新公共管理”或“管理主义”为名的政府改革往往被人们描述为一场以追求“三 E”[⑤]为目标的管理改革运动。新公共管理的概念是英国著名管理学家胡德于1991年在《公共行政》杂志发表的《一种普适性的公

---

① 参见习近平：《决胜全面建成小康社会 夺取新时代中国特色社会主义伟大胜利——在中国共产党第十九次全国代表大会上的报告》，人民网，http://politics.people.com.cn/n1/2017/1028/c1001-29613514.html。

② 参见王振海等：《社会组织发展与国家治理现代化》，人民出版社2015年版，第58页。

③ 参见王名、董俊林：《关于新时代社会治理的系统观点及其理论思考》，载《行政管理改革》2018年第3期。

④ 参见高秉雄、张江涛：《公共治理：理论缘起与模式变迁》，载《社会主义研究》2010年第6期。

⑤ “三 E”即“Economy”“Efficiency”和“Effectiveness”，代表着经济、效率和效益。

共管理?》一文中首先提出和使用的。[①] 新公共管理运动兴起的直接动因,在于公共行政模式在新的时代背景下已难以适应经济社会发展的需要。它发起于英国[②]、美国[③]、新西兰和澳大利亚[④],并随着实践的发展逐渐扩展到其他西方国家[⑤]乃至全世界,新公共管理在理论和实践上逐渐被广泛接受和认可。[⑥] 由于各国国情及具体实践的不同,对于新公共管理的定义也存在差异。例如,经济合作与发展组织(OECD)所作的界定是:(1)企业管理技术的采用;(2)服务及顾客导向的强化;(3)公共行政体系内的市场机制及竞争功能的引入。英国著名学者胡德将新公共管理的特征归纳为以下几个方面:

---

① 参见王强编著:《政府治理的现代视野》,中国时代经济出版社 2010 年版,第 132 页。

② 英国是新公共管理运动的重要发源地之一。1979 年撒切尔夫人上台后,英国保守党政府推行了西欧最激进的政府改革计划,掀起了这场以注重商业管理技术,引入竞争机制和顾客导向为特征的新公共管理改革。该运动分 4 个阶段:第一,引入私人部门管理技术阶段。撒切尔内阁提出著名的"三 E"标准,即经济(Economy)、效率(Efficiency)和效益(Effectiveness),作为衡量行政管理和公共服务水平的最终尺度。第二,公共服务私有化阶段。这使政府规模和活动范围大大缩小。第三,公共服务代理化阶段。决策部门只负责政策制定,不再掌管政策执行。第四,公共和私人部门伙伴关系阶段。参见 https://baike.so.com/doc/6420145-663817.html。

③ 美国也是新公共管理的起源国家之一。里根政府崇尚市场至上、个人自由和政府最小化。其基本理念是:政府就应像一个大型公司那样予以组织和管理,公共部门和私人部门都需按照同样的经济参数和管理原则进行评价。里根政府大规模削减政府机构和收缩公共服务范围,将私人部门成功的管理方法引入公共部门管理领域之中,以提高政府效率。里根政府认为美国公共部门的低效及失败的主要原因是:第一,国会对联邦政府机构的日常管理的过多干预;第二,人事尤其是高层人事管理缺乏连续性;第三,缺乏追求高效和经济的诱因;第四,会计和管理信息系统不完善;第五,缺乏强有力的中央财政和会计管理。克林顿上台后,开始了大规模的政府改革"重塑政府运动"(Reinventing Government Movement),其目标是创造一个少花钱多办事的政府,并坚持顾客导向、结果控制、简化程序和一削到底原则;改革的基本内容是精简政府机构、裁减政府雇员、放松管制、引入竞争机制以及推行绩效管理。参见 https://baike.so.com/doc/6420145-663817.html。

④ 新西兰、澳大利亚与英国被人们视为新公共管理改革最为迅速、系统、全面和激进的国家。尤其是新西兰,它因改革的深度、广度、持续时间和成效而被许多西方国家奉为典范。澳大利亚和新西兰与其他经合组织成员国相比,更多、更明确地采用了管理主义的模式。在公共部门引入私人部门的管理方式以及市场机制,是公共管理方式的根本性转变。改革几乎涉及所有公共部门以及公共部门的组织、过程、角色和文化等方面,改革的具体措施包括结构变革、分权化、商业化、公司化、私有化等。

⑤ 欧洲大陆各国(德国、法国、荷兰、瑞典等)的行政改革有所不同,它不具有英、美、新西兰和澳大利亚等国的行政改革的那种系统、全面、连续和激进的特点。但是欧洲大陆的行政改革同样带有明显的管理主义色彩,或多或少表现为"新公共管理"取向。

⑥ Donald F. Kettl, "The Global Revolution in Public Management: Driving Themes, Missing Links," *Journal of Policy Analysis and Management*, Vol. 16, No. 3, 1997, pp. 446-462.

(1)即时的专业管理;(2)标准明确与绩效衡量;(3)强调产出控制;(4)转向部门分权;(5)转向竞争机制;(6)强调运用私营部门的管理风格、方法和实践;(7)强调资源的有效利用。[①] 尽管表述存在不同,但它们的基本取向却大同小异,即都认为新公共管理是一种以采用商业管理的理论、方法及技术,引入市场竞争机制,旨在提高公共管理水平及公共服务质量的管理主义。新公共管理运动强调市场竞争、效率的优越性,由此购买服务逐渐获得发展,成为社会治理的重要机制。

二、新公共服务理论

(一)新公共服务理论的基本内涵

随着经济社会的发展,新公共管理理论暴露出一些缺陷,在对其进行批判和反思的基础上,学者们提出了新公共服务的新理论。简言之,新公共服务理论是从市场和经济学的角度重塑行政的理念和价值,从而建立的一整套全新的行政发展架构的理论体系。新公共服务理论认为公共部门不能只与市场合作,追求效率至上,也应当与社区等其他组织合作,注重公共价值与服务质量。

登哈特夫妇提供了比较新公共服务与新公共管理的一个代表性范式,他们提出了对服务行政有重要指导意义的 7 个方面:(1)服务而非掌舵;(2)公共利益是目标而非副产品;(3)战略地思考,民主地行动;(4)服务于公民而不是顾客;(5)责任并不是单一的;(6)重视人而不止是生产率;(7)超越企业家身份,重视公民权和公共服务。[②] 新公共服务理论是对新公共管理理论的补充和完善。新公共服务理论实现了诸多创新,适合现代公民社会发展的需要,它尤其重视对公民权和公共利益的保护,强调提供公共服务,在

---

① 参见张成福、党秀云:《公共管理学》,中国人民大学出版社 2007 年版,第 17 页。

② 参见[美]珍妮特·登哈特、罗伯特·登哈特:《新公共服务:服务,而不是掌舵》,方兴、丁煌译,中国人民大学出版社 2010 年版,第 7～10 页。

新公共管理理论的基础上提出了一套新的政府管理模式。①

从新公共管理到新公共服务，购买服务经历了由关注成本与效率到兼顾公平、服务质量、公共价值与责任等的过程。② 购买服务产生的理论根源，主要是来自市场、政府和志愿失灵的压力。经济活动越来越复杂以及由此而来的频繁的市场失灵，迫使经济学家们对政府的匡正作用不断进行新的探讨。③

（二）新公共服务理论的创新之处：传统公共行政、新公共管理和新公共服务的比较（见表1-1）

表1-1　传统公共行政、新公共管理和新公共服务的比较

	传统公共行政	新公共管理	新公共服务
理论基石、认识论的基础	政治学理论，如官僚制理论、政治与行政两分法，传统社会科学提供的政治和社会意义的辩词	经济学理论，主要是交易成本理论，基于实证社会科学产生	民主公民权、社区与公民社会模型、组织人本主义、新公共行政以及后现代公共行政④，倾向于实证、阐释、批判和后现代研究视野

① 第一，强调尊重公民权利。新公共服务理论将公民置于首位，强调对公民的服务，并将权利授予公民。新公共服务理论家们相信公共组织如果能在尊重公民的基础上通过合作和分享来实现正常运行，就一定能获得成功，所以提出政府必须要真正了解公民在关心什么，必须对他们的需要和利益作出回应。第二，呼吁维护公共利益。新公共服务理论的核心价值理念是追求公共利益，关键是所有的公民能够参与其中。只有当公民参与其中，对公共利益的关注程度才会超过对自身利益的关注程度，当他们能够根据公共利益去行动时，社会的广泛利益才能统一起来，最终惠及每个人。第三，重新定位政府角色。新公共服务理论批判新公共管理将政府的职责放在“划桨”或“掌舵”上，它看到当今政府不再仅仅是处于控制地位的掌舵者，同时也是重要的参与者，它认为公共管理的本质是服务，政府或公务员的首要任务是帮助公民明确表达并实现他们的公共利益，而不是去控制或驾驭社会，即主张努力构建一个具有完整性和回应性的公共机构。

② 参见王名：《社会组织与社会治理》，社会科学文献出版社2014年版，第311页。

③ 参见文贯中：《市场机制、政府定位和法治——对市场失灵和政府失灵的匡正之法的回顾与展望》，载《经济社会体制比较》2002年第1期。

④ 参见陈建平：《“新公共服务”的公共理性诉求》，载《上海行政学院学报》2007年第2期。

续表

	传统公共行政	新公共管理	新公共服务
理性基础及相关人员的行为模型	服从于行政命令的"行政人员"	经济理性,"理性经济人"①或利己主义者,关注个人利益	公共理性,对政府责任、公共利益、公共精神、公民权利的回归与关切
公共利益的概念	政治层面加以定义并在法律层面加以解释	个人利益的集合	围绕共享价值开展对话的协商结果
公民角色定位	服从统治与管理	顾客	公民
政府角色定位	划桨(设计并执行)	掌舵(激发市场力量)	服务(服务公民和社会团体,平衡多方利益、价值与利益共享)
运行过程及责任	执行行政决策、命令,依照代议制或科层制对选民或上级负责	注重市场作用的发挥,建立激励机制,允许私人和非营利性组织参与	注重公共责任,关注多元主体的不同利益,加强公共组织、非营利性组织与私人的合作,综合运用法律、道德、公共价值、行业规范、政治规范等
组织形式	官僚组织、集权	分权	合作
民众自主性	被动参与	事关自身利益时才参与	积极、主动参与
管理或治理中的资源配置	政府配置:行政命令	市场配置:遵循市场规律	多元配置:政府协调与服务
政府及其工作人员的行为动机和价值取向	支出和收益,追求效率	企业家精神、精简政府机构、既追求效率又追求效益	公共服务,注重公共利益,承担责任

① 理性经济人假定是经济学家在作经济分析时关于人类经济行为的一个基本假定,意思是经济决策的主体都是理性的,即所追求的目标都是使自己的利益最大化。具体来说就是消费者追求效用最大化,厂商追求利润最大化,要素所有者追求收入最大化,政府追求目标决策最优化。参见互动百科,https://baike.so.com/doc/5922127-6135048.html。

三、多中心治理理论

(一)多中心治理理论产生的背景

“多中心作为一个概念，包含着一种审视政治、经济以及社会秩序的独特方法。”①作为当今西方学术界最热门的理论之一，“多中心”这一概念由迈克尔·博兰尼在《自由的逻辑》一书中首次提及和阐释，目的是为了证明自发秩序的合理性以及阐明社会管理可能性的限度。博兰尼对两种社会秩序进行了区分：第一种是指挥的秩序，该种秩序需要凭借权威，即上下级指挥与服从的关系来实现自身的运转。第二种秩序是多中心的秩序，在此种秩序下，不同的行动单位是互相独立的，可以自由追逐自身利益，同时不同行动单位之间又能互相调试，受社会特定规则的约束，在遵守特定规则的前提下找到自身的定位，从而实现彼此关系的整合。

印第安纳大学政治理论与政策分析研究所的埃莉诺·奥斯特罗姆与文森特·奥斯特罗姆夫妇共同创立了多中心治理理论。该理论在深刻的理论分析和丰富的实证分析基础上，对博兰尼的社会秩序理论进行了继承与发展，但更加突出了参与者的互动以及创立治理规则和形态的能动性。传统的关于公共事务治理的观点主要有市场派②和政府派③。

但现实表明，在公益物品的配置中，这两种方式都存在失灵的现象。而如果从公共事务治理的角度来看，就存在加勒特·哈丁(Garrett Hardin)的

---

① [美]迈克尔·麦金尼斯主编：《多中心治道与发展》，王文章、毛寿龙等译，上海三联书店2000年版，第2～3页。

② 市场派以公共选择理论为基础，基于“理性经济人”假设认为，对于公共事物的治理，人们会通过市场自动达到帕累托最优。

③ 面对“强市场，弱政府”的治理模式所带来的“市场失灵”困境，以凯恩斯主义为代表的政府派强调，政府理应在公共事物的治理过程中实现从“划桨”到“掌舵”的转变，一只“看得见的手”以“强势政府”的身份进入公共事务治理的诸多领域。参见李平原、刘海潮：《探析奥斯特罗姆的多中心治理理论——从政府、市场、社会多元共治的视角》，载《甘肃理论学刊》2014年第3期。

"公地悲剧"①、"囚徒困境"博弈模型②和奥尔森的"集体行动的逻辑③"三种治理的模型。④ 奥斯特罗姆在分析这些理论模型缺陷的基础上，从制度分析和经验研究两者结合的角度对公共事务治理进行研究，以自主治理和自主组织为多中心治理的核心内容，提出以多中心治理理论作为公共事务治理理论的一种替代方案。⑤ 奥斯特罗姆认为，"'多中心'意味着有许多在形式上相互独立的决策中心……它们在竞争性关系中相互重视对方的存在，相互签订各种各样的合约，并从事合作性的活动，或者利用核心机制来解决冲突，在这一意义上大城市地区各种各样的政治管辖单位可以以连续的、可预见的互动行为模式前后一致地运作"⑥。

（二）多中心治理的基本内涵

从多中心治理的运作机制可以看出，自主治理和自发秩序是其基础。

① 1968 年，美国学者哈丁在《科学》杂志上发表的一篇题为《公地的悲剧》的文章中提出来的。公地作为一项资源或财产有许多拥有者，他们中的每一个都有使用权，但没有权利阻止其他人使用，而每一个人都倾向于过度使用，从而造成资源的枯竭。过度砍伐的森林、过度捕捞的渔业资源及污染严重的河流和空气，都是"公地悲剧"的典型例子。之所以叫"悲剧"，是因为每个当事人都知道资源将由于过度使用而枯竭，但每个人对阻止事态的继续恶化都感到无能为力，而且都抱着"及时捞一把"的心态加剧事态的恶化。公共物品因产权难以界定而被竞争性地过度使用或侵占是必然的结果。

② "囚徒困境"(Prisoner's Dilemma)是 1950 年美国兰德公司的梅里尔·弗勒德(Merrill Flood)和梅尔文·德雷希尔(Melvin Dresher)给出的有关困境的理论，后来由顾问艾伯特·塔克(Albert Tucker)以囚徒方式阐述，并命名为"囚徒困境"。两个共谋犯罪的人被关入监狱，不能互相沟通情况。如果两个人都不揭发对方，则由于证据不确定，每个人都坐牢 1 年；若一人揭发，而另一人沉默，则揭发者因为立功而立即获释，沉默者因不合作而入狱 10 年；若互相揭发，则因证据确实，二者都判刑 8 年。由于囚徒无法信任对方，因此倾向于互相揭发，而不是同守沉默。囚徒困境是博弈论的非零和博弈中具有代表性的例子，反映个人最佳选择并非团体最佳选择。或者说在一个群体中，个人作出理性选择却往往导致集体的非理性。虽然困境本身只属模型性质，但现实中的价格竞争、环境保护等方面，也会频繁出现类似情况。参见 https://baike.so.com/doc/3234979-3408908.html。

③ 奥尔森将经济学方法引入社会政治现象的研究中，提出集体行动的逻辑。集体行动逻辑的基本含义是指：除非一个集团中的人数很少，存在强制或其他某些特殊手段促使个人按照他们的共同利益行动，理性的、自利的个人将不会采取行动以实现他们共同的或集团的利益。

④ 参见[美]埃莉诺·奥斯特罗姆：《公共事物的治理之道》，陈旭东等译，上海三联书店 2000 年版，第 10～13 页。

⑤ 参见陈艳敏：《多中心治理理论：一种公共事务自主治理的制度理论》，载《新疆社科论坛》2007 年第 3 期。

⑥ [美]奥斯特罗姆·帕克斯和惠特克：《公共服务的制度建构》，宋全喜、任睿译，上海三联书店 2000 年版，中文版序言第 11～12 页。

有学者认为“多中心体制设计的关键因素是自发性”,“自发性的属性可以看作是多中心的额外的定义性特质”。[①] 相较于传统的单中心制度中只有一个最高权威的权力格局,多中心治理理论形成了由多个权力中心组成的治理格局,在政府、市场两个中心之外引入社会作为“第三个中心”,打破“只有国家或市场能够处理公共事务”的思维定式,是一种更为行之有效的治理模式。公共治理中的“多中心”实质是一种民主合作管理,它主张治理的主体是多元的,多元主体之间既相对独立又相互联系,并且在一定范围内共同承担公共事务治理的职责。因此,多中心治理的实质是“多元共治”,主体既包括政府,也包括市场与社会。

(三)多中心治理理论的特点

第一,从权力配置上看,每个主体即为一个中心,民主协商,独立决策。第二,从权力行使的主体来看,既包括政府,也包括企业、非营利性组织、公民社会、国际组织、社会组织等。第三,从权力行使的方式来看,权力较为分散,存在一定的交叠管辖情形。第四,从实现的目标上看,采取合作治理的方式,力求实现公共服务至上,根据公共问题和公共产品性质而确定合作组织形态,既有独立组织的实践形态,也有合作共治的网络形态,最终目的是实现善治。

(四)多中心治理理论的评价

多中心治理模式的框架大致是:第一,多中心治理结构意味着存在民间的和公民的自治、自主管理的秩序与力量作为独立的决策主体参与公共问题的解决。第二,多中心治理模式必然强烈要求公民的参与和社群的自治,将公民参与和自治作为基本的策略。第三,多元独立决策主体的利益同样是多元的。第四,多中心还表现为不同性质的公共物品和公共服务可以通过多种制度选择来提供。多中心治理的基本理论假设是:第一,城市公益物品和服务在其生产函数和同时受到影响的人数两个方面差异都甚大。第二,在公益物品和服务方面偏好类似的人倾向于聚居在一起。第三,为多个管辖单位服务的公民通过观察或者与他人交流可以有效了解任一管辖单位的绩效。第四,具有不同组织范围和规模的多个管辖单位使得公民较有效地选择对自己来说最重要的一揽子服务,使公民较有效地表达其偏好和忧虑,如果有必要的话,还较有效地选择向其他地区移民。第五,多个管辖单

---

① 参见[美]迈克尔·麦金尼斯主编:《多中心体制与地方公共经济》,毛寿龙译,上海三联书店 2000 年版,第 78 页。

位有利于实现财政平衡，使受益者承担成本；再分配最好由州或全国政府等非常大的政府单位负责。第六，大城市地区可能存在大量的城市公益物品和服务的潜在生产者，并通过与其他生产者签约来约束绩效低的生产者。第七，努力争取续约的生产者较可能寻求到创新性技术，在接近最优的生产规模上经营，并鼓励有效的团队生产和协作生产，以提高其绩效。① 从多中心治理的框架与理论假设上可以看出，多中心治理在治理主体的选择上更进了一步。它更加关注社会的力量和作用，并且把社会组织、经济组织等提高到与政府对等的位置，将它们作为多中心治理的主体，强调各主体之间既有独立性与竞争性，又有合作性与依赖性。因此，多中心治理理论具有明显的优势，如选择的多样性，为公民提供多种机会；可以克服“搭便车”行为；促进形成更为合理的决策机制。

但多中心治理理论也存在一定的缺陷和不足之处②，主要体现在以下几个方面：

1. 如何正确处理多元主体之间的关系是个难题，尤其是政府与社会组织的关系。政府无疑是最为重要的治理主体，政府掌握社会大量的资源，占据资源优势，其权力的行使具有扩张性。在这种情况下，社会组织如何有效发挥治理的功能？社会组织如何避免不被政府过多干预？政府与社会组织之间的权责边界如何界定？对于这些重要的问题，多中心治理理论没有给出明确的答案。

2. 责任与效率很难兼顾。一方面，要实现多元主体的责任划分及履行，就需要清晰界定不同主体的责、权、利，建立明确的责任归属与实现机制，才能确保不同主体按照责任划分履行既定职责。另一方面，社会治理需要效率，需要提高治理的效率与水平，也就需要不同主体之间合作共赢，取长补短，形成治理合力。而责任划分得越明确，就越难逾越其中的界限，越难形成高效的合作。二者之间存在一定的矛盾。

3. 社会组织不是万能的，也存在功能性失败问题。多中心治理理论认为，社会组织作为连接政府与社会之间的桥梁，可以承担政府的部分职能，政府可以从那些管不好也管不了的领域中退出，由社会组织进入该领域，可

---

① 参见[美]迈克尔·麦金尼斯主编：《多中心治道与发展》，王文章、毛寿龙等译，上海三联书店 2000 年版，第 20 页。

② 参见潘锋：《市场经济背景下多中心治理理论在中国面临的困境及对策》，载《经济研究导刊》2013 年第 27 期。

以在一定程度上解决政府失败问题。但从实践中可以发现，社会组织也存在诸多问题与不足，限制了它们作用的发挥。社会组织的问题集中表现在以下几个方面：第一，社会组织的发展也存在体制性障碍。比如由于制度的不完善，社会组织在登记注册、资格认证等诸多问题上还存在困难。第二，对社会组织的有效监管存在不足。社会组织尽管是非营利性组织，但作为独立的组织，社会组织也要存续和维持发展，这就使得社会组织也会有利益驱动，不可避免地出现部分社会组织为了追求利益，作出违反法律法规与公共利益的行为。在政府权力不断缩小的情况下，政府能否对社会组织实现有效的监管就成为现实问题。第三，社会组织筹资渠道单一，资金的短缺有时会使其形同虚设，难以发挥作用，解决社会组织筹资问题也是社会组织发展面临的重要课题。这些问题，多中心治理也没作出很好的解答。奥斯特罗姆夫妇预设建立有效的多中心应该具备三个条件：制度供给、可信承诺、相互监督。假如这三个条件没有得到满足的话，多中心治理很容易陷入“无中心”的窘境。

第二章　我国社会组织管理制度的历史演进与改革创新

国家和社会的治理现代化包括两个大的方面：一是国家治理的现代化，二是社会治理的现代化。两者既相互区别，又相辅相成。从全面深化改革的意义上来说，国家治理体系的改革，包括法治体系、政治体系和公共治理体系的全面深化改革，这是社会治理得以有效推进的必要前提。只有全面深化政府改革，实现其职能转变，才能逐步展开并深化社会领域的诸多改革，如社会组织管理体制改革、事业单位改革等。在社会治理中，必须始终把社会组织作为最重要的社会主体。在我国，社会组织伴随改革开放的历史进程而生长并发展壮大。①

第一节　我国社会组织管理制度的形成及演进

党的十八大提出“加快社会体制改革”和构建“统一直接登记体制”之后，我国社会组织体制进入全面改革时期。2013 年 11 月，十八届三中全会提出“正确处理政府和社会关系，加快实施政社分开，推进社会组织明确权责、依法自治、发挥作用。适合由社会组织提供的公共服务和解决的事项，交由社会组织承担”，并就“激发社会组织活力”作了进一步的战略部署。中共中央办公厅、国务院办公厅印发的《关于改革社会组织管理制度　促进社

① 参见王名：《社会组织与社会治理》，社会科学文献出版社 2014 年版，前言。

会组织健康有序发展的意见》①，就改革社会组织管理制度、促进社会组织健康有序发展提出了意见。我们今天要改革的社会组织管理制度是什么样的？它是如何形成发展的？这是需要我们认真梳理和总结的。

一、我国社会组织的兴起

20 世纪 90 年代，美国学者萨拉蒙提出“结社革命”一词，认为结社革命的主体是“占据介于市场与政府之间的社会空间的各种社会组织”②。

在我国，“社会组织”这一概念是近些年才开始使用的，之前多采用“民间组织”一词，而此前大多被称为“社会团体”。1998 年 9 月 25 日，国务院分别出台了社会团体的管理条例——《社会团体登记管理条例》和民办非企业的管理条例——《民办非企业单位登记管理暂行条例》。两个条例同时颁布施行，以行政法规的形式对两种形式的组织的成立予以制度性规范。在这两个行政法规中，分别对社会团体③和民办非企业单位④进行了基本的概念界定，由此可以总结出“社会组织”这一概念的外延。

1999 年，中共中央办公厅、国务院办公厅发布的《关于进一步加强民间组织管理工作的通知》(中办发〔1999〕34 号)，明确了对民间组织实行业务主管单位和登记管理机关双重负责的管理体制；该文件还正式提出了“民间组织”的称谓。之后，在 2004 年国务院出台的《基金会管理条例》中，将基金会从“社会团体”中分离出来，将其作为民间组织中相对独立的类型。至此，社会团体、民办非企业单位以及基金会成为相互独立的三种类型，隶属于“民间组织”。近些年来，“社会组织”的概念逐渐进入官方的称谓范围，与“民间

---

① 为深入贯彻党的十八大和十八届二中、三中、四中、五中全会精神，进一步加强社会组织建设，激发社会组织活力，2016 年 8 月，中共中央办公厅、国务院办公厅印发了《关于改革社会组织管理制度　促进社会组织健康有序发展的意见》，就改革社会组织管理制度、促进社会组织健康有序发展提出意见。参见中华人民共和国中央人民政府网，http://www.gov.cn/xinwen/2016-08/21/content_5101125.htm。

② [美]莱斯特·萨拉蒙等：《全球公民社会——非营利部门国际指数》，陈一梅等译，北京大学出版社 2007 年版，第 5 页。

③ 《社会团体登记管理条例》第二条规定：“本条例所称社会团体，是指中国公民自愿组成，为实现会员共同意愿，按照其章程开展活动的非营利性社会组织。”

④ 《民办非企业单位登记管理暂行条例》第二条规定：“本条例所称民办非企业单位，是指企业事业单位、社会团体和其他社会力量以及公民个人利用非国有资产举办的，从事非营利性社会服务活动的社会组织。”

组织”的称谓并存，并逐步统一到“社会组织”的概念。①

总体而言，我国大力发展社会组织主要就是为了应对改革开放后的社会转型期产生的一些社会新问题和新矛盾。② 从过去几十年的发展中，可以把社会组织的发展历程大体划分成若干区间，从不同的时期大致考察社会组织的发展轨迹。通过对比每一个时期社会组织发展情况并对比整个发展过程，可以得出以下结论：

第一，改革开放 40 多年来，社会组织的发展总体上呈现在曲折中不断增长、突飞猛进的特点。从每年新增的主要社会组织数量看，呈现不断增长的趋势。③ 我国对全国社会组织的数量统计是由民政部于 1988 年开始进行的，当年所统计的全国社会组织的数量为 4400 多个。到了 2013 年第三季度，全国登记社会组织增加到 51 万多个④，增长超过 100 倍。

第二，从过去几十年主要社会组织发展结构来看，各种协会、商会的比重呈显著增长态势，而各种学会、研究会的比重则相对缩小。具体来说，每年新增的各种学会、研究会数量在 20 世纪 80 年代中期达到顶点，相当于同期各种协会、商会的 3 倍，但随后其增量不断减少，相对比重也显著下降，至 2000 年，新增各种学会、研究会只相当于同期各种协会、商会的四成，到 2007 年更下降到不足同期各种协会、商会的 1/4。与之相对，每年新增的各种协会、商会数量在 20 世纪 80 年代中期曾一度形成一个高潮，后来在整体停止的背景下陷入低谷，但从 2000 年后形成新的增长高差，并迅速持续扩大，2002 年超过上一个高潮，到 2007 年，新增协会、商会数量已相当于 2000 年的 5.3 倍。另外，从民政部门登记注册数据看，这种趋势同样存在。如在 2002～2006 年，学术型设计团体的比重从 28%下降到 21%，而行业性社会团体的比重从 29%增长到 31%，专业性社会团体的比重从 28%增长到 30%。⑤

改革开放 40 多年来，我国社会组织的发展呈现“爆炸式增长”的趋势。

---

① 参见夏建中、张菊枝：《我国社会组织的现状与未来发展方向》，载《湖南师范大学社会科学学报》2014 年第 1 期。

② 参见夏建中、张菊枝：《我国社会组织的现状与未来发展方向》，载《湖南师范大学社会科学学报》2014 年第 1 期。

③ 参见王名：《社会组织与社会治理》，社会科学文献出版社 2014 年版，第 3 页。

④ 参见顾朝曦：《改革社会组织管理制度　充分激发社会组织活力》，载《中国社会组织》2014 第 1 期。

⑤ 参见王名：《社会组织与社会治理》，社会科学文献出版社 2014 年版，第 3～4 页。

社会组织无论在规模上、数量上还是在种类上，都得到迅速扩大和增长，社会组织的发展空间日益扩展，影响力逐渐增强。目前社会组织已达到相当的规模和数量，成为影响社会生活各个方面、各个层次、各个领域的一种普遍的社会现象和社会力量。①

二、社会组织管理制度的变迁

当前，我国社会组织仍处于发展的初级阶段，还存在很多的问题与不足之处。例如，社会组织服务社会的能力不足，社会组织发展的外部政策环境需要优化，社会组织自身建设仍不完善，等等。尽管这些年社会组织的数量、规模、种类有了较大程度的发展，但其服务的质量、功能与作用的发挥与当前“五位一体”建设的要求还存在很大差距，这就需要对社会组织进行有效的监管。

总体来说，我国社会组织管理体制经历了一个从无到有、逐渐发展变化的过程。在这一过程中，主要经历了以下几个发展阶段：

（一）分散管理阶段

从 1978 年改革开放初期到 1989 年，是我国社会组织管理体制建构的最初时期。党的十一届三中全会的召开，标志着中国社会进入改革开放和社会主义现代化建设的崭新阶段。这一重大制度变迁激发了中国民间社会的活力。在 20 世纪 80 年代中后期，社会组织迎来第一次发展高峰。1981 年 7 月，第一个具有社区福利性的社会团体中国铁路老战士协会成立；1988 年 5 月，福特基金会在北京设立办事处，成为中国政府允许进入大陆境内开展项目活动的第一批国际社会组织。根据数据统计，在 1989 年年初，我国社会团体数量超过 1600 个，地方性社会团体的发展也突飞猛进，数量由 6000 多个猛增到近 20 万个，增长了 33 倍。② 尽管这段时间国家还没有颁布成文的法律法规，没有建立起对社会组织的管理体制，但社会组织的发展得到了党和政府的各种支持，一些部门也尝试建立起相应的体制和规范。这一时期所形成的管理体制可以称为“以放任发展和分散管理为特征的管理体制”。由于在体制上没有相应的法律法规和制度框架进行规范，加之社会组织内部也缺乏统一的运作和管理模式，在改革开放后的最初 10 年，大量的社会组

---

① 参见王名：《社会组织与社会治理》，社会科学文献出版社 2014 年版，第 5 页。

② 参见石国亮等：《社会组织在建设服务性政府中的角色与功能》，http://www.chinanpo.gov.cn/700109/92646/newswjindex.html。

织涌现,却又缺乏管理,各行其道。

尽管这一时期社会组织的总体发展态势是放任发展,但从 20 世纪 80 年代初开始,党和国家也开始重视对社会组织的规范管理问题。1984 年 11 月,中共中央、国务院下发了《关于严格控制全国性组织的通知》,要求严格控制成立全国性社会组织,并进行了改革开放后对社会组织的第一轮清查整顿。从总体上看,从 1978 年至 80 年代后期,虽然理论与实践中都呼吁对社会组织进行规范管理,一些部门也出台了相应的规定,但国家并未颁布法律法规对社会组织进行统一规范和管理。这段时期对社会组织的规范管理以及对社会组织的审批和管理的权限,事实上主要分散在各个不同的党政部门、相关人民团体以及各级党政机关。因此这个阶段的社会组织管理,从体制上可称为以“分散管理”为主的阶段。①

(二)归口管理和分类管理为特征的双重管理体制

归口管理是指将社会组织的管理权限统一归口到特定的管理机关,通过赋予其相应的法定权利及行政职能,形成在法律上和行政上统一管理的体制。②

1988 年,国务院通过了《基金会管理办法》③,这是改革开放后国务院制定的第一部专门规范我国民间组织登记管理的行政法规。《基金会管理办法》主要规定了基金会的定义、设立条件、审批体制、资金筹集规则、资金使用保值规则、资助协议和行政费用的规范以及监管规范等。尽管这个办法内容简单,对基金会的定义也不准确,但对促进我国基金会的成立、发展,尤其是促进“官办”基金会的发展,发挥了重要作用。④

1989 年 6 月,国务院发布了《外国商会管理暂行规定》。⑤ 其中第七条规

---

① 参见王名:《社会组织与社会治理》,社会科学文献出版社 2014 年版,第 7 页。

② 参见王名:《社会组织与社会治理》,社会科学文献出版社 2014 年版,第 8 页。

③ 1988 年 9 月 9 日国务院第 21 次常务会议通过,被 2004 年 3 月 8 日国务院颁布的《基金会管理条例》所取代,于 2004 年 6 月 1 日起废止施行。

④ 例如《基金会管理办法》第十一条规定:“建立基金会,由其归口管理的部门报经人民银行审查批准,民政部门登记注册发给许可证,具有法人资格后,方可进行业务活动。全国性的基金会,报中国人民银行审查批准,向民政部申请登记注册,并向国务院备案。地方性的基金会,报中国人民银行的省、自治区、直辖市分行审查批准,向省、自治区、直辖市人民政府的民政部门申请登记注册,并向省、自治区、直辖市人民政府备案。基金会改变名称、合并或者撤销,按照申请成立的程序办理。”该规定促进了对基金会的规范管理。

⑤ 1989 年 4 月 28 日国务院第 39 次常务会议通过,1989 年 6 月 14 日中华人民共和国国务院令第 36 号公布。

定:"成立外国商会,应当通过中国国际商会提出书面申请,由其报送中华人民共和国对外经济贸易部(以下简称审查机关)审查。"第九条规定:"成立外国商会的申请经审查机关审查同意后,应当持审查同意的证件,依照本规定和有关法律、法规的规定,向中华人民共和国民政部(以下简称登记管理机关)办理登记。外国商会经核准登记并签发登记证书,即为成立。"可见,该规定在加强对外国商会的管理方面起到了重要作用。

1989 年 10 月,国务院终止了 1950 年 10 月公布的《社会团体登记暂行办法》,颁布了《社会团体登记管理条例》①,这是改革开放以来我国社会组织管理体制建设的一个最为重要的制度框架。其中第二条②规定社会团体需经核准登记后,方可进行活动。该条规定有助于遏制在社团问题上的某些混乱现象,有利于公正地把合法社团与非法社团区别开来,有利于加强和促进合法社团本身的组织建设和思想建设,有利于社团行为的规范化,使那些未经法律程序而擅自成立的、名目繁多的社团和未经核准登记擅自以社团名义进行活动的组织受到法律的严格限制,或由民政部门命令解散。③

以上三个重要的国务院法规的颁布实施,标志着我国对社会组织的管理开启了新的时代,结束了以放任发展为特征的分散管理阶段。在限制发展和归口管理的基础上,一个被称为"双重管理"的管理体制逐渐成形并成为我国社会组织管理的基本制度。1996 年 7 月,中共中央政治局常委会专门研究了社会组织问题。同年 8 月 28 日,中共中央办公厅、国务院办公厅下发文件,再次提出对社会团体及民办非企业单位进行清理整顿,从严审批新的组织,控制数量。1998 年 10 月《社会团体登记管理条例》修订案④和新制定的《民办非企业单位登记管理暂行条例》⑤正式施行。

双重管理体制从根本上来说,源于我国社会组织"先发展,后管理"的现实,是面对大量已经成立并得到相关政府部门支持的社会组织,在推行统一

---

① 1989 年 10 月 13 日国务院第 49 次常务会议通过。

② 《社会团体登记管理条例》第二条规定:"在中华人民共和国境内组织的协会、学会、联合会、研究会、基金会、联谊会、促进会、商会等社会团体,均应依照本条例的规定申请登记。社会团体经核准登记后,方可进行活动。"

③ 参见王文:《充分认识〈社会团体登记管理条例〉发布施行的重大意义》,载《四川社联通讯》1990 年第 3 期。

④ 1998 年 9 月 25 日国务院第 8 次常务会议通过,1998 年 10 月 25 日中华人民共和国国务院令第 250 号发布。

⑤ 1998 年 9 月 25 日国务院第 8 次常务会议通过,1998 年 10 月 25 日中华人民共和国国务院令第 251 号发布。

登记制度时政府部门之间彼此妥协的结果。一方面,它保留了已有行政归口部门的部分权限;另一方面,它达到了统一登记管理的目标。一直到2013年3月国务院正式启动社会组织管理体制改革,双重管理体制一直是我国社会组织管理体制的基石。双重管理体制的建立,既使得社会组织发展受到了管理体制的严格限制,又促进了社会组织管理的法治化、专门化和科学化。①

由于双重管理体制也存在一定的局限性,2012年4月25日,中共广东省委、省政府印发了《关于进一步培育发展和规范管理社会组织的方案》的通知(粤发〔2012〕7号),其中明确规定放宽社会组织准入门槛,简化登记程序;申请成立社会组织的,由民政部门直接审查登记。② 2013年3月10日,《国务院机构改革和职能转变方案(草案)》正式发布。其中明确提出:"要改革社会组织管理制度,行业协会商会类、科技类、公益慈善类、城乡社区服务类社会组织将直接登记,不再需要业务主管单位审查同意。"同时,将建立健全统一登记、各司其职、协调配合、分级负责、依法监管的社会组织管理体制。管理制度改革以后,政府向社会组织转移职能的范围、步伐、力度会加大加快,把一些事务性的管理职能和公共服务职能转移给社会组织,有利于提高政府的行政效能。③

三、我国社会组织发展的基本现状

我国社会组织的产生和初步发展经历了一个相当曲折的历史过程。20世纪初期,社会组织才在中国产生。中华人民共和国成立后,逐步建立起了社会主义政治经济制度,国家凭借各种制度化手段将党和国家关于经济、社会、文化等领域的改革目标嵌入基层社会。2016年8月,中共中央办公厅、

---

① 参见王名:《社会组织与社会治理》,社会科学文献出版社2014年版,第15页。

② 该方案规定:"除法律法规规定需要前置审批的以外,2012年7月1日起,社会组织的业务主管单位均改为业务指导单位,实现自愿发起、自选会长、自筹经费、自聘人员、自主会务和无行政级别、无行政事业编制、无行政业务主管部门、无现职国家机关工作人员兼职,推进社会组织民间化、自治化、市场化改革进程。放宽社会组织准入门槛,简化登记程序,申请成立社会组织,由民政部门直接审查登记。""允许公益慈善类社会团体名称使用字号,探索将非公募基金会登记管理权限从省下放至地级以上市民政部门。鼓励和支持公益慈善类社会组织参与社会服务,扩大服务领域,增强服务功能,支持群众、企业组建公益慈善类社会组织,促进其加快发展,实现公益慈善类社会组织去行政化、去级别化。"

③ 参见《民政部:公益慈善等四大类社会组织将直接登记》,人民网,http://legal.people.com.cn/n/2013/0313/c188502-20781908.html。

国务院办公厅印发了《关于改革社会组织管理制度　促进社会组织健康有序发展的意见》①，表明国家对社会组织的认识提高到了新的高度。

对改革开放前后社会组织的数量进行比较可以发现，我国社会组织的发展十分迅速(见表 2-1)。20 世纪 50 年代以来，一直到 70 年代末期，我国各种社团和群众组织的数量非常少。在 50 年代初，全国性社团只有 44 个，到 60 年代也不超 100 个，地方性社团在 6000 个左右。到 1989 年，全国性社团增至 1600 个，地方性社团达到 20 多万个。② 此后，1989 年和 1998 年政府两次对社团进行了重新登记和清理，其数量有所减少。根据民政部的统计，截至 2007 年年底，仅在民政部门登记的全国各类民间组织就达 38.7 万个，其中社会团体 21.2 万个，基金会 1369 个，民办非企业单位 17.4 万个，涉及教育、科技、卫生、劳动、民政、体育、环保等领域。③ 截至 2017 年年底，全国共有社会组织 76.2 万个，比上年增长 8.4%；吸纳社会各类就业人员 864.7 万，比上年增长 13.2%。全国共有社会团体约 35.5 万个，比上年增长 5.6%，其中：工商服务业类 3.9 万个，科技研究类 1.5 万个，教育类 1.0 万个，卫生类 0.9 万个，社会服务类 4.8 万个，文化类 3.9 万个，体育类 3.0 万个，生态环境类 0.6 万个，法律类 0.3 万个，宗教类 0.5 万个，农业及农村发展类 6.2 万个，职业及从业组织类 2.0 万个，其他类 6.8 万个。全国共有各类基金会 6307 个，比上年增长 13.5%，其中：公募基金会 1678 个，非公募基金会 4629 个；民政部登记的基金会 213 个。全国约有民办非企业单位 40.0 万个，比上年增长 11.0%，其中：科技服务类 1.6 万个，生态环境类 501 个，教育类 21.7 万个，卫生类 2.7 万个，社会服务类 6.2 万个，文化类 2.1 万个，体育类 1.8 万个，法律类 1197 个，工商业服务类 3652 个，宗教类 115 个，国

---

① 其中明确提到"以社会团体、基金会和社会服务机构为主体组成的社会组织，是我国社会主义现代化建设的重要力量"，"当前，我国正处于全面建成小康社会决胜阶段，改革社会组织管理制度、促进社会组织健康有序发展，有利于厘清政府、市场、社会关系，完善社会主义市场经济体制；有利于改进公共服务供给方式，加强和创新社会治理；有利于激发社会活力，巩固和扩大党的执政基础"。参见《中共中央办公厅、国务院办公厅印发〈关于改革社会组织管理制度　促进社会组织健康有序发展的意见〉》，中华人民共和国中央人民政府网，http://www.gov.cn/xinwen/2016-08/21/content_5101125.htm。

② 参见王名、刘国翰、何建宇：《中国社团改革：从政府选择到社会选择》，社会科学文献出版社 2001 年版，第 4 页。

③ 参见熊光清：《中国网络社团兴起的影响：国家与社会关系的视角》，载《南京社会科学》2009 年第 11 期。

际及其他涉外组织类 15 个，其他类 3.0 万个。① 我国社会组织的服务领域是十分广泛的，涉及教育、社会服务、农业及农村发展、文化、工商业服务、卫生等诸多行业领域。从服务领域来看，社会组织远远大于一般的企事业单位和其他组织。② 根据清华大学 NGO 研究所的课题研究成果可知，目前社会组织能够参与的领域涉及文化、艺术、体育、健身、娱乐、民办教育、医院、康复、养老、心理咨询、环境保护、志愿者协会、动物保护等 27 个社会活动领域。③

表 2-1　　中国社会组织发展趋势④

指标	2010 年	2011 年	2012 年	2013 年	2014 年	2015 年	2016 年	2017 年
社会团体（万个）	24.5	25.5	27.1	28.9	31.0	32.9	33.6	35.5
基金会（个）	2200	2614	3029	3549	4117	4784	5559	6307
民办非企业（万个）	19.8	20.4	22.5	25.5	29.2	32.9	36.1	40.0

四、十八届三中全会：社会组织改革发展的里程碑

改革开放以来，我国经济体制发生了深刻变化，社会结构也发生了深刻变动，这给我国发展进步带来了巨大活力和推动力，但同时也给政府管理带来一些新的情况和问题。一方面，政府职能转变仍相对滞后，由政府来直接配备资源的范围过大；另一方面，公共服务供给一直短缺，市场监管和社会管理仍是薄弱环节。这就要求政府积极转变观念，努力创新社会治理方式。

党的十八届三中全会通过的《决定》提出“创新社会治理体制”⑤，将社会组织作为全面深化改革的重要内容，其目的就是实现政府治理和社会自我调节、居民自治良性互动，进一步发挥社会组织的作用，激发社会活力，真正

① 参见民政部：《2017 年社会服务发展统计公报》，2018 年 8 月 2 日。

② 参见盛婷婷：《我国社会组织参与社会治理中的政府责任研究》，长春工业大学硕士学位论文，2018 年，第 13 页。

③ 参见刘远波：《我国非政府组织参与社会治理研究》，郑州大学硕士学位论文，2017 年，第 15 页。

④ 参见民政部：《2017 年社会服务发展统计公报》，2018 年 8 月 2 日。

⑤ 《中共中央关于全面深化改革若干重大问题的决定》，人民网，http://cpc.people.com.cn/n/2013/1115/c64094-23559163.html。

实现从“依靠群众打天下”向“依靠群众治天下”转变，政府逐步从“全能政府”转为“有限政府”，从“撑船”转变为“掌舵”，这是一种积极的发展观。因此，作为国家治理的重要主体，社会组织不可或缺。《决定》从全面深化改革的战略高度，提出了“激发社会组织活力”的改革举措，明确了社会组织在国家治理中的主体地位和重要作用，这对社会组织的改革发展具有重要的里程碑意义。① 从“创新社会管理”到“创新社会治理”，两者虽然只是一字之差，却充分体现了我们党社会治理理念的突破与转变以及对社会改革与发展的勇气与决心。②

《决定》进一步指出，要深化社会体制改革。这意味着社会体制改革将在更大领域予以推进，不仅包括社会组织体制改革，而且还包括社会服务体制改革、社会治理体制改革。其中，社会组织体制改革主要指改革双重管理体制，建构现代社会组织制度，把“组织”还给社会；社会服务体制改革是指改革事业单位体制，建构现代社会服务体系，把“服务”还给社会；社会治理体制改革是指改革人民团体体制，建构现代社会治理体制，将“治理”还给社会。从创新社会管理到加强社会建设，再到深化社会体制改革，体现了社会领域改革创新之难，也反映了在推进社会管理创新实践中战略重点逐步调整和战略思路臻于完善的过程。无论创新社会管理、加强社会建设，还是改革社会体制，都是社会领域的改革创新。“社会管理创新本质上是一种制度创新，依据制度经济学理论，无论是制度变革还是变迁，它们都受社会制度供给与制度需求相互作用模型的影响，确切地说，制度变革正是社会制度供给与制度需求者之间讨价还价的结果。”从实践来看，“社会管理创新的直接动因有两个，一是出于政府管理的需要；二是符合当前民众的意愿”。③

社会治理的目标只有符合国民的意愿和要求，才具有统合行动的功能，这也是治理的内在要求。④ 面对纷繁复杂、矛盾丛生的大量社会问题，必须有社会的广泛动员和群众自下而上的主体性参与，政府改革的深化与职能

---

① 参见顾朝曦：《改革社会组织管理制度　充分激发社会组织活力》，载《中国社会组织》2014 第 1 期。

② 参见易轩宇：《社会组织参与社会治理的机制创新研究》，湘潭大学博士学位论文，2015 年，第 30 页。

③ 参见廖晓明、邱安民：《社会管理创新动阻力因素分析与因应之策》，载《中国行政管理》2013 年第 3 期。

④ 参见江必新、王红霞：《国家治理现代化与社会治理》，中国法制出版社 2016 年版，第 7 页。

转变也需要有更多的社会组织发挥积极作用;社会服务供给严重不足和社会诚信普遍缺失需要大量具有公益和非营利导向的社会组织,才能使得社会领域的改革创新很快就从体制内走向体制外,表现为广泛的社会动员、自下而上的群众参与和培育发展各类社会组织等为主要内容的社会建设。要全面推进社会建设,就必须改革现行社会体制,特别是改革束缚社会组织发展的现行社会组织管理制度,让社会组织真正成为社会建设的主体。改革社会组织管理制度是社会体制改革的第一步,也是最具战略意义的一步。通过改革旧的管理制度并尽快形成现代社会组织体制,能够为社会组织的发展及其作用的发挥释放巨大的体制空间,进而推进社会服务体制和社会治理体制的改革,最终让人民群众依法通过社会组织实现自我管理、自我服务和参与社会事务管理,发挥人民的主人翁精神,从而推动整个社会的和谐发展。① 正是基于以上判断,十八届三中全会提出:“创新社会治理,必须着眼于维护最广大人民根本利益,最大限度增加和谐因素,增强社会发展活力,提高社会治理水平,维护国家安全,确保人民安居乐业、社会安定有序。”②

第二节　新型政社关系:国家治理体系新增长极

一、社会组织参与社会治理的必要性及意义

社会组织作为与市场企业组织、政府平等的第三部门,具有弥补市场失灵和政府失灵的独特作用,这已经为国内外非营利组织发展的实践所证明。除了弥补政府缺陷和市场不足之外,迈入全面深化改革新阶段的中国社会组织,在新的历史时期还要承担特殊的使命。社会组织作为国家治理现代化的重要角色和力量,是推动社会治理的重要主体,是推动国家经济发展的新增长点。社会组织与政府的通力合作,既有利于社会治理,也能促进公共

① 参见王名:《社会组织与社会治理》,社会科学文献出版社 2014 年版,第 40～41 页。

② 《中共中央关于全面深化改革若干重大问题的决定》,载《人民日报》2013 年 11 月 16 日。

服务，还能促进社会的和谐稳定，并对社会道德文化建设起到重要的引领作用。[①]

（一）顺应经济社会发展趋势，满足社会高层次发展需要

伴随着我国经济的巨大发展，公民社会也发生了质的变化。当经济的快速增长使社会告别物质匮乏之后，社会的自主意识开始觉醒，民众的精神追求日益强烈，积极参与社会治理的意识也逐渐增强，人们的公共参与热情与有限的参与条件就成为新阶段的重要矛盾之一。社会结构发生了很大变化，社会矛盾以新的形式展现出来。这种大环境的改变就为社会组织参与社会治理提供了良好机遇。[②] 执政管理者需要适应社会发展阶段以及大众权利意识的变化，主动、及时调整政府治理的模式与机制，从而保持政府与社会的良性互动状态。经过 40 多年的改革开放历程，中国经济社会得到持续发展，2018 年人均国内生产总值达 64644 元，比 2017 年增长 6.1%。[③] 经济的巨大增长使得我国社会的主要矛盾发生转变，由此带来社会发展着重点的调整。[④]

由此可见，公共服务的短缺以及人民对公共事务的参与需求与参与机制和通道堵塞不畅之间的矛盾，是新时期需着力解决的问题。这种大趋势必然迫使执政者调整社会治理理念，及时转变政府治理模式，在"改进社会治理"和"改进社会服务"的同时，增加"改进社会参与"的制度与政策的创新权重，让民众多方式、多渠道参与政府的各项公共决策，满足民众高层次的

---

① 参见马庆钰、贾西津：《中国社会组织的发展方向与未来趋势》，载《国家行政学院学报》2015 年第 4 期。

② 参见盛婷婷：《我国社会组织参与社会治理中的政府责任研究》，长春工业大学硕士学位论文，2018 年，第 9 页。

③ 参见国家统计局：《中华人民共和国 2018 年国民经济和社会发展统计公报》，http://www.stats.gov.cn/tjsj/zxfb/201902/t20190228_1651265.html。

④ 2017 年，习近平总书记在十九大报告中指出："中国特色社会主义进入新时代，我国社会主要矛盾已经转化为人民日益增长的美好生活需要和不平衡不充分的发展之间的矛盾。""我们要在继续推动发展的基础上，着力解决好发展不平衡不充分问题，大力提升发展质量和效益，更好满足人民在经济、政治、文化、社会、生态等方面日益增长的需要，更好推动人的全面发展、社会全面进步。"

参与型发展需求。实际上,马斯洛的需求层次理论[①]也告诉我们,人们在解决了温饱问题以后,就会提出自我发展、实现自身社会价值的需要,再加上当今我国正处于“单位人”向“社会人”的转型进程中,社会组织作为凝聚广大社会成员的组织载体,在促进社会参与和社会整合等方面具有独特的价值和作用。从这个意义上说,让社会组织参与社会治理过程,是顺应我国经济社会发展大趋势、满足社会民众高层次发展需求的需要。[②]

从社会组织发展的实践来看,随着中国社会力量的发展壮大,社会组织逐渐成为社会治理的重要力量,在推动社会治理上发挥着越来越重要的作用。社会组织参与社会治理的形式多样,参与的领域与范围也越来越广泛。目前,社会组织在经济领域、环境保护领域、社会公共服务领域、扶贫开发领域、智库建设领域等都起到了积极作用[③],为满足社会的高层次需求发挥了重要作用。

(二)扩大公共服务供给,促进政府职能转变的需要

众所周知,政府具有社会性的职能,是公共服务最为重要的提供主体。但随着经济社会的发展,尤其当处于社会转型期时,政府的职能并不能触及社会生活的全部角落,因此公共服务的需求与供给之间不可避免会出现不匹配的情况。[④] 国内外政府改革的实践表明,按照公共服务生产的原则,促进政府职能转变,让私人部门或非营利性组织积极参与公共服务的供给,形成政府与社会组织之间的合作伙伴关系,共同优化公共服务供给模式、提升公共服务质量,是全球政府改革的基本特征和规律所在。近年来,为顺应我国快速城镇化发展需要,在经济体制转型和社会转型的进程中,强化简政放权、改变传统的全能政府治理模式,构建公共服务型政府,始终是全面深化改革的一个中心工

---

① 马斯洛需求层次理论是行为科学的理论之一,1943 年由美国心理学家亚伯拉罕·马斯洛在《人类激励理论》中所提出。他将人类需求像阶梯一样从低到高按层次分为五种,分别是生理需求(physiological needs)、安全需求(safety needs)、爱和归属感(love and belonging)、尊重(esteem)和自我实现(self-actualization),依次由较低层次到较高层次排列。在自我实现需求之后,还有自我超越需求(self-transcendence needs),但通常不作为马斯洛需求层次理论中必要的层次,大多会将自我超越合并至自我实现需求当中。参见 https://baike.so.com/doc/2102592-2224471.html。

② 参见陶希东等:《共建共享:论社会治理》,上海人民出版社 2017 年版,第 81～82 页。

③ 参见张媛:《社会组织参与社会治理研究》,长春理工大学硕士学位论文,2015 年,第 12 页。

④ 参见谢玥:《我国社会组织参与社会治理中存在的问题及对策研究》,四川师范大学硕士学位论文,2017 年,第 18 页。

作。党的十八届三中全会指出，“适合由社会组织提供的公共服务和解决的事项，交由社会组织承担”。众所周知，政府职能有效转变的前提就是要产生有能力承接政府转移出来的公共服务职能的社会组织，否则政府职能转变将会成为空中楼阁。再加上社会组织与社会大众的距离更近，提供服务更为便利，服务的方式更为灵活多样，创新的自由度更高，投入产出比更好，从这个意义上说，让社会组织充分提供社会服务和进行社会治理，可以在很大程度上减轻政府提供公共服务和进行社会治理的压力，节省政府的财政支出，有利于政府拿出更多的财力、物力去解决社会更为棘手的矛盾，从而更好地满足民众的实际需求，缓解社会矛盾纠纷，实现政府与社会的良性互动与合作共赢，改善政府的形象，提高政府的公信力，破解政府职能转变的难题。①

（三）帮助扩大就业，促进社会经济转型发展的需要

社会组织的特点之一就是成员来自民间，且分布在各行各业，成员具有广泛性和代表性②，这就使得社会组织具有独特的优势，能够联系各类社会群体，从而极大地拓展了社会组织的服务领域和人员储备。目前社会组织已经在教育、科技、文化、卫生、环保、社区建设等各领域发挥着积极作用。社会组织对扩大就业的影响是显而易见的。社会组织活动的领域众多，大多属于服务业，为劳动者提供了广阔的发展空间，可以促进就业。社会组织的发展壮大逐渐孕育出一个成熟的社会部门，对于丰富产业形态和转变经济发展方式、加快中国新型城镇化进程，都有一定作用。③

（四）维护社会秩序，促进国家治理现代化的需要

社会治理是国家治理的重要内容和方面，社会的有序运行是国家经济发展和百姓安居乐业的基石。传统社会中，政府是维系社会秩序的核心力量，这也是政府存在的必要性和正当性的重要体现。而现代社会发展极为迅速，随之而来的是公共事务的大量增多，各类风险纷纷涌现，政府失灵日

---

① 参见陶希东等：《共建共享：论社会治理》，上海人民出版社2017年版，第84页。

② 党的十八届三中全会公报指出：“全面深化改革的总目标是完善和发展中国特色社会主义制度，推进国家治理体系和治理能力现代化。”“治理”是十八届三中全会提出的具有里程碑意义的核心理念。社会组织的非政府性、非营利性、自治性、志愿性的特性，决定了它们在治理中具有政府不可替代的独特作用，它们是以自愿组织、自主事务、自我管理、自我负责、自我发展来提供公益服务和组织互益活动的重要治理主体，汇集民意是其显著的特征。参见《中共中央关于全面深化改革若干重大问题的决定》，载《求是》2013年第22期。

③ 参见陶希东等：《共建共享：论社会治理》，上海人民出版社2017年版，第84～85页。

益凸显，这对政府社会秩序的维护提出了挑战。[①]

当前政府依然是社会治理中最为重要最为关键的治理主体。[②] 但社会组织在几十年的发展中，已经成长为社会治理的重要主体。因此社会组织参与社会治理也是公民有序参与社会治理的需要。20 世纪 70 年代以来，部分国家与地区在社会治理中注重公民参与、民主决策，构建了科学民主的社会治理制度，满足了不同阶级的利益需要，社会组织成为政府与民众之间沟通和联系的桥梁，一定程度上避免了社会矛盾[③]，维护了社会秩序的稳定。社会组织自身具有的优势使其可以深入地了解和解决部分公共事务，辅助政府进行社会治理[④]，也在一定程度上降低了政府的治理成本。

1986 年，德国社会学家贝克出版了《风险社会》一书，提出了"风险社会"概念，让人们开始反思社会发展所面临的诸多问题及隐秘风险。从我国社会组织发展的历程来看，社会组织在我国基础设施、社会福利机构建立和完善的过程中发挥了重要作用；尤其是福利机构、卫生机构、公共文化机构、民办教育机构等一系列公益性组织机构，在社会各个领域发挥了稳定社会秩序、促进社会发展的作用，通过提供各种服务，为公共服务的薄弱环节提供了有力补充。在自然灾害发生时，很多社会组织都表现出了奉献和志愿精神，为灾区民众运送救援物资，积极筹集善款等，这些都为社会秩序的稳定及社会的和谐发展发挥了正向的激励作用，加快了我国精神文明建设的步伐。[⑤] 例如，在 2008 年的汶川地震和 2010 年的青海玉树地震灾害面前，中国的民间社会组织都表现出了极大的热情和能量，对受灾地区的救援和重建都发挥了不可忽视的作用。

---

① 参见江必新、王红霞：《国家治理现代化与社会治理》，中国法制出版社 2016 年版，第3 页。

② 参见谢玥：《我国社会组织参与社会治理中存在的问题及对策研究》，四川师范大学硕士学位论文，2017 年，第 17 页。

③ 参见张媛：《社会组织参与社会治理研究》，长春理工大学硕士学位论文，2015 年，第 14 页。

④ 社会组织在国家治理中的协商和参与地位特别值得引起重视。党的十八届三中全会《中共中央关于全面深化改革若干重大问题的决定》进一步提出："国家与社会治理需要为社会全程参与重大决策创造条件，并构建程序合理、环节完整、内容全面的协商民主体制，拓展包括社会组织、基层组织在内的各类主体参与民主协商的渠道。"十九大报告明确强调："加强社会治理制度建设，完善党委领导、政府负责、社会协同、公众参与、法治保障的社会治理体制。"国家重大决策是社会治理的制度形态，协商民主是政治参与的重要环节，这就需要组织方式、公民意识、参与能力的支持。完善的组织方式保证治理的有序，公民意识可以保证治理的方向，参与能力的提高可以促进治理质量的提升。就此而言，社会组织是三者兼得的不二选择。

⑤ 参见张媛：《社会组织参与社会治理研究》，长春理工大学硕士学位论文，2015 年，第 7 页。

社会组织的社会服务实践有利于促进公共精神的形成，而公共精神主要包括独立负责、志愿服务、民主协商、爱心奉献、互助合作、律己守则。国家治理需要合格的公民，"合格"表现为既能对国家社会承担责任，又能追求自身合法权利，还能主动参与社会事务。从这一点上看，社会组织在对公共精神的培育上具有优势。社会组织作为一支重要的社会调节力量，更能汇聚民意、代表民意，通过组织来表达民众利益和诉求，能够更及时、更理性。通过与政府建立交流沟通平台，社会组织可以更完整地与政府进行协商，甚至参与政策的制定，从而及时化解矛盾纠纷，维护社会秩序的稳定。同时，社会组织连接政府与社会，可以更好地发挥其枢纽作用，在社会的矛盾调解、危机化解、协商对话等方面发挥作用，促进社会的民主法治、公平正义，从而有利于社会主义核心价值观的构建。①

二、从政府本位到社会本位

（一）社会治理体制中多元主体的地位及功能

从党的十八大报告和十九大报告可以看出，我国目前社会治理活动的四大主体分别为：各级党委、政府、社会以及公众。②

1. 各级党委领导

我国《宪法》③"序言"赋予了中国共产党作为执政党的宪法地位，同时，《宪法》第一条第二款提出："社会主义制度是中华人民共和国的根本制度。中国共产党领导是中国特色社会主义最本质的特征。"由此可见，《宪法》为党的执政地位的合法性提供了最坚实的基础。党是多元治理主体中最为权

---

① 参见陶希东等：《共建共享：论社会治理》，上海人民出版社 2017 年版，第 85～86 页。

② 党的十八大报告指出："要围绕构建中国特色的社会主义社会管理体系，加快形成党委领导、政府负责、社会协同、公众参与、法治保障的社会管理体制。"十九大报告进一步提出："打造共建共治共享的社会治理格局。加强社会治理制度建设，完善党委领导、政府负责、社会协同、公众参与、法治保障的社会治理体制，提高社会治理社会化、法治化、智能化、专业化水平。"这为新时期社会治理指明了方向，提出了更加清晰、完整、符合社会发展趋势的思路和要求。

③ 2018 年 3 月修改后的《宪法》"序言"中明确指出："中国各族人民将继续在中国共产党领导下，在马克思列宁主义、毛泽东思想、邓小平理论、'三个代表'重要思想、科学发展观、习近平新时代中国特色社会主义思想指引下，坚持人民民主专政，坚持社会主义道路，坚持改革开放，不断完善社会主义的各项制度，发展社会主义市场经济，发展社会主义民主，健全社会主义法治，贯彻新发展理念，自力更生，艰苦奋斗，逐步实现工业、农业、国防和科学技术的现代化，推动物质文明、政治文明、精神文明、社会文明、生态文明协调发展，把我国建设成为富强民主文明和谐美丽的社会主义现代化强国，实现中华民族伟大复兴。"

威的组织力量，可以凭借领导地位对社会资源实施调控和整合。

分析党在社会管理体制中的地位及功能，也就涉及党与社会关系这一命题。在现代政治中，政党之所以不可或缺，就在于其既执掌政权，又扎根于社会中，发挥着其他组织不能替代的利益表达功能。政党的执政基础建立在社会中，任何政党都无法脱离社会存在，也只有扎根于社会中的政党，才能有效行使国家权力，促进社会和谐与发展。因此，新时期党的一项重要任务就是要通过自身建设，建立起不完全依赖国家行政权力的领导社会的新方式。① 党的十八届三中全会的《决定》将社会组织管理方式从挂靠审批制改为登记备案制之后，社会组织更是获得了突飞猛进的发展。这些社会组织是部分人群为维护自身利益或某种公益目的而成立的，它们各有组织目标——环境保护、社区服务、教育扶贫、老人关怀等等，涵盖面极其广泛，远远超出了传统上政府职能覆盖的范围。在处理与新兴社会组织的关系上，党面临的难题是：既不能随意干预，也不能放任自流。新兴社会组织和革命时期党领导下的群众组织不同，它们注重自己的独立性，有独立的组织目标。如果随意干预只会引起其反感，将这些社会组织推向对立面。但也不能放任自流，任何组织自身都有滋生问题的可能，需要外在监管；同时，我国社会组织的成长也需要外部支持。如果党能够处理好与新兴社会组织的关系，实现对社会组织的有效领导，就有助于社会组织自身发展，也能将党的影响范围扩展到政府职能不能涵盖的广阔空间，实现更好的社会治理绩效。而如果党处理不好与新兴社会组织的关系，就会阻碍社会组织的成长，也会降低社会治理绩效。②

中国共产党成为执政党的历史过程以及在中国社会管理体制中的地位，体现了执政党的政治优势和制度优势。具体来说，各级党委要想发挥领导作用，就必须更好地服务社会、引领社会、组织社会、管理社会；加强基层党建工作，把党的基层组织建设作为为群众谋利益的战斗堡垒，让广大党员在服务群众中体现执政党的先进性。③ 完善党委领导，首先，要进一步发挥各级党委在社会治理格局中的领导核心作用，既要总揽全局又要协调各方

① 参见强舸：《“政党—社会”关系变迁与国家治理能力现代化》，载《岭南学刊》2017 年第 5 期。

② 参见强舸：《“政党—社会”关系变迁与国家治理能力现代化》，载《岭南学刊》2017 年第 5 期。

③ 参见王振海等：《社会组织发展与国家治理现代化》，人民出版社 2015 年版，第82 页。

利益。其次，要进一步合理地界定党政部门在社会治理方面的职责权限。认真梳理权力清单、责任清单，将职责与权限界定清晰，从源头上解决多头管理、分散管理等问题，避免工作中的不作为、乱作为现象。最后，坚持各级党委领导核心，就是要在实践中不断改善党的领导，提高党委的领导能力和水平，充分发挥政治优势，积极引导舆论，重视媒体的宣传作用，重视社会矛盾纠纷的处理，及时化解社会危机，提高社会治理的能力与水平。

2.政府负责

众所周知，政府是社会发展和社会管理的责任主体，这是由近代经济社会发展的矛盾决定的。在社会主义市场经济条件下，政府的主要职能主要涉及经济调节、市场监控、社会管理和公共服务四个方面。当前，随着我国市场经济的不断推进，社会的阶层、结构、运转方式乃至观念都发生了深刻的变迁，比以往更加需要政府履行社会治理职能，平衡经济与社会、人与自然之间的关系，实现环境、资源与人口的相互协调与社会的可持续发展。社会管理是一个动态的复合概念，它的理念、内容和模式随着社会形态的演进而不断完善、成熟，日趋逻辑化和系统化。社会管理承担着调整规范社会组织、合理培育社会结构、及时化解社会矛盾、维护社会公正和秩序等职责，社会治理的内容已涵盖多个层面。①

政府负责社会日常事务管理。政府在社会发展中的作用主要是提供社会项目和公共服务，今后，这类作用也会继续得到强化。政府在保障社会公平正义等方面将继续发挥核心作用。在党的领导下，我国各级行政机关根据法律赋予的职权，履行社会管理职责。一是制定社会管理的行政法规和规章；二是制定社会管理的规划和计划；三是开展具体行业的管理，如公安、教育、卫生、环保、城市建设等众多社会事项的管理。政府既是社会管理的总抓手，也是具体社会事务的总协调者。②

市场经济的运行一方面促进了社会经济生活的发展，另一方面又使得社会利益主体多元化，出现了新的利益群体和阶层，社会关系更加复杂，利益整合更为困难。这种情况加剧了社会矛盾的频繁化，客观上要求政府必须强化自身的社会管理职能，确保社会各领域的和谐发展；对相互依托、相互影响的社会诸因素从宏观上进行管理，妥善处理好不同领域之间的职能分工问题；保证经济领域、政治领域与社会领域之间的均衡发展和健康关

---

① 参见陈振明等:《政府社会管理职能的概念辨析》，载《东南学术》2005 年第 4 期。

② 参见王振海等:《社会组织发展与国家治理现代化》，人民出版社 2015 年版，第82 页。

系，促成相对独立、互为作用的社会体系，共同推进社会进步与发展。[①]

当前，政府负责就是要进一步强化政府的社会治理职能，真正做到职能到位，不缺位、不越位。在社会治理中，凡是公民、法人或者其他组织能够通过自律和市场作用解决的，政府不作干预。需要由政府进行管理的事项则应当管住管好。在社会治理的过程中，要建立健全完善的社会治理考核机制，科学合理地设置社会治理考核指标体系，增强考核指标体系的针对性、可操作性，将考核的结果运用好，作为对政府及其工作人员奖惩时的一项重要依据。

3. 社会协同

社会协同是指社会各行动主体之间形成紧密配合的和谐关系，开展相互支持的合作行动。社会协同是社会治理创新的关键问题之一。社会协同是社会组织与政府、企业、社区以及社会组织自身的协同。[②]“社会治理”(Social governance)并不必然指代政府的社会管理职能，公共部门、私营部门乃至第三部门都可以进行有效的社会治理。[③] 所谓社会协同，简单来说，就是要发挥各类社会组织的作用，组织社会力量参与社会管理。要加强以城乡社区为重点的基层基础建设，推动包括社会团体、行业组织、中介机构、志愿者团体等在内的各种社会组织发展壮大，进一步发挥各类社会组织在提供服务、反映诉求、规范行为等方面的作用，强化各类企事业单位的社会治理责任。

社会协同治理是一种全新的治理模式，它要求政党组织、政府组织、社会组织、公民个人等社会主体合理解决社会公共事务，实现社会治理效能最大化。现代社会是复杂多变的，而政府的能力又是有限的，二者之间形成了一对矛盾体。社会治理需要政府这一最重要的主体参与其中。政府面对不断变化的社会形势需要与时俱进，不断创新治理的方式和手段，政府的职能与角色要随着实践的发展变化而不断转换、重新定位。从世界范围内治理的实践可以发现，协同治理理论已被广泛传播并获得认可，反映了民间力量对于社会治理的重要性。在特定的领域内，民间力量可以承担政府的部分职能，民众可以通过自治来应对部分社会问题。以社区治理为例，居民可以

---

① 参见陈振明等：《政府社会管理职能的概念辨析》，载《东南学术》2005年第4期。

② 参见朱力、葛亮：《社会协同：社会管理的重大创新》，载《社会科学研究》2013年第5期。

③ 参见陈振明等：《政府社会管理职能的概念辨析》，载《东南学术》2005年第4期。

成立各种社区社会组织，为社区提供服务，如：调解邻里纠纷，照顾孤寡老人，探访留守儿童，保护社区环境，维护社区治安，等等。这些问题都可以由社区社会组织完成。在这种情况下，政府的作用就是为社会组织作用的发挥提供政策支持，创造良好的氛围鼓励社会组织参与社区治理，为社会组织发挥作用创造良好条件，如向社会组织购买社会服务等，加强与社会组织的沟通，促进政社合作，从而实现对社会事务的有效治理。① 当然，社会协同治理的具体目标可以进一步细化。②

4. 公众参与

党的十八届三中全会对全面深化改革进行了科学设计和系统部署，把创新社会治理体制列为全面深化改革的重大任务，并对如何创新社会治理体制进行了深刻阐述。可以看出，社会治理不同于之前的社会管理，是社会管理的“升级”与“升华”。从“社会管理”到“社会治理”，虽然只是一字之差，却反映了新时期党和国家对治理的全新认识，体现了党领导下共同治理、多元治理的理念与主张，是基于实践发展与现实国情的新的治理模式。

在这一新型治理模式下，党委领导是根本的，有利于保障社会治理的正确政治方向。政府负责是前提，政府是社会治理中最为重要的主体，也是最有权威的主体。在社会治理中，政府应发挥责任政府、服务型政府的作用，为其他主体更好地参与到社会治理中做好协调。社会协同是依托，今天的社会治理是多方共治、多元共治的治理，单靠政府或单靠市场都是无法实现的，只有依靠多元治理主体，发挥多元主体的协同作用，形成治理的合力，才能实现有效治理。公众参与是社会治理机制的基础，缺乏公众参与的社会

---

① 参见王振海等：《社会组织发展与国家治理现代化》，人民出版社 2015 年版，第 82 页。

② 比如社会组织可以在以下领域发挥作用，充分发挥参与社会治理的效能：第一，千方百计扩大城乡的高质量就业，缓解就业压力。第二，推进区域公共医疗卫生资源共享。建立完善区域公共医疗卫生服务一体化的制度机制，建立高效、协调、科学的突发公共卫生事件应对机制，实现区域内城乡、不同社会群体之间公共医疗卫生服务制度的统一、基础设施的共享和服务标准的一致。第三，进一步发挥教育资源优势，促进区域教育资源统一规划和共享。推动义务教育均衡发展和高中阶段教育协调优质发展，稳步发展高等教育、学前教育、特殊教育和成人教育。第四，加强区域生活保障业务资源共享。以社会保险、社会救助、社会福利为基本内容的社会保障制度覆盖全体居民，全面实现生活保障的一体化。第五，进一步实现区域公共文化体育资源共享共通。实现公共文化管理制度统一、基础设施标准一致、公共文化事业资源布局合理，大幅提高公共文化产品的生产供给能力，形成服务优质、覆盖全社会的公共文化事业服务体系。第六，加强区域社会综合管理和治理。创新社会治理体制机制，加强社会治理信息化建设与网格化管理，健全现代社会治理体系，全面提升社会治理效能和服务水平。

治理是无源之水、无本之木。公众参与是社会治理中的重要一环，也是社会主义民主政治的重要方面；公众参与是我国社会转型的必然要求，也是新时期完善社会治理体制的应有之义。

尽管中央和地方制定了大量关于公众参与的政策和法规，但实践中公众参与还存在很多的问题与不足，导致公众参与实效性欠缺。公众参与不足固然与公众缺乏参与意识及参与能力不高有关，但制度规范上的欠缺是导致公众参与程度低的重要原因，比如信息公开不足，政府不及时回应公众诉求，公众参与“走过场”，等等。公众参与的意义在于赋予公众表达个人需求、提出利益主张的渠道和平台，从而使政府的决策更为科学、民主、合理，政策的制定更符合民众的期待。这就要求政府在社会治理中给予公众参与以法律上和制度上的充分保障，同时政府应对公众参与的结果进行积极回应与反馈。善治的本质就在于政府与公众对社会生活的合作治理。公众参与社会治理的程度不高，将对社会治理现代化建设不利，对社会的发展形成消极影响。①

改革开放走过40多个年头，我国的经济结构以及社会组织结构都发生了变迁，这为公众参与社会治理提供了现实的空间与平台。公众参与社会治理是实现民主政治和社会有效治理的必然要求。从全球范围看，20世纪80年代随着新公共管理运动和政府改革浪潮的兴起，公民参与公共管理已成为一种趋势。② 公众参与是一种生活化的民主观念，最初是作为一种工作作风被引入党和国家的文件及行为要求中的，后来则随着法制建设的不断深入而日益成为各级政府依法行政的制度要求。③ 一个国家在走向民主化的过程中，政治参与人员数量是逐步提高的，这是不可阻挡的发展趋势。这

① 参见许玉镇：《公众参与政府治理的法治保障》，社会科学文献出版社2015年版，第249～250页。

② 公众参与程度和水平的高低已成为衡量一个国家民主化水平的重要尺度。从民主政治发展的视角看，公众参与社会治理是社会主义民主政治的重要内容。我国是社会主义国家，人民是国家和社会的主人，人民当家做主是社会主义民主政治的核心和本质要求。我国《宪法》第二条规定：“中华人民共和国的一切权利属于人民。人民依照法律规定，管理国家事务，管理经济和文化事业，管理社会事务。”而公众参与社会治理是依法行使公民权利的必然要求，是发展社会主义民主政治的重要途径。同时，公众参与社会治理是完善民主政治的重要途径。

③ 在党的十六大、十七大、十八大报告以及国务院依法行政纲要中均明确要求建立完善公众参与制度，保障公众的“知情权、参与权、表达权、监督权”。各级政府及其部门只有在其职能范围内建立起行之有效的公众参与制度，才能跟上政治体制改革的节奏，才能有效开展群体性事件治理与社会管理创新。

就要求政治参与渠道的畅通与多元化，这不能仅仅限于各种制度，还需要社会的广泛参与。换言之，各种社会组织、社团既是政治参与的主体，也是确保公众有序参与政治的载体。①

5.法治保障

党的十八届三中全会通过的《决定》提出了创新社会治理方式要坚持系统治理、依法治理、综合治理、源头治理。善于用法治思维和法治方式治理社会，始终以法律、制度为准绳，解决问题，化解矛盾，推进社会和谐发展，充分发挥法律在实际政治生活中的作用，是提升立法活动和司法活动的自主性和权威性及法律在全国范围内和各个部门中的普遍适用性的保障。社会治理就是依法治理，最根本的保障是法治。只有依照法律、遵循法治原则，才能真正推动现代社会向法治社会前进，实现国家和社会治理的法治化目标。

在推进社会现代化的过程中，随着我国的法律体系不断完善，人们的法治素养不断提升，党的依法执政能力、政府的依法行政水平、各级官员的依法办事能力、司法机构公正运用法律的水平得到了提升，公民的基本权益保障有法可依。但是我们也应看到，由于市场经济的发展和社会转型的快速，市场主体的法律素养参差不齐，司法不公的现象时有发生，给社会主义经济社会发展造成了一定的影响。尽管我国的法律体系已初步完善，但是其与人民对法治社会的期待还存在较大的差距。追根究底，其原因可罗列如下：一是法律本身会随着改革以来情况的变化不断得到修改，会让人有“朝令夕改”之感。二是人为干扰司法公正的现象时有发生。司法公正是现代社会一个最基本的底线。然而在现代化过程中，各地的司法不公现象和案件时有发生，降低了人们对司法的信任度。三是“关系社会”与法治的精神和理念存在冲突，全社会的法治意识还有待进一步加强。总的来看，我国从传统社会向现代社会转型过程中，现代社会理念和现代社会关系并未建立起来。

法治保障是社会治理的基本要求，也是现代社会的基础和根本体现。当前我们正在实行的市场经济就是法治经济。所谓法治经济，就是经济主体的各种活动和交易必须按照法律、制度进行，在法律允许的范围内活动，违反法律就要受到法律制裁。法治经济体现在经济活动的理念、行为方式、

① 参见许玉镇：《公众参与政府治理的法治保障》，社会科学文献出版社 2015 年版，第 247 页。

经济成果的保护等方面，因而对经济领域中的人的活动必然产生影响，进而要求市场经济中的主体必须依法行事。

法治是现代社会的重要制度资源和调控模式。“今天的中国比以往任何时期都呼唤法治，法治正成为中国社会发展的目标模式。法治既是一种状态，也是实现状态的动态的过程，没有这种动态的过程，状态便无法实现。”①多元社会治理模式的形成首先是以法治为基础的②，因此，无论是社会治理创新还是社会治理的实施过程，都应坚持以法律制度为最重要的规则体系，将法治精神和法治理念渗透到社会治理行为中的各个环节和社会的各个领域，真正实现法治规范社会生活的方方面面，维护社会秩序良好运行。必须在社会治理过程中始终坚持以法治作为根本原则和价值导向，以法治精神贯穿社会治理的全过程。这就要求我们在社会发展过程中，不断培育市民社会的法治精神，促进现代法治社会发展。

(二)“社会本位”治理理念的特点及理论分析

1.“社会本位”治理理念的特点

党的十九大报告指出：“中国特色社会主义进入新时代，我国社会主要矛盾已经转化为人民日益增长的美好生活需要和不平衡不充分的发展之间的矛盾。”③在这一背景下，报告强调“加强和创新社会治理，打造共建共治共享的社会治理格局”，为新时代我国国家治理和社会治理指明了发展方向。创新社会治理，政府不能唱“独角戏”，需要全民参与唱响“大合唱”。④

构建新型社会治理格局，首要的就是要实现传统的“政府本位”理念向“社会本位”理念的转变。所谓“政府本位”，就是指政府在社会管理中具有

---

① 马玉丽：《美国宪法的正当法律程序研究——从程序到实质的演变》，山东人民出版社 2016 年版，第 186 页。

② 国际社会提出的构成“善治”的九个特征，即参与性、协商性、责任性、透明性、回应性、有效性、公正性、包容性以及合法性，几乎都与法治精神相契合。

③ 参见习近平：《决胜全面建成小康社会 夺取新时代中国特色社会主义伟大胜利——在中国共产党第十九次全国代表大会上的报告》，人民网，http://politics.people.com.cn/n1/2017/1028/c1001－29613514.html。

④ 党的十八届三中全会提出创新社会治理体制的新理念。从“社会管理”到“社会治理”，虽然只有一字之差，但意味着社会建设由过去的政府单一主体管理，转变为多元社会主体合作治理。在创新社会治理体制的基础上，党的十九大进一步提出完善党委领导、政府负责、社会协同、公众参与、法治保障的社会治理体制，打造共建共治共享的社会治理格局，这意味着充满活力、和谐有序的新时代社会治理格局基本形成。参见李凤虎：《从“政府本位”到“社会本位”》，载《河南日报》2018 年 12 月 7 日。

绝对权力，其他社会管理主体依附于国家，以统治的方式运行的社会管理体制。[①] “社会本位”是指社会组织在社会管理中居于主导位置，政府、社会组织和公众平等合作，以治理的方式运行的社会管理体制。社会本位理念的主要特征是：第一，社会本位更加强调自我管理。强调社会自我管理，并不意味着要完全撇开政府。政府是社会规则的制定者，要维持基本的社会秩序。[②] 党的十八大报告明确强调：“在城乡社区治理、基层公共事务和公益事业中实行群众自我管理、自我服务、自我教育、自我监督，是人民依法直接行使民主权利的重要方式。”一般而言，社会自治程度越高，社会就越充满活力，社会的基础就越稳固，社会就越和谐稳定。[③] 第二，社会本位意味着合作治理；合作治理首先是一种多元化的治理；其次，合作治理强调社会管理主体之间的平等协商关系。在社会本位理念中，政府虽然已经不是公共治理的唯一主体，但仍然是最重要的主体。政府、非政府公共组织和民众三类管理主体，在社会公共事务的治理过程中“平等协商，良性互动，各尽其能，各司其职”。[④] 第三，社会本位是以公共服务为主的管理。管理就是服务，公共服务既包括政府的公共服务，也包括社会组织的公共服务。公共服务是政

---

① 政府本位的社会管理体制的主要特征是：第一，政府本位是一元化的政府管理。政府在社会管理中具有绝对权力，其他社会管理主体或者没有生存的空间，或者处于依附状态。第二，政府本位是运用行政管制方式为主的管理。管制意味着主管方和被管方地位的严重不平等，行政管制意味着政府把社会仅仅当作被监管的对象。第三，政府本位是政府运用单一行政干预手段的管理。

② 按照马克思主义经典作家的观点，“社会自治是人民群众在政治上实现自我解放的基本形式，是国家权力回归社会的必经之路，也是未来社会主义社会的一种基本政治形式”。参见俞可平：《更加重视社会自治》，载《人民论坛》2011 年第 6 期。

③ 在我国当前的社会生活中，两种最重要的自治行使方式是社区自治和社会组织自治。促进现代国家治理体系和治理能力现代化，就必须推行参与式合作治理，还权于社会，赋权于社区与公民，培养积极公民，为公民参与社区治理创造有利条件和机会。同时，政府要积极培育与扶持社会组织，为社会组织发展提供良好的条件。参见王振海等：《社会组织发展与国家治理现代化》，人民出版社 2015 年版，第 73～74 页。

④ 三类管理主体在不同性质、不同层次的社会公共事务管理中以平等协商为基础，充分发挥各类管理主体的优势，合理分配公共管理职能，实现管理职能与管理能力的匹配。非政府公共组织和民众的参与管理，促进了其与政府的合作管理。政府只有意识到自身越来越需要非政府公共组织和民众的帮助，才能实现对社会公共事务的有效管理。换句话说，在非政府公共组织和民众参与管理的过程中，已经和政府产生了相互依赖的关系，改变了原来对政府单向依赖的被动局面。互相依赖的关系，将不可避免地促进政府走向与非政府公共组织和民众的合作，用契约的形式建立起政府与非政府公共组织和民众之间的新型关系，实现优势互补，各尽其能，各司其职。参见秦云益、刘亚菲：《从政府本位到社会本位——公共管理理念的跨越》，载《郑州经济管理干部学院学报》2007 年第 3 期。

府的首要职能。在多元治理的大背景下，政府要转变过去的监督者、控制者的角色，向公共服务提供者的角色转变。第四，社会本位是综合运用行政、市场等多元手段的规范化管理，区别于单一的行政干预。社会本位更强调契约精神、法治理念。第五，社会本位以公民权利为核心。只有尊重公民权利，才可能真正实现社会本位的管理。尊重公民权利，公民社会管理的自发性、创造性和能动性才能更好地被激发出来。①

2."社会本位"理论的分析

"治理理论不仅追问公共管理中的管理性问题，而且还追问特定政治和社会背景下的利益分配问题；它所追求的不仅仅是经济、效益和效率，合法性、民主和公正等也是它的关注点；它强调的改革途径不仅仅是在公共部门引入竞争机制，而且强调在公共性日益式微的今天，建立合作机制的重要性。"②中国社会管理体制的变革过程大致可以用从"政府本位"向"社会本位"转变来概括。中华人民共和国成立 70 年来，我国社会管理体制就是在逐步实现这一转型。社会本位理论为当前的社会治理打开新的思路和渠道，为新时期加强社会治理提供了崭新的价值坐标。③

尽管如此，我们还是应认识到治理也存在失败的风险，社会治理存在一定的局限性。"治理视角的悖论就在于，即令是在政府业已养成适宜的运作规范之处，治理仍然有可能失败。……领导者的失误、关键性的伙伴在时间进度和空间范围上的意见不一以及社会冲突的深度等，都能给治理播下失败的种子。为了正确了解国家统治中的这个新领域，关于治理失败的概念是必须很好掌握的。"④社会治理的局限性要求我们正确认识社会本位的局限性，意识到在迈向社会本位的社会管理体制变革过程中，各个社会管理主

① 参见童志锋、郁建兴:《从政府本位到社会本位:社会管理体制变革的新分析框架》，载《中共浙江省委党校学报》2011 年第 1 期。

② 郁建兴等:《在参与中成长的中国公民社会——基于浙江温州商会的研究》，浙江大学出版社 2008 年版，第 14 页。

③ 随着公民社会组织的发展壮大，由公民社会组织独自行使或由它们与政府一道行使的社会管理过程，便不再是统治，而是治理。在统治中，国家占据权威位置，它的权力运行方向是自上而下的，它运用政府的政治权威，通过发号施令、制定政策和实施政策，对社会公共事务实行单一向度的管理。而治理是一个上下互动的管理过程，它主要通过协商、确立认同等方式实现对公共事务的管理，其实质在于建立在市场原则、公共利益和认同之上的合作关系。参见俞可平主编:《治理与善治》，社会科学文献出版社 2000 年版，第 6 页。

④ [英]格里·斯托克:《作为理论的治理:五个论点》，华夏风译，载《国际社会科学杂志》(中文版)1999 年第 1 期。

体之间的关系是复杂的。一方面，在我国，国家与社会之间的关系并不是泾渭分明、非此即彼的，往往是“你中有我，我中有你”。由于国家对于社会组织的控制仍然较为严格，自主性和镶嵌性仍然会在较长时间内持续。但是，即使如此，从社会转型的趋势分析，社会管理的社会性、自主性仍会日益强化。当然，我们也要意识到社会本位模式在具体应用中的局限性。另一方面，强调迈向社会本位是一种趋势，并不意味着在社会管理中完全忽视或者消除国家的作用与影响。社会本位并不代表无政府状态的完全自治，而是强调国家与社会的平等协商合作。换言之，国家只是整个复杂系统中的一元，私人企业、非营利性组织与国家处于对等地位。在中国社会管理中，既存在政府越位、错位的问题，也存在政府缺位的问题。如在灾害救助中，政府对于接受社会捐助的基金会进行了严格的限定，绝大多数合法的基金会只能通过指定的基金会向灾区提供援助。而有些受灾的地方政府部门甚至要求基金会把社会捐助资金统一划拨到政府指定账号，由政府统筹安排。此类问题表明政府存在错位与越位，大量合法的基金会被剥夺了合法接受社会捐助的权利，基金会也无法履行捐助人的意愿，独立运作捐助项目。在社会管理领域，政府缺位问题可能更为突出。①

因此，构建新型社会治理格局，需要政府管理与社会自治的良性互动，真正实现社会治理中多元主体的合作共建、合作共治、合作共享。多元主体合作共建，可以实现多元主体之间的优势互补。同时，广泛吸收民众积极参与，可以提高公共服务的针对性、有效性。多元合作共治的社会治理，并不是党委、政府的“独角戏”，而是多元主体的协同治理。通过不同主体之间的协同治理，最终实现政府治理、社会调节和公民自治之间的良性互动。要进一步建立不同社会组织之间的协商沟通机制，完善利益协调保护机制，建立政府与社会组织之间的服务引导机制，从而在矛盾化解、纠纷处理、危机应对等方面取得新的成效。创新社会治理的最终目的，是为了让社会充满活力、和谐有序，让多元社会主体共享治理成果，各取所需、各得其所。

---

① 参见童志锋、郁建兴：《从政府本位到社会本位：社会管理体制变革的新分析框架》，载《中共浙江省委党校学报》2011 年第 1 期。

第三章　我国社会组织参与社会治理的问题与原因分析

第一节　我国社会组织参与社会治理中存在的问题

当前，随着社会组织的不断发展，社会组织的数量在逐年增加，种类也在逐渐丰富，活动的领域和范围也在日益拓展，社会组织在社会治理中发挥着越来越重要的作用，比如在提供公共服务、社区治理、社会矛盾化解、环境保护、调和社会关系、探访留守儿童等领域日益发挥重要作用。深化社会体制改革，创新社会治理的模式，其目的就是将社会治理的成果惠及每一位公民。但同时我们也应看到，我国社会组织起步相对较晚，底子相对薄弱，整体不够强大，参与社会治理的程度还不深，所以社会组织在参与社会治理的过程中仍存在很多的问题与不足，需要我们认真梳理和反思。

一、社会组织自治性不足

由于存在“政社不分”的传统，我国缺乏培育社会组织自治性的环境。在社会组织发展的早期，政府大多时候对其大包大揽，无论是社会组织的产生还是发展，几乎都由政府说了算，这就使得社会组织与政府有千丝万缕的联系。在双重管理制度下，社会组织与政府部门的联系更为密切。“受行政化的影响，中国民间组织处于‘准政府组织’的境地。无论是在人员构成、经费来源、组织结构方面，还是在运作规范、活动方式等方面，中国民间组织都体现出强烈的行政色彩。”①

第一，从社会组织的建立方面看，行政化色彩依然存在。虽然当前出现了各种各样的社会组织，但总体来看，官方或半官方的社会组织数量依然很庞大。有些官办的社会团体甚至可免于登记。根据民政部门有关规定，可免于登记的有包括中国妇联在内的 8 个人民团体②，中国作协在内的 14 个社会团体③和中国文联在内的 11 个文艺家协会④。它们在全国设有分支机构，有的还有编制和行政级别。有些地方政府出于管理方便的考虑，直接主导推动了某些社会组织的成立，而这些社会组织内成员开展的工作内容更像是在行使行政职权。⑤

第二，从人事方面来看，行政色彩依然存在。例如，社会组织部分人员调动要经过政府相关部门的最后同意；社会组织的领导层有的来自党政机关，由在职领导兼职，有的由业务主管单位的老领导、退休干部等担任。虽

① 孙发锋：《去行政化：中国民间组织发展的必然要求》，载《理论与改革》2010 年第 4 期。

② 《民政部关于对部分团体免予社团登记有关问题的通知》(2000 年 12 月 1 日民政部民发〔2000〕256 号)规定：“一、参加中国人民政治协商会议的人民团体不进行社团登记。参加中国人民政治协商会议的人民团体有：中华全国总工会、中国共产主义青年团、中华全国妇女联合会、中国科学技术协会、中华全国归国华侨联合会、中华全国台湾同胞联谊会、中华全国青年联合会、中华全国工商业联合会。”

③ 《民政部关于对部分团体免予社团登记有关问题的通知》(2000 年 12 月 1 日民政部民发〔2000〕256 号)规定：“二、经国务院批准可以免予登记的社会团体有：中国文学艺术界联合会、中国作家协会、中华全国新闻工作者协会、中国人民对外友好协会、中国人民外交学会、中国国际贸易促进会、中国残疾人联合会、宋庆龄基金会、中国法学会、中国红十字总会、中国职工思想政治工作研究会、欧美同学会、黄埔军校同学会、中华职业教育社。”

④ 《民政部关于对部分社团免予社团登记的通知》(2000 年 12 月 5 日民发〔2000〕257 号)规定：“中国文联所属的 11 个文艺家协会可以免予社团登记，即：中国戏曲家协会、中国电影家协会、中国音乐家协会、中国美术家协会、中国曲艺家协会、中国舞蹈家协会、中国民间文艺家协会、中国摄影家协会、中国书法家协会、中国杂技家协会、中国电视家协会。”

⑤ 参见谢玥：《我国社会组织参与社会治理中存在的问题及对策研究》，四川师范大学硕士学位论文，2017 年，第 26 页。

然相关规定[①]明令禁止党政领导兼任社会组织的领导职务[②]，但实践中这种现象依然大量存在[③]。基金会中心网[④]的相关数据显示，公布了理事会和监事会构成情况的基金会有3100家，其中包括1408家公募基金会和1692家非公募基金会。在1408家公募基金会中，理事长人员多来自行业协会、企业和党政机关等行业领域。其中，理事长来自行业协会的基金会有179家，来自企业的有146家，来自党政机关的则有924家。也就是说，66%的基金会理事长来自党政机关。[⑤]

第三，从社会组织的运行方面看，依然充满政府的行政色彩。社会组织同政府关系密切，在管理模式和决策方式上受到政府牵制，加之在资源的获得渠道上依赖于政府，使得决策上还要参考政府意见，不能进行完全独立的决策。“社会组织先天不足导致它们具有强烈的依附于国家或政府的冲动。在社会组织外部，社会组织因依附于国家或政府，没有独立自主性；在社会组织内部，国家或政府的行政运转模式内化于社会组织的日常运转职责，社

① 如《中共中央办公厅、国务院办公厅关于党政机关领导干部不兼任社会团体领导职务的通知》（中办发〔1998〕17号，1998年7月2日发布施行）明确规定：“县及县以上各级党的机关、人大机关、行政机关、政协机关、审判机关、检察机关及所属部门的在职县（处）级以上领导干部，不得兼任社会团体（包括境外社会团体）领导职务（含社会团体分支机构负责人）。”“因特殊情况确需兼任社会团体领导职务的，必须按干部管理权限进行审批，并按照所在社团的章程履行规定程序后，再到相应的社会团体登记管理机关办理有关手续。”

② 据《中共中央办公厅、国务院办公厅关于党政机关领导干部不兼任社会团体领导职务的通知》（中办发〔1998〕17号，1998年7月2日发布施行）明确规定：“社会团体领导职务是指社会团体的会长（理事长、主席）、副会长（副理事长、副主席）、秘书长、分会会长（主任委员）、副会长（副主任委员），不包括名誉职务、常务理事、理事。”

③ 如在基金会中存在类似情况，有超过半数的公募基金，其理事长和监事会成员来自党政机关。

④ 该网由国内35家知名基金会联合发起，于2010年7月8日正式上线。基金会中心网自成立之初，即将客户服务和品牌传播作为努力的方向，着力开发三大产品，即信息产品、研究产品、交流产品，并尽力将服务细化，形成了自己的产品线。中心所有产品都建立在数据采集和数据处理的基础上，数据来源主要是各基金会官方网站和各级民管机构，内容摘自基金会年报、审计报告、项目报告和机构动态等。基金会中心网为政府、基金会、媒体、非营利性机构、公众等提供了较好的服务。参见https://baike.so.com/doc/7852914-8127009.html。

⑤ 以上数据说明，在基金会中，尤其是在公募基金会中，其人事上的“行政化”色彩较浓。不可否认，基金会的理事长由党政机关人员担任，能使基金会更好地借助行政资源获得政府支持和资金捐赠。理事长的多元化背景有利于基金会的良性平衡发展。但在公募基金会中，理事长来自党政机关的比例已超过半数，比例的失衡难免会导致决策过程受行政化思维的影响，偏离基金会运行目标。参见谢玥：《我国社会组织参与社会治理中存在的问题及对策研究》，四川师范大学硕士学位论文，2017年，第27～28页。

会组织没有自治独立性。”[①]对于政府来讲，要想实现“小政府，大社会”这一宏伟目标，就要有一个战略规划，从思想观念上转变传统的不合时代要求的管理方式。[②]

二、社会组织内部治理结构不科学、治理能力不高

社会组织是20世纪末以来在全球社会经济发展过程中出现的一种新型的组织形式。我国社会组织能否健康地发展起来，其自身的组织治理能力是关键因素，这也是一项新的重大的课题。社会组织内部治理能力的高低体现在很多方面，除去内部基本的管理制度外，社会组织的人力资源管理、财务管理都属于体现内部治理能力的方面。近年来，国家对社会组织扶持力度加大，在法律法规、政策制度、财力物力等方面都给予支持，但由于我国社会组织发展较晚，目前尚处于起步阶段，加之相关立法不完善，社会组织内部治理结构还存在一些不规范的现象。部分社会组织的内部治理结构较为随意，存在很多不科学、不合理的地方，一定程度上阻碍了社会组织作用的发挥。因此，应从促进社会组织功能持续发挥、提高社会组织参与社会治理的能力和水平的角度出发，对社会组织内部结构予以重构，从而在治理体系和治理能力现代化背景下加快实现社会组织治理机构的法治化。

“治理”作为目前较为流行的一个概念，是一个动态过程，可以发生在不同社会层面，如当地的或一国范围内的各种组织机构、国际的或全球的组织机构，能够行使治理的组织包括政府、企业、社会组织等。总体而言，治理更强调政策和组织特性的问题，而不是日常项目实施的问题。也就是说，治理关注解决社会组织的前景、使命以及战略的问题，关注未来的发展方向和长期的战略；它在考虑内部计划、资源配置的同时解决组织政策的问题。具体到一个社会组织而言，其治理首先是考虑该社会组织在社会中应如何行使

---

① 孔凡义、姜卫平、潘诗钰：《社会组织去行政化：起源、内容和困境》，载《武汉科技大学学报》(社会科学版)2014年第5期。

② 政府工作的重点是制定法律、法规、政策，把握宏观调控和依法监督各主体执行现行的政策。政府可建立与民间组织定期对话、交流和互动机制，民间组织可为政府决策提供来自基层的不同声音和意见，为政府正确决策提供准确的基础资料。政府也可以借助民间组织这一平台来宣传政府的方针和政策，校验其可行性，发现问题，解决问题，实现民间组织和政府的“双赢”。而行业协会也需要逐步转型，从传统的“二政府”地位退出，真正形成一个实现政府目标和服务于企业的新型行业协会治理框架。参见黄浩明：《民间组织在统筹经济社会发展过程中的地位和作用》，载《学会》2006年第3期。

有关职能、如何进行有效运作，从而完成其既定的义务，确立其在社会中的地位和功能；归根结底，就是如何实现社会组织内部治理的法治化。

2011 年的"郭美美微博炫富事件"①引发社会对中国红十字会的广泛关注。事件发生之后，中国慈善事业遭遇公信力危机。虽然中国红十字会随后采取了一系列措施，包括建立网上信息公开平台，仍然不能消除公众的疑问。公众不仅质疑红十字会，而且还质疑中国公益组织整体公信力，质疑公益组织自身治理层面存在的诸多问题，如理事会有名无实，财务过程未公开、不透明，公益和市场之间界限不清，监管主体不明、监管力度缺乏，等等。据报道，该事件发生后，深圳市红十字会接受的唯一社会捐款为 100 元，而佛山市红十字会系统包括医院、学校等则未收到任何捐款。在有人惊呼"中国红十字会倒掉"的同时，媒体又曝光了中华慈善总会违规预开 1500 万元免税发票②的事件。③ 之后，网络上又相继曝出中国青基会中非希望工程事件、河南宋庆龄基金会事件，对我国社会组织的慈善事业的发展都造成了极大的负面影响，加重了我国非营利性组织的信任危机。上述系列事件，引发了学界对社会组织内部治理结构的大讨论。

目前，我国《社会团体管理条例》《民办非企业单位管理条例》及《基金会管理条例》是分别针对三类社会组织的立法，但从条例规定来看，对社会组织内部治理结构的规定多是宏观的、原则性规定，可操作性弱。考察我国三类社会组织的内部治理结构状况，可以发现还存在一些问题与不足。

第一，社会组织的内部治理结构是在借鉴公司法人治理的基础上建立起来的，理论依据具有单一性。目前，我国三种社会组织的治理结构及运行情况如下所示(见表 3-1 至表 3-3)：

---

① 2011 年 6 月 21 日，新浪微博上一个名叫"郭美美 baby"的网友自称"住大别墅，开玛莎拉蒂"，其认证身份为"中国红十字会商业总经理"，在网络上引起轩然大波。根据警方的调查和郭美美本人的供述，她以及她的资金来源都与中国红十字会毫无关系。中国红十字会没有"红十字商会"机构，也未设有"商业总经理"的职位，更没有"郭美美"其人。参见 https://baike.so.com/doc/1024044-1083056.html。

② 2011 年 8 月，无锡尚德太阳能电力有限公司受到"诈捐"怀疑。记者调查发现，让尚德公司"荣膺"2010 年中华慈善突出贡献奖的 1700 多万元捐赠品，受益者本该是参赛学校的师生，竟然已经被折价变卖，钱款去向不明。这场"慈善捐赠"却由于中华慈善总会开具了收货减税发票，让企业享受到了国家的减免税政策。参见《中华慈善总会被曝收钱开免税发票》，新浪新闻，http://news.sina.com.cn/o/2011-08-18/044023008712.shtml。

③ 参见王名:《破解中国公益组织的治理困境》，中国改革论坛，http://www.chinareform.org.cn/society/organise/Report/201109/t20110902_120657.htm。

表 3-1　　社会团体的主要机构、职权及议事规则

机构设置		主要职权	议事规则
最高权力机构	会员（代表）大会	（一）制定和修改章程；（二）选举和罢免理事；（三）审议理事会的工作报告和财务报告；（四）决定终止事宜……	会员（代表）大会须有 2/3 以上的会员（代表）出席方能召开，其决议须经到会会员（代表）半数以上表决通过方能生效
执行机构	理事会	（一）执行会员（代表）大会的决议；（二）选举和罢免理事长（会长）、副理事长（副会长）、秘书长；（三）筹备召开会员（代表）大会；（四）向会员（代表）大会报告工作和财务状况；（五）决定会员的吸收或除名；（六）决定设立办事机构、分支机构、代表机构和实体机构；（七）决定副秘书长、各机构主要负责人的聘任；（八）领导本团体各机构开展工作；（九）制定内部管理制度……	须有 2/3 以上理事出席方能召开，决议须经到会理事 2/3 以上表决通过方能生效
主持日常工作	秘书长	（一）主持办事机构开展日常工作，组织实施年度工作计划；（二）协调各分支机构、代表机构、实体机构开展工作；（三）提名副秘书长以及各办事机构、分支机构、代表机构和实体机构主要负责人，交理事会或常务理事会决定；（四）决定办事机构、代表机构、实体机构专职工作人员的聘用……	

续表

机构设置		主要职权	议事规则
监督机构	监事会	(一)监督理事会、常务理事会执行会员(代表)大会决议的情况;(二)检查财务和会计资料,向登记管理机关、业务主管部门以及会计主管部门反映情况;(三)监督理事会、常务理事会遵守法律和章程的情况,当会长、常务副会长、副会长、常务理事、理事和秘书长等管理人员的行为损害本团体利益时,要求其予以纠正,必要时向会员大会、业务主管单位及登记管理机关报告;(四)监事列席理事会、常务理事会、会长办公会议及本团体其他会议;(五)监督各分会、专业委员会履行职责的情况;(六)提议召开理事会临时会议;(七)向代表通报监事会年度工作情况;(八)本章程规定或会员(代表)大会授予的其他职权	(一)列席本团体各项会议,查阅会议纪要、财务票据等有关材料;(二)听取理事会、常务理事会、各分支机构、秘书处的工作情况通报;(三)对理事或专门委员会的委员提出质询;(四)对于常务理事会、理事会、各分支机构会议作出的决议、决定,监事会认为存在违反程序或违背本团体根本利益的,可以建议进行二次表决;(五)对监督事项提出建议和异议;(六)对不称职的理事会成员进行警示或建议罢免

资料来源:《社会团体章程示范文本》规定。

表 3-2　　民办非企业单位的主要机构、职权及议事规则

机构设置		主要职权	议事规则
决策机构	理事会	(一)修改章程;(二)业务活动计划;(三)年度财务预算、决算方案;(四)增加开办资金的方案;(五)本单位的分立、合并或终止;(六)聘任或者解聘本单位院长(或校长、所长、主任等)和其提名聘任或者解聘的本单位副院长(或副校长、副所长、副主任等)及财务负责人;(七)罢免、增补理事;(八)内部机构的设置;(九)制定内部管理制度;(十)从业人员的工资报酬……	理事会会议应由1/2以上的理事出席方可举行。理事会会议实行1人1票制。理事会作出决议,必须经全体理事过半数通过; 下列重要事项的决议,必须全体理事的2/3以上通过方为有效: (一)章程的修改; (二)本单位的分立、合并或终止……

续表

机构设置		主要职权	议事规则
主持日常工作	院长	(一)主持单位的日常工作,组织实施理事会的决议;(二)组织实施单位年度业务活动计划;(三)拟订单位内部机构设置的方案;(四)拟订内部管理制度;(五)提请理事会聘任或解聘本单位副职和财务负责人;(六)聘任或解聘内设机构负责人……	本单位院长(或校长、所长、主任等)列席理事会会议
监督机构	监事会	(一)检查本单位财务;(二)对本单位理事、院长(或校长、所长、主任等)违反法律、法规或章程的行为进行监督;(三)当本单位理事、院长(或院长、所长、主任等)的行为损害本单位的利益时,要求其予以纠正……	监事会会议实行1人1票制;监事会决议须经全体监事过半数表决通过,方为有效

资料来源:《民办非企业单位章程示范文本》规定。

表 3-3　　基金会的主要机构、职权及议事规则

机构设置		主要职权	议事规则
决策机构	理事会	(一)制定、修改章程;(二)选举、罢免理事长、副理事长、秘书长;(三)决定重大业务活动计划,包括资金的筹集、管理和使用计划;(四)年度收支预算及决算审定;(五)制定内部管理制度;(六)决定设立办事机构、分支机构、代表机构;(七)决定由秘书长提名的副秘书长和各机构主要负责人的聘任;(八)听取、审议秘书长的工作报告,检查秘书长的工作;(九)决定基金会的分立、合并或终止;(十)决定其他重大事项	理事会每年至少召开2次会议。理事会会议由理事长负责召开和主持。有1/3理事提议,必须召开理事会会议。如理事长不能召集,提议理事可推选召集人。理事会会议必须有2/3以上理事出席方能召开;理事会决议须经出席理事半数通过方为有效。下列重要事项的决议,须经出席理事表决,2/3以上通过方为有效:(一)章程的修改;(二)选举或者罢免理事长、副理事长、秘书长;(三)章程规定的重大募捐、投资活动;(四)基金会的分立、合并……

续表

机构设置		主要职权	议事规则
监督机构	监事会	监事依照章程规定的程序检查基金会财务和会计资料，监督理事会遵守法律和章程的情况。监事列席理事会会议，有权向理事会提出质询和建议，并应当向登记管理机关、业务主管单位以及税务、会计主管部门反映情况	3名以上，且为单数。监事任期与理事任期相同，期满可以连任
法定代表人	理事长	（一）召集和主持理事会会议；（二）检查理事会决议的落实情况；（三）代表基金会签署重要文件	

资料来源：《基金会章程示范文本》规定。

目前，我国社会组织内部治理结构的理论依据是公司内部治理结构理论，主要是委托代理理论。这一理论的基本含义是指一个或多个行为主体根据一种明示或隐含的契约，指定、雇佣另一些行为主体为其服务，同时授予后者一定的决策权利，并根据后者提供的服务数量和质量对其支付相应的报酬。授权者就是委托人，被授权者就是代理人。当一个人对另一个人的行为有所依赖时，代理行为就产生了，采取行动的人是代理人，受影响的就是委托人。①

在我国，委托代理理论对社会团体、民办非企业单位（组织）是适用的，委托方是会员或会员代表大会，受托方是组织内部的事务执行机构。但该理论对基金会内部治理并不完全适用。不否认基金会理事会与理事会下设机构之间存在委托代理关系，但捐赠者与基金会之间不应被界定为委托代理关系，基金会财产是捐赠者的捐赠所得，但基金会对接收的捐赠财产没有所有权，基金会财产所有者缺位，捐赠者与基金会之间以委托代理关系予以认定难以成立。社会组织内部治理结构单一性理论依据掩盖了不同社会组织内部治理结构的差异性特点，不符合社会组织内部治理结构的建设的具体要求。②

第二，内部管理制度不健全。部分社会组织在其日常管理、决策、会议

① 参见刘春湘：《非营利组织治理结构研究》，中南大学出版社2007年版，第43页。

② 参见戚枝淬：《社会组织内部治理结构法律问题研究》，载《理论月刊》2016年第8期。

召开、人事任免等方面还未建立完善的规章制度。① 这都不利于组织管理的秩序性、有效性和民主性建议，管理难以取得成效。

第三，社会团体与民办非企业单位的内部治理结构存在行政化趋势。实践中，理事会不仅仅是事务执行机构，而且往往具有较大的决策权。一些全国性的社会团体参照公务员法进行管理，其内部机构设置与行政机关并无二致。这种类似行政机关设置的内部治理结构不能将社会组织与行政机关相区别，社会组织独立性无法体现，社会组织应有的作用也无法发挥出来，不仅不利于法治政府的建设，而且还不利于法治社会的建设，与创新社会治理体制格格不入。②

第四，社会组织内部结构分权制衡弱化。社会组织内部机构设置关系到其内部治理水平，也反映其管理水平。任何权力的行使都不能没有制衡。社会组织内部机构之间关系的松散性、任意性带来的必然后果要么是独揽大权，要么是一盘散沙。在这种情况下，社会组织运作效率极其低下，甚至无法持续发展下去。如上例中的中国红十字会内部不设监督机构，内部无法对理事会的决策与活动进行监督，为理事会滥用权力埋下隐患。③

第五，在人力资源管理方面，由于公众对社会组织还不够了解，认知度、认同度低，再加上宣传力度不足等原因，因此投身社会组织的人力数量不足，社会组织的参与基数不大。同时，组织成员的薪酬待遇普遍较低，社会保险缴纳额度不足，对高校毕业生吸引力不够。这会导致社会组织参与社

---

①　有些社会组织即使制定了章程，也未经理事会表决通过，或者未经相关部门核准备案。在决策上，哪些事项需要理事会或会员大会决定，决定的有效条件是什么；在会议召开上，召开方式、召开的时间间隔、参会人数等要求是什么；在人事任免上，社会组织不同的管理人员如何产生，选举方式、投票方式等是怎样的……这些诸多方面的细节和规定还不全面和完善。参见谢玥：《我国社会组织参与社会治理中存在的问题及对策研究》，四川师范大学硕士学位论文，2017 年，第 33 页。

②　社会组织发端于社会团体。在社会发展中，大多数社会团体由行政机关管理，社会团体内部机构也参照行政机关设置，后来兴起的民非组织也是如此。这种状况一直延续至今。社会团体与民非组织内部治理结构行政化导致这两类组织内部治理结构没有鲜明特色和优势，对政府的依赖性较强，独立从事社会事务的能力较差。参见戚枝淬：《社会组织内部治理结构法律问题研究》，载《理论月刊》2016 年第 8 期。

③　参见戚枝淬：《社会组织内部治理结构法律问题研究》，载《理论月刊》2016 年第 8 期。

会治理时所需的人力资源得不到有效的补给。[①] 2017 年 11 月 22 日，益宝[②]发布《中国公益人保障状况专题调查报告 2017》，从中可以发现社会组织在人力资源管理等方面的不足之处。[③]

三、社会组织专业化职业化水平不一且大多水平较低

随着社会组织的不断发展壮大，其数量也在持续增长。截至 2017 年年底，全国共有社会组织 76.2 万个，比上年增长 8.4%，全国持证社会工作者共计 32.7 万人，其中社会工作师 8.3 万人，助理社会工作师 24.3 万人。[④]同时，社会组织种类日益增多，结构不断优化，服务水平也有了很大提高，在社会的各领域发挥着越来越重要的作用。

从整个行业来看，社会组织整体水平还不高且发展不均衡。部分领域的社会组织专业化水平较高，例如某些专业类学术类的团体，其成员往往是某一领域的专家或带头人，具有深厚的专业背景，理论素养与专业技术水平较高。而其他大多数社会组织都存在专业化职业化不足的缺陷，成员的专业水平不高，缺乏相应的专业理论知识与工作技能，不能胜任社会组织工作，工作实效较差，与预期目标存在一定差距。社会组织整体实力不高而且水平参差不齐，导致在某些服务对接与合作中难以产生应有的效能，使得社会组织在提供优质服务、反映民众诉求、承担社会责任、规范行业自律、联络沟通信息等方面的作用大打折扣。

从社会组织人员组成上看，专职人员占比较小，尤其是专业素养高、技

① 参见谢玥：《我国社会组织参与社会治理中存在的问题及对策研究》，四川师范大学硕士学位论文，2017 年，第 33～34 页。

② 益宝计划成立于 2014 年 11 月 1 日，最初立项于中国社会福利基金会，后于 2015 年 8 月独立注册转型为一家社会企业，为国内首家与保险公司、体检机构合作，专注提升国内公益人和中低收入人群保障水平的独立机构。

③ 在机构年收入方面，近两年公益组织平均年收入达 2 万～5 万元的占较大比例，达到 24.66%，其次是年收入为 10 万～100 万元的，占总数的 22.33%，年收入在 2 万元以下的机构占 15.75%，占比最小的是年收入在 500 万元以上的机构，仅占 6.85%，年收入在 10 万元及以下的机构占比为 57.26%，年收入在 100 万元及以上的机构占比 21%。可以看出，大部分公益组织总体而言年度收入仍然非常少，同时呈现两极分化的趋势。参见《益宝发布公益人保障状况调查报告 中国公益行业从业者保障状况中等偏下》，新华网，http://www.xinhuanet.com/gongyi/2017-11/29/c_129752070.htm。

④ 参见民政部政务微信，https://mp.weixin.qq.com/s?__biz=MzA5NDc3Nzc2Nw%3D%3D&idx=1&mid=2651528226&sn=bfe57dd4e765c2db2edcfccd28c0113c。

术水平强的复合型人才占比更小。[①] 根据《2017 年中国基金会市场现状调查与未来发展前景趋势报告》[②]统计，截至 2016 年 12 月 31 日，中国共有 1772 家基金会披露了全职员工的数量，合 6657 人，平均每家不到 4 人。其中民间基金会的 1867 名全职员工，占总数的 28%。在全国所有的基金会中，全职员工数量最多的是中国扶贫基金会，数量为 114 人。由于很大一部分人员属于兼职，在人事上隶属于其他的部门，因此人员稳定性较差，很难形成一个长期的稳定的队伍，不利于社会组织内部工作的持续性。从这点上看，社会组织工作人员的专职性不足是影响其稳定发展的重要因素之一。

四、社会组织缺乏公信力

党的十八大以来，党和国家高度重视社会诚信建设工作，强调要建立健全社会征信体系，对诚信进行褒扬，对失信进行惩戒。党的十九大强调进一步推进诚信体系建设。而社会组织信用体系建设即为社会诚信建设的重要组成部分。[③]

社会组织的公信力是其建设中最为根本的问题，公信力也是评价一个社会组织建设成功与否的重要因素。从社会组织自身角度讲，公信力反映的是其获取政府和社会信任的能力与水平，是社会组织本身信用水平的体现。与企业不同，社会组织具有非营利性，不以获得经济效益为终极目标，而是以为社会提供公共服务，进而促使公共利益最大化为目标。因此，社会组织的公信力主要来自社会公众对其的信任，这也是社会组织参与社会治理的基础所在。

公信力既是一种财富，也是一种软实力。古希腊著名的哲学家赫拉克利特曾说："如果没有那些非公正的事情，人们就不知道公正的名字。"[④]社会

---

① 从《中国公益人保障状况专题调查报告 2017》中可以看出，在全职从事公益事业的年限方面，全职从业 1～3 年的人占比为 30%，从业 5～10 年的占 21.66%，从业 1 年及以下的人群占 21.27%，从业 3～5 年的占 17.64%，从业 10 年及以上的仅有 73 人。参见《益宝发布公益人保障状况调查报告 中国公益行业从业者保障状况中等偏下》，新华网，http://www.xinhuanet.com/gongyi/2017-11/29/c_129752070.htm。

② 参见中国产业调研网，http://www.cir.cn/。

③ 2015 年 6 月，国务院批转国家发改委等部门制定的《法人和其他组织统一社会信用代码制度建设总体方案的通知》(国发〔2015〕33 号)，确定在全国建立统一社会信用代码制度，要求包括社会组织在内的法人和其他组织由多码变成统一的社会信用代码，对于社会组织信用体系建设具有积极的推动作用。

④ 转引自李巍：《社会组织公信力问题探究》，载《行政与法》2017 年第 7 期。

组织只有具有足够的公信力，才能获得社会公众的认可与信任，才能持续不断地获得社会资源，从而保证工作继续进行。但当前社会组织在公信力建设方面还存在很多的不足，比如透明度低，自律性差，等等。近些年来，部分社会组织失信问题被媒体频频曝光，严重影响了社会组织的公信力，进而影响了社会组织的生存与发展。

近年来，社会组织公信力下降主要表现在以下几个方面：第一，非营利性组织的营利化现象。当前部分社会组织，尤其是民办非企业单位，尽管其宗旨是促进社会福利社会化，并且它们为此做了大量的工作，如兴建私立医院、公益性学校、养老机构、文体机构等，但实际运作中也出现了很多问题，比如部分组织者过分关注经济利益，脱离了非营利性的本质。也有部分组织者、创建者在创办之初是为了提供公共服务，但由于缺乏充分的资金支持，转而寻求社会资助。这时一些以获取经济利益为目标的企业会成为资助者。由于资助者具有较大的话语权，往往使得民办非企业单位逐渐营利化，导致公信力下降。第二，非政府部门的政府化现象。[①] 从目前来看，政府逐步把一部分经济协调的职能还权于社会，从而催生了大量的社会组织。但由于社会自治水平不够，所以大量由政府扶植的社会团体成了政府职能转变的承载者。[②] 非政府部门的政府化，也使得社会组织公信力下降。第三，公益组织的非公益化现象。部分公益组织在创办的过程中，公益动机不足，公益组织逐渐沦为少数创办者获取经济利益、个人声誉地位的工具。还有部分公益组织在招募成员时一味追求既定的条件要求，忽视成员的多样性，招募到的成员往往具有相同或相近的学历生活背景、利益诉求等。这就使得公益组织在实践中难以充分了解不同服务对象的多样化利益诉求和公共服务需求，提供的公益活动难以达到应有的社会效果，使得公益组织的公益性流于形式。

---

① 社会组织是联结各个社会单元的重要纽带，是社会成员自我组织的基本方式，社会组织的健康发展和积极作用的发挥是现代社会发展的一个重要特征。加强社会建设、创新社会治理，实质上是政府依托社会组织与社会互动共进的过程。当前社会发展中，社会成员个性化、生活方式多样化、利益诉求多元化、社会矛盾复杂化的特点日益凸显，这就需要我们积极探索多元共生的社会综合治理机制，充分认识到社会组织在社会治理和服务中的组织引领、协调整合、示范带动和排忧解难功能。

② 这些社会团体因为其部分权力来自于政府下放的公共权力，甚至有的活动资金也来源于政府拨款，所以其组织形式、管理模式和手段与政府机关相似，缺乏非政府组织应有的民间性和灵活性特点；在活动目标方面，往往主要对政府负责，而较少对服务对象负责，甚至一些社会团体在社会上被称为“二政府”。

社会组织在参与社会治理过程中之所以出现如此多的问题，一方面是因为社会条件不足，包括我国的社会自治水准不高、经济发展水平不均衡不充分、政府角色异位、法律法规不健全、社会组织缺乏自身文化等等；另一方面是因为非政府组织自身存在缺陷，如资金匮乏、内部管理效率低、专业人才缺乏、社会公信度不高、宗旨和使命不明确等等。

第二节 我国社会组织参与社会治理存在问题的原因分析

一、当前政府职能转变尚未完全到位

所谓政府职能，是指政府为实现国家利益和满足社会发展的需要而负有的职责和所发挥的功能。政府职能具有共同性、差异性和阶段性的特征，它揭示了政府在社会经济发展中的基本工作方向和基本作用，回答了政府在社会经济活动中“应该做什么，不应该做什么”的问题。

中华人民共和国成立伊始，由于社会主义改造和建设的需要，政府对社会生活的各领域进行了全方位的管理，逐渐形成了“大政府”局面，这在一定时期内有其必要性，并且发挥了重要作用。但随着经济社会的不断发展，由政府大包大揽的局面已不符合社会发展的需要，政府缺位、越位、错位的现象逐渐增多。目前，政府职能转变存在的问题主要表现在以下几个方面：

第一，权力下放不到位，市场的基础性作用尚未得到有效发挥，“管理即审批”“重权力轻责任”“重审批轻监管”等观念依然存在。很多时候政府把本该由市场、企业和社会调节管理的事统统包揽过来，同时还存在着审批事项法律依据不充分，审批条件、程序不公开，审批责任不明确，审批监督机制不健全，审批与收费挂钩等问题，这样不仅容易造成部门推诿、扯皮、办事效率低下，而且直接影响到市场对资源配置的基础性作用，干扰企业自主经营，甚至还成为腐败滋生的“温床”。

第二，对行政事业性收费缺乏强有力的监管措施，“三乱”现象还不能得到全面禁止。长期以来，对一些行政事业性收费缺乏完善的监控管理措施，这就使一些政府部门大权在握，为其利用公共权力谋取小集体或个人私利提供了方便。

第三，行政执法监督机制尚未健全。在社会主义市场经济条件下，政府的主要精力应放在维护社会公正、保障经济秩序、实行公平竞争上。因此，行政管理和执法部门的主要职能应当是当好“裁判员”。但实践中，由于社会主义市场经济还不完善，因此行政执法制度还存在很多不规范的地方，监督约束机制还不够有效。①

第四，政府与社会组织的责任不明确，责任界限模糊。20 世纪 70 年代开始的世界范围内的经济变革促进了社会组织的大发展。从几十年的发展历程来看，政府与社会组织相互依赖。虽然政府赋予了社会组织越来越大的发展空间，但绝大多数的公共服务依然由政府控制，因此社会组织的良性发展需要政府的推动。而社会组织的职能与政府部门的职能部分类似，这就使得社会组织对政府有一定的依赖性。随着社会组织的发展，其数量越来越多、规模越来越大，对社会治理的作用也越来越突出。但同时，部分社会组织也对社会治理起到了负面影响。比如郭美美微博炫富事件，对社会组织的公信力产生了极大的负面影响。② 因此，需要厘清政府与社会组织的责任分工，在法治的框架下合理管制社会组织，有效整合二者的治理能力，实现政府与社会组织的合作共治。社会治理并非仅着眼于短期目标，而是通过不断的探索、总结，使之成为一个与时俱进的、动态可延续的治理模式。换言之，社会治理不是一成不变的，应随着政治、经济、社会的发展而不断发展，同时鼓励多元主体参与社会治理的过程，积极发挥社会本身的自我调节能力去应对社会问题，这样就可以在社会治理中做到张弛有度，提高社会治理的效率和水平。③

党的十八大提出“五位一体”的治理格局，体现了对社会组织作为独立治理主体的认可。转变政府职能是一项复杂的系统工程。④ 政府在向社会购买公共服务的过程中，逐步让渡一些可以交由社会组织实现的社会职能，

---

① 在这种情况下，由于利益的驱动，出现种种有悖市场经济规律的行为，如某些地方限制资源流出、商品流入，政府部门借管理之名，插手企业事务，干预企业自主经营等现象。这些现象的出现，造成了不同程度的社会信任危机，影响了社会投资和消费的积极性，最终结果是阻碍了市场经济的健康发展。

② 参见张媛：《社会组织参与社会治理研究》，长春理工大学硕士学位论文，2015 年，第 16 页。

③ 参见盛婷婷：《我国社会组织参与社会治理中的政府责任研究》，长春工业大学硕士学位论文，2018 年，第 7 页。

④ 应该坚持的总的原则是：有利于巩固社会主义制度，有利于发展社会主义市场经济，有利于发扬社会主义民主，充分调动广大人民群众的积极性。

是政府放权的重要体现。但长期以来,政府管理中仍保留着“全能政府”的痕迹,对社会组织重在“管”,导致社会组织的主体地位没有完全落实。当前,站在新的历史发展方位,政府职能转变理应具有新的内涵和表现形式,重点已不再是政府“该管什么,不该管什么”,而是应细化到政府履行职责的具体方式上去,即政府在社会治理中的角色定位问题。目前,无论是学理上还是实务中,政府的社会职能和公共服务之间都没有明确清晰的界限。

社会组织参与社会治理既是公共事务领域的一种解决机制,也是一种履行形式,因此具有独特的优势与功能。社会组织有效参与社会治理离不开政府职能的转变,只有政府对社会组织予以积极的引导和支持,社会组织才能在社会治理中发挥更充分的作用,成为推进国家治理体系和治理能力现代化的重要一极。

二、我国社会组织发展较晚,基础相对薄弱

我国社会组织的起步较晚。中华人民共和国成立后,由于经济基础十分薄弱,我国实行计划经济,以尽快改变贫穷落后的局面,这使得政府在整个社会管理中成为唯一的主体,社会组织的生存空间受到压缩。这与西方国家不同。西方国家的社会组织主要是内生成长型,主要基于其公民意识的兴起及公民社会的发展而产生发展的。我国经历了漫长的封建主义,社会组织并非基于社会的充分发育而自然生成,其生存和发展更多依赖于国家和政府。真正的现代意义的社会组织出现较晚,发展过程中也遇到了各种困难和障碍,整体实力较弱。我国社会组织不仅在数量上明显少于国外,而且在人力资源与组织模式上也明显处于较低的水平,如组织的规范化欠缺,制度化不够,运行模式不完善,组织结构不科学,专业化与职业化的社会组织人才欠缺,等等。这些都导致了社会组织在参与社会治理中处于一定劣势,提供公共服务的水平满足不了社会发展的实际需要。

三、法律法规政策不健全,制度设计有待完善

在人们的传统观念中,政府才是社会治理的主体,社会治理主要依靠政府。近些年随着经济社会的发展,社会组织取得了较快的发展,人们对社会组织的认识程度加深,社会组织在社会治理中的地位日益凸显。但有关社会组织的相关法律法规并不健全,这在很大程度上影响了社会组织作用的

有效发挥。

我国虽然已经出台了一系列保障社会组织发展的法律规章制度，但从实践来看，法律法规政策体系还不够完善，与社会组织发展的实际要求不相适应。我国社会组织起步较晚，发展历程较短，加上政府对社会组织的管理经验不足，必然造成相关法律政策的不完善问题。“双重管理”对一些社会组织来说门槛高，手续比较复杂，所以相当多的社会组织放弃了对“合法性”的追求，大量的“草根”组织处于“灰色地带”，不利于政府的管理，也不利于社会组织的整体发展。有关社会组织的立法层次不高，局限于行政法、部门规章等，关于社会治理以及社会组织的法律法规体系还没有形成。法律效力不高、层级低，不利于形成全国统一的管理格局。法律政策不够完善，就不能很好地保障社会组织在社会治理中的有效参与；参与的规范性和实效性不够，就不能保证公共利益最大化的实现。①

法律是约束公民行为的最有效途径。只有在完善的法律制度以及健康的法治环境下，社会组织的发展才能有良好的环境支撑。当前有关社会组织的部分法律法规由于概念界限不清晰存在法律漏洞，部分由于理论性过强而缺乏可行性②，这些问题与不足需要在完善相关法律法规体系中予以重点关注。

社会治理是多元化的治理、协同治理，目标是促进社会问题的多元化解。一方面，社会组织参与社会治理要有科学规范的决策机制和法律机制，政府应规范社会组织参与社会治理的平台建设，与政府信息实现对接和共享，从而保障公众获取信息的及时性、便利性；另一方面，畅通监督渠道，更多地利用互联网、新媒体等方式进行监督，并在监督的同时做好宣传工作，促进社会组织的良性发展。在实践中应进一步挖掘对社会组织进行有效监督的方式方法，如设立科学规范的评估指标体系等。

---

① 参见谢玥：《我国社会组织参与社会治理中存在的问题及对策研究》，四川师范大学硕士学位论文，2017 年，第 45 页。

② 参见张媛：《社会组织参与社会治理研究》，长春理工大学硕士学位论文，2015 年，第 17 页。

第四章　部分国家与地区的社会组织参与社会治理的经验借鉴与启示

社会组织是一个内涵较为复杂的社会现象，在不同的语境之下，对社会组织的理解与界定也存在一定的差异。尤其在中西方不同的文化背景下，对社会组织的界定众说纷纭。在国外的研究与实践中，社会组织通常指的是独立于市场和政府之外的所有志愿者团体、社会中介组织和民间协会的集合，它与政府、市场共同构成了现代社会的三大支柱。① 从名称上看，国际社会对社会组织的称谓有“非政府组织”（Non-governmental Organization，NGO）、“非营利性组织”（Non-profit Organization，NPO）、“志愿部门”（Volunteer Sector）、“第三部门”（The Third Sector）、“公民社会组织”（Civil Society Organization，CSO）等。从不同的称谓上，也可以看出社会组织的特征，即非政府性、非营利性、志愿性、组织性、公益性等。

按照治理理论的框架，公民社会组织的参与是治理体系中的重要组成部分。学术界关于“公民社会”的定义有诸多阐释，而一般通用的是三分法划分，即把公民社会定义为“介于国家—市场—私人领域的中间领域，这一领域不以市场盈利和不以追求权利为目的”②。

在我国，很长一段时间内是以“民间组织”来称呼“社会组织”的。2007

---

① 参见夏国永：《国外政府与社会组织合作治理的经验借鉴与启示》，载《经济研究导刊》2012 年第 6 期。

② 萨拉蒙教授认为公民社会组织即第三部门，主要有以下功能：第一，公共服务以及社区服务等的供给。社会组织在涉及医疗、卫生、教育、养老、社区、公益等诸多领域均提供大量的公共服务。第二，代表公民建言献策。公民社会组织代表公民的声音，积极发挥政策进言功能。很多公民社会组织是在有共同利益要求基础上组成的，在内部成员的主张和利益表达上发挥了积极作用。第三，形成和提高社会资本。社会资本是民主政治和市场经济有效运行的关键。公民通过积极加入组织并开展活动，形成信赖和互馈的规范意识。参见何增科：《公民社会与第三部门》，社会科学文献出版社 2000 年版，第 243～252 页。

年11月20日，全国社会组织建设和管理工作经验交流会议在南京召开，会议全面展示了近几年全国各级各地社会组织的发展风貌，明确了新时期社会组织建设与管理的基本思路和主要任务。[①] 会议的主题及任务就是以党的十七大精神为指针，进一步统一思想，加强领导，推动社会组织持续健康发展，为构建和谐社会、发展中国特色社会主义做出新的贡献。[②] 在这次经验交流会上，民政部正式启用“社会组织”这一概念。考察我国社会组织的特征可以发现，其既有西方国家非营利性组织的一些特点，同时又有中国特定的国情和制度体制所带来的特征。总体而言，我国社会组织具有非营利性特征，担负特定的目标与使命。随着社会组织的不断发展、壮大与完善，其业务范围逐渐拓展，已深入到教育、科技、体育、文化、卫生、环境保护等各个领域中，成为社会发展的重要支柱以及国家治理体系新的增长极，与政府、企业共同承担构建富强、民主、文明、和谐社会的任务。

尽管我国社会组织的概念、特征、任务与使命与西方国家社会组织有所区别，但二者之间在某些事项上也存在相似性与共通性。因此，在当前大力推进国家治理体系和治理能力现代化、构建人类命运共同体的大背景下，考察部分国家与地区社会组织在社会治理中的经验，从中梳理出对我国社会组织参与社会治理有益的借鉴与启示，有利于在新时期更充分地发挥社会组织的功能，进一步构建符合我国国情的社会组织运行机制。

第一节　美国：税法为主的制度设计

美国的社会治理更多的是作为一种社会学（sociology）概念提出来的，其主要涉及各类社会工作、社会福利及社会现象等。随着实践的发展，社会治理的概念也逐步扩展至政策制定领域，即强调政府通过制定一系列社会政策来实现社会治理。社会政策的重点是关注社会救助和民生福利。[③] 美国社会治理是以公民社会为代表的社会自组织治理，众多社会组织承担着社

---

① 参见《全国社会组织建设与管理工作经验交流会在宁召开》，新浪新闻，http://news.sina.com.cn/o/2007-11-21/101212943415s.shtml。

② 参见姜力：《认清形势　明确任务　开创社会组织建设与管理新局面——在全国社会组织建设与管理工作经验交流会上的讲话》，载《中国社会组织》2007年第3期。

③ 参见蓝志勇：《美国社会治理的实践》，载《城市管理与科技》2015年第6期。

会治理的主要责任。[①]

一、政府对非政府组织(NGO)的管理

美国的法律制度相对完备,其对 NGO 的管理并非依赖某种专门法,而主要依赖税法予以调节,这也是美国在 NGO 管理方面的显著特色。《美国税法典》[②]对 NGO 从以下几方面进行了规定:

(一)对免税资格的认定[③]

非营利性组织的成立目的各不相同,有的以慈善为目的,有的致力于宗教传播,有的为促进文化交流传播,有的旨在促进商业合作,等等。由于不同组织的目标和宗旨不同,其对社会产生的影响也不同。发达国家针对非营利性组织的特征对其进行细分,并制定了不同的税收优惠政策。[④]《美国税法典》对组织的分类予以细化。[⑤]

按照《美国税法典》要求,免税组织的资产须永久地投入到公益慈善事业中去,即坚持"公益资产的不可撤回性"原则,该原则就意味着即使有关的免税组织解散,其投资者或创办人也不能收回资产,而相关的公益资产大多被用于其他事业或由政府直接用于公益事业。由此可见,NGO 获得免税资格后,其运行将全程处于政府税法的监管之下。同时,由于获取免税资格须通过较为严格的组织测试和运行测试,以此来确定有关组织是否符合法律规定的条件,因此在美国,相关组织会主动进行注册,这也有利于政府对这

---

① 参见张骁虎:《20 世纪以来美国社会治理中联邦政府角色的演变》,吉林大学博士学位论文,2017 年,第 1 页。

② 《美国税法典》是《美国国内收入法典》(*Internal Revenue Code of the United States*)的简称,数量及规模极其庞大,内容复杂、难懂,主要内容包括所得税、遗产税与赠与税、雇佣税、征收程序与行政管理、总统竞选运动的资金筹集等。

③ 按照《美国税法典》501(c)条规定,任何完全致力于宗教、慈善、科学、公共安全测试、文学、教育、促进国家或国际体育竞技、预防虐待儿童和动物等的法人机构,社区福利基金、基金会,只有其净收益不是为了保证股东或个人利益、其行为的实质不是为了进行宣传倡导活动或影响立法、不代表任何公职候选人参与或竞选时,才可以申请该条款的免税资格。参见冯俏彬:《政府管理与支持社会组织的国际经验及对我国的启示》,载《财政研究》2013 年第 7 期。

④ 参见冯崇微、曹波:《发达国家对非营利组织的税收优惠》,载《中国社会组织》2014 年第 15 期。

⑤ 例如,仅 501(c)(3)就分为教育、慈善、科学、自由、检测公共安全、推进国家或者国际业余体育竞赛、预防虐待儿童或者动物等领域,对应有不同的税收减免规则、程序和文件。参见周贤日:《美国教育捐赠税制及其启示——以美国〈国内税收法〉501(c)条款为视角》,载《温州大学学报》(社会科学版)2015 年第 6 期。

些非政府组织进行有效的监管与调控。

(二)税收优惠、税赋信息透明、公开

美国制定了严格的税收优惠措施。[①] 在报表与信息公开方面,美国制定了相当严格的标准。所有通过免税检验的组织,须每年向联邦税务局报送年度报表,其内容规定得非常详细,包括了组织存在和运行的每一个细节。除去专利、商业秘密、国防资料和法定不需公开的信息外,所有的报表及附加材料必须持续向公众公示 3 年。[②] 税赋信息的公开与透明,使得 NGO 获得了社会及公众的信任,从而不断地获得捐助与资助,这成为 NGO 获得不断发展的动力和基础。

(三)政治性活动的禁止

在美国,所有享受免税优惠的组织,都被禁止参与政治竞选活动。为此,政府进行了严格的监管与控制。无论是联邦政府还是各州政府,都将 NGO 的财务与税务作为监管的重心所在。联邦政府对 NGO 的监管主要由财政部下属的联邦税务局免税组织司负责,监管的内容包括:相关组织是否按规定对财务和活动情况进行记录,是否及时填报有关报表,是否在法定的免税资格范围内进行活动,等等。监管方式也多种多样,如向特定群体发放调研问卷、收集调查信息、调查有关的档案数据及公开信息等。如果发现 NGO 存在违规活动,则会采取一定的处罚措施,如罚款、取消免税资格等。各州政府对 NGO 进行监管的是州首席检察官和各州税务部门,监管的方式也多种多样,如审查年报表、抽样审计等。

二、政府对 NGO 的支持

政府在对 NGO 进行严格监管之外,也会为其提供必要的多样化的支持措施,促进其不断发展与完善,进而形成政府与非政府组织之间的双赢

---

① 通过免税资格认定的 NGO 组织,不但自身可以免交联邦所得税和事业税,向其捐赠的企业或个人也会享受到税收优惠待遇,而且公司或个人只有向这些获得免税资格的 NGO 进行的捐赠才会享受免税优惠。其中,个人捐赠有最高限额的规定,即不得超过个人收入调整后毛所得的 1/2,向私人基金会的捐赠也不得超过毛所得的 1/5。公司捐赠的税收优惠也有限制,其最高扣除限额不得超过其应税所得的 1/10,如涉及遗产税,则所有捐赠金额可全部从计税总额中予以扣除。需要强调的是,如果相关免税组织在主业之外还有其他的商业性活动及收入,就必须缴纳商业所得税。

② 参见冯俏彬:《政府管理与支持社会组织的国际经验及对我国的启示》,载《财政研究》2013 年第 7 期。

局面。

(一)吸收 NGO 参与政府政策制定

政府在制定出台有关的政策措施之前,会鼓励 NGO 参与其中,听取其意见和建议,在有关政策形成过程中吸纳其意见,从而使得政策措施的出台体现 NGO 的意志和诉求。这种对 NGO 的尊重与重视,有利于其更好地与政府进行合作与交流。

(二)财政资金的支持与帮助

有研究显示,美国 NGO 收入中的 35.6%来自政府部门的资助。[①] 政府资助的形式也是多种多样的,如直接拨款、政府购买服务、NGO 提供咨询项目等等。[②]

(三)鼓励民众志愿与服务精神

美国政府历来重视鼓励民众的志愿与服务精神,从而促进了 NGO 各项活动的开展,如慈善募捐、公益活动等。美国 NGO 的服务领域已涉及美国社会生活的各个层面,组织的多元化、专业化的服务一定程度上弥补了政府公共服务的缺陷,而且化解了部分社会矛盾,减少了部分群体之间的利益纷争,客观上有利于缓解政府的管理压力。

第二节　新加坡:多元参与下的互利共赢

新加坡是一个多民族的国家。截至 2018 年年底,新加坡常住人口达 563.87 万,华人占全部人口的七成以上。由于其移民国家背景,促进种族和

---

① 参见冯俏彬:《政府管理与支持社会组织的国际经验及对我国的启示》,载《财政研究》2013 年第 7 期。

② 美国的 NGO 具有高度的自治性和独立性,它们对政府公权力保持警惕,更愿意相信公民通过契约精神结成的自治机构,即便它们有相当一部分经费是来自政府的拨款或资助。而政府也乐于将公共服务职能交由非营利性机构承担,以最大限度地弥补公共服务的不足,提升服务质量。这种既对抗又合作的微妙平衡关系,构成美国自由民主社会的一景,而非营利性组织这种独立自治的特性成为每个组织获得民众信任和发展空间的最重要基础,也成为美国人引以为豪的优良传统。参见田丰:《发达国家与地区社会组织参与社会治理的经验与启示》,载《检察风云:社会治理理论专刊》2014 年第 2 期。

谐成为政府的重要目标，而新加坡政局以稳定、廉洁、高效著称。[①] 经过多年的发展，新加坡逐渐建立了促进和保障社会组织发展完善的制度范式。对新加坡社会组织发展的状况作一分析，可以从中找到对我国社会组织发展有益的经验和启示。

一、社会组织参与社会治理的现状

新加坡的社会治理具有鲜明的特色，经过多年的发展，形成了“政府主导、多元参与”的格局，尤其在城市社区治理方面，政府一直坚持“政府主导，强化组织；统一指导，民主自治；以人为本，社会参与”的理念[②]，并在这一过程中，逐渐形成了政府与社会组织之间的良性互动关系。

新加坡作为一个多元种族、多元文化、多元宗教的现代化国家，存在众多社会组织。新加坡的社会组织网络覆盖广，数目多，如果以特征来划分，大体可以分为四种类型[③]：第一，非法人和志愿组合团体；第二，信托、慈善和基金会；第三，非营利目的的公司（如公共担保责任有限公司）；第四，在特殊的非政府组织或非营利法律指导下建立或注册的实体。如果以团体的注册方式为标准，可以整体上将新加坡社会组织分为两类[④]：第一，注册为社团的社会组织，社团涵盖了绝大部分的团体；第二，注册为担保性质的公司，主要由慈善组织构成。各类社会组织在凝聚社会力量、促进社会稳定繁荣方面发挥了巨大的作用。

新加坡在迈向现代化过程中，尽管一直是强势政府，但政府的理念却是在国家稳定、精英治国、民众需求之间达成一个平衡，既强调政府的主导地位，又允许民间团体成长，容许、鼓励发展公民社会。因此，新加坡的社会组织大多具有一定的官方主导色彩，其社会团体与中国类似，也有官方团体和民办团体。

---

① 根据 2014 年的全球金融中心指数（GFCI）排名报告，新加坡是继纽约、伦敦之后的第三大国际金融中心，也是亚洲重要的服务和航运中心之一。新加坡是东南亚国家联盟（ASEAN）成员国之一，也是世界贸易组织（WTO）、英联邦（The Commonwealth）以及亚洲太平洋经济合作组织（APEC）成员经济体之一。

② 参见马占亚：《政府主导 多元参与——新加坡社区治理的经验与启示》，载《广东经济》2015 年第 12 期。

③ 参见汪文来：《新加坡、香港培育发展社会组织的启示》，载《特区实践与理论》2011 年第 6 期。

④ 参见何晓裴：《新加坡社会组织考察》，载《群文天地》2011 年第 16 期。

官方社团主要依赖政府的扶植培育，是政府基于每一项社会事业的需求而组织的团体，负责执行政府规定的任务与要求，并且被纳入政府的整体管理框架，承担政府的部分职能，事实上成为政府的延伸。新加坡官方社团的独立性不足，也缺乏自主性，它们的活动范围处于政府的严格监管之下。官方社团在参与社会治理过程中发挥了重要的政治功能，如新加坡人民协会（People's Association）①，其行动目标有三个：第一，促进种族和谐和加强社会凝聚力。比如，为了加强不同种族的居民间的相互了解，增加彼此认同感，人民协会与政府一道，将不同种族的居民按人口比例混居。协会会出版一些书籍、杂志等，促进民众文化生活的丰富多彩。第二，双向沟通，搭建政府与民众沟通交流的桥梁。一方面，向民众解释、说明政府制定政策的原因、政策将带给民众的利益，有利于民众及时了解政府政策及其执行情况，促进民众对政府决策的理解与支持。另一方面，及时搜集、反馈民众对政府制定政策的态度、意见建议等，深入了解民众的诉求，反映民众的愿望，为政府完善相关决策提供参考。公众通过协会满足了参与公共事务的意愿，政府通过协会可以及时了解民众需求并作出反应，使得政府与公众的沟通更加畅通。② 第三，贯彻执行政府的相关政策，促使政府的决策得到更充分的贯彻执行，开展有关活动，辅助政府决策执行。③

民办社团大多是各种志愿性组织，由公民自由组织，涉及的服务领域多种多样，既有普遍性社会服务，又有特殊群体所需的帮扶救济服务等，但民

① 该协会是一个具有半官方性质的法定机构，一方面与新加坡政府结合紧密，另一方面又与之保持适当的距离。该协会依照《人民协会法》成立于 1960 年 7 月 1 日。参见王亚群：《人民协会——连接新加坡政府与人民的桥梁》，载《当代亚太》1998 年第 5 期。

② 同时，人民协会还通过广泛吸纳青年、妇女等群体，从中吸纳优秀骨干，为执政党和政府巩固群众基础、推荐人才发挥了积极有效的作用。参见田丰：《发达国家与地区社会组织参与社会治理的经验与启示》，载《检察风云：社会治理理论专刊》2014 年第 2 期。

③ 人民协会有 80 余个团体会员，3 个合作伙伴。如今，人民协会已成为全国社会基层组织的总机构。它通过其下属的众多社会基层组织，联系了绝大部分尤其是中下层民众，做到“上情下达，下情上传”，成为政府与民众之间的桥梁。参见何晓裴：《新加坡社会组织考察》，载《群文天地》2011 年第 16 期。

办社团极少能参与政治活动。[①]

二、社会组织的管理制度

(一)强制注册制度

由于新加坡政府历来以强势的威权政治著称,因而传统政府下的社会组织发展极其有限[②],因此新加坡的社会组织起步相对较晚。之后随着国际民主政治理念的不断发展,新加坡民众的素质普遍提高,政府对社会组织的态度也日益宽容。20 世纪 80 年代开始,新加坡的社会组织得以迅速发展起来,当时政府对公共行政展开了一系列改革措施。其中,改革最大、对当今新加坡政府治理影响最深的就是 1995 年开始的“面向 21 世纪的公共服务”运动。[③] 该项运动旨在提高服务的意识和水平,以高质量、精益求精的卓越服务来满足公众更高的公共需求。

新加坡实行普遍注册制度,不同社会组织依据其自身类型选择所依据的法律,如《慈善法》《社团法令与条令》《互惠组织法》《合作社法》《公司法》等。其中,《社团法令与条令》是最重要的社团注册的法律依据,于 1967 年 1 月颁布,之后历经多次修改。[④]

新加坡社会组织注册形式比较灵活,可以注册的形式为信托、慈善基金会、非营利性公司、社团等。社团注册方式分两种:一种是简易的自动注册方式[⑤],一种是涉及宗教、政治、人权等的社团采用的普通程序注册方式。新

---

① 部分官方社团也逐渐回归社会,增强了自主性和自治性。如民众俱乐部本是人民行动党执政后所建,随着经济社会的发展也逐步转型成为注重“公民自治”的社会组织,下设青年组、妇女组和老年组。它的活动经费来自民间。该组织广泛吸纳志愿者参与,服务对象面向民众,主要提供组织文体活动、兴建公共体育休闲设施、帮助老弱病残等弱势群体。参见田丰:《发达国家与地区社会组织参与社会治理的经验与启示》,载《检察风云:社会治理理论专刊》2014 年第 2 期。

② 参见何晓裴:《新加坡社会组织考察》,载《群文天地》2011 年第 16 期。

③ 公共服务的主要职能包括以下几方面:第一,协助政治领导人制定政策。第二,执行政策,行使政府的组织、计划、指挥、协调、监管的管理职能。第三,为社会提供服务。参见李晓霞:《新加坡 21 世纪公共服务体系建设及对我国的启示》,载《东南亚纵横》2008 年第 4 期。

④ 该法令共有三十八章,对社团的注册、终止、解散、变更和违法行为的处罚都作了详细的规定。其第十四条规定:“未经登记的任何社团都被认定为非法社团。”

⑤ 2004 年,新加坡对社团法令进行了修改,简化了注册手续,从当年 9 月 1 日起实施社团自动注册,对部分较低可能引起法律、治安与保安问题的社团进行快捷注册,可以在提交相关资料和交注册费用后即刻注册。

加坡内务部(Ministry of Home Affairs)下属的法定机构——社团注册局①(Registry of Societies)负责对社团进行注册。

(二)政府的严格监管

一般而言,新加坡政府不对社团活动进行过多干预,但是对社团的监管却有较为严格的规范。② 需要注意的是,尽管新加坡政府实行强制注册制度,但实际上审核的要求较为宽松、适度,如无特殊情形③,一般的注册申请都会得到批准。

新加坡对学生社团组织的监管也较为严格,凡学校内学生组织的社团也必须到政府进行注册登记,并且学生社团只能由在校学习的学生组织参与,学校教师与社会人员均不能参与。登记注册前,登记注册官会事先通过内部渠道征求校方的意见,然后才决定是否允许登记注册。④

监管机构的设置上,对于不同的社会组织,其监管机构也不尽相同。就社团而言,注册社团要遵守新加坡的一切法律和法令,除此之外,社团基本是自治的,按照登记的章程规定进行社团的自我管理。一旦社团发生内部纠纷,社团注册局并不进行仲裁,而是告知社团按照章程的规定或依据法律法令的规定予以解决。此外,社团注册局还会通过其他的途径掌握社团的违法情况,如媒体报道、民众投诉举报等,对掌握的违法行为会协同警察、反贪等机构予以查处;针对不同的情形,发出警告信或解散社团。

---

① 社团注册局的主要职责为:执行社团法令和条令,防止不良团体成立为社团,注销不良的注册社团,支援执法机构。为方便社团和公众,2003 年 8 月起,该局实行网上注册,建立社团注册局电子系统(ROSES)。社团可以在网上提交各种申请和报告,公众可以从网上查询注册社团,也可以网上购买注册社团提交的年度报告和章程。该电子系统每周 7 天、每天 24 小时不间断服务。

② 《社团法令与条令》中对违法行为作了详细的处罚规定,整个法令大部分条款中都含有惩罚性的内容。凡是在政府注册的社团都必须在社团登记的宗旨范围内进行活动,不能从事章程规定以外的任何活动,如有违反会受到惩罚;民办社团不得以社团名义从事任何政治活动,否则政府会出面干涉;未经登记的社团都被视作非法社团,一经发现就会受到严厉惩罚;等等。所有社团都须报送年度工作报告和财务报告,其中,资产超过 50 万新币的财务报告必须经过独立审计机构的审计。

③ 下列情况下社团不予注册:一是可能被用作非法途径,或被用来进行危害新加坡公众安宁与福利或良好社会秩序的活动的;二是违背国家利益的;三是所拟议的章程在管理与监督社团方面没有做好充分规定的。

④ 参见汪文来:《新加坡、香港培育发展社会组织的启示》,载《特区实践与理论》2011 年第 6 期。

三、政府的扶持与帮助

(一)单一走向多元的参与机制

新加坡政府在几十年的实践中积累了丰富的治理经验,也取得了明显的成就,在坚持"强政府"的原则之下,政府也在努力改善政府与市场和社会组织的伙伴关系,吸收多种力量参与新加坡政府的社会治理。① 政府重视自身与企业、社会三方之间的合作,广泛激发社会活力,增强社会自我运转的能力和水平。在新加坡建国初期,政府就与雇主、全国工商联会一起签署了《工业发展与生产力行为守则约章》,确立了政府、企业、社会"三方合作"的劳动市场基本原则。② 随着新加坡社会的不断发展,社会的民主意识日益增强。在国家之现代化进程中,新加坡重视对于国家、市场和社区三者之间关系的协调,逐渐由单一的参与机制走向多元化的参与机制,充分调动了社会各方面的活力和积极性。③

新加坡特别注重培育公民的民主权利意识,城市社区建设采取政府主导与社区自治相结合的方式。经过几十年的发展,新加坡的社区治理模式取得较好成效,社区成为传达民众意愿和诉求的重要平台和渠道。在社会治理方面,新加坡的"强政府"逐渐实现了以行政主导为前提向社会中介组织的权利让渡,如在社会资源分配领域,政府并不直接参与分配,而是作为制度的守护者和社会公平正义的平衡者,积极发挥社会组织的作用。④

(二)主导而不包揽:寓管理于服务的人本理念

新加坡政府强调政府主导下的多元参与,政府在社会治理中处于主导地位,而非对一切事务大包大揽。在公共服务的提供上,政府更多的是依靠

---

① 参见本刊编者:《新加坡地方政府治理现代化经验》,载《管理观察》2015 年第 5 期。

② 参见汪文来:《新加坡、香港培育发展社会组织的启示》,载《特区实践与理论》2011 年第 6 期。

③ 新加坡多元化参与机制的建立过程中,采取了很多激发社会活力的做法:第一,创新公共服务的方式方法,采取市场化的运作方式,引导、协调、鼓励各类企业进入社区,承担、兴办社区服务项目,逐步形成社会福利服务、社区互助服务和市场有偿服务相结合的多层次的社区服务网络体系。第二,培育和发展不同功能、服务的社会组织。第三,引导各类组织举办有创意、有特色的活动。第四,助人自助,包括发挥其作为防止家庭陷入困境的"第一道防火墙"作用,不仅为贫穷和有需要者提供福利,而且还协助其帮助自己等等。第五,依靠精英人才和社区民众的广泛参与,使社区治理保持稳定性和长效性。参见王晖:《新加坡社区治理经验及启示》,载《特区实践与理论》2014 年第 4 期。

④ 参见李平、安喆:《新加坡城市社区管理模式及其启示》,载《管理观察》2015 年第 29 期。

社区组织或社会组织，而不是由政府直接提供，即形成一种“以民为本、服务为先”的治理理念，不再是传统思维模式下的权力强化和硬性“管控”。[①] 政府在提供服务的过程中，更加注重服务的品质，努力满足民众的切实需求，注重服务的精细化，提供服务的方式方法尽量多样化，满足不同群体的需求。在提供服务的过程中，注重以人为本，为群众提供便利。

新加坡政府也非常重视对社会组织的扶持与帮助，尽可能利用各种资源为社会组织提供公共服务或为慈善公益活动创造条件。以城市社区建设为例，政府与志愿福利机构、基层组织共同合作，建设起以巩固和完善社区发展为目的的多方援助社会保障制度，在社区管理和资金资助等方面大多与志愿福利机构和基层组织共同组织实施，广泛地从私营部门和大众方面筹措资金。[②] 这一方面有利于缓解政府社会治理的压力，另一方面也在提高政府行政效率的同时增强了社会的和谐稳定。如新加坡政府设立了社会融合基金（Community Integration Fund），用于支持举办社区活动和各族节日庆祝活动，促进多元文化的交流。[③]

四、倡导社会共同价值观、构建社会认同感

新加坡政府在培育多元社会治理主体、实现社会全方位参与的同时，也积极倡导社会共同价值观、构建社会认同感。20 世纪 70 年代，随着一些西方价值观和不良风气的进入，新加坡社会以家庭为中心的东方传统观念受到了强烈冲击，出现了令人忧心的精神危机和社会问题。如何整合族群的价值观念、凝聚社会的普遍共识、强化公民的国家认同感，成为新加坡人民行动党立国执政的难题。1991 年 1 月，经国会批准，新加坡政府发表了《共同价值观白皮书》，正式提出新加坡共同价值观。[④] 此后，每隔几年开展一次国家政策与共同价值观大讨论，帮助人们了解共同价值观的基本精神，增强

---

① 参见倪明胜：《如何学习新加坡治理经验》，人民网，http://theory.people.com.cn/n/2012/1112/c49152-19552813-1.html。

② 参见李平、安喆：《新加坡城市社区管理模式及其启示》，载《管理观察》2015 年第 29 期。

③ 参见林佩碧：《新加坡政府与民间组织以“三开”促新移民融入》，载《华人世界》2009 年第 11 期。

④ 新加坡共同价值观包括 5 个方面，共 5 句话 40 个字：“国家至上，社会为先；家庭为根，社会为本；社会关怀，尊重个人；协商共识，避免冲突；种族和谐，宗教宽容。”

全社会的价值共识。[①] 社会共同价值观对于新加坡更好地认识多元治理主体、鼓励社会组织参与社会治理、激发民众的志愿精神、慈善精神等起到了积极作用。

第三节　日本:与时俱进的功能演变

日本从明治维新开始学习西方国家,进行工业革命,同时也借鉴西方国家尤其是英国的法律制度制定本国的法律。日本政府对于公共事业组织的管理干预较大,社会组织处在政府的严格限制下,日本因此被称为“发达国家中社会组织最不发达的国家之一”[②]。但日本的民间组织有其独特优势,它们在外交方面发挥了重要作用,扩大了日本在国际上的影响力,因此成为日本“软实力”的重要体现。

一、非营利性组织的发展演变

非营利性组织的英文缩写为 NPO。非营利性组织也有其他不同的称谓。[③] 在日本,非营利性组织的范畴大于 NGO。NGO 的概念是含在 NPO 范畴之中的,主要指的是那些致力于解决人权、发展、环境、和平、自然灾害等全球问题的非营利性组织。[④]

第二次世界大战后,日本的民间非营利性组织大体上经历了“慈善型 NPO”—“监督批判型 NPO”—“事业型 NPO”—“网络型 NPO”—“专业型 NPO”的演化过程。[⑤] “慈善型 NPO”出现在第二次世界大战后初期,当时的日本社会失业率居高不下、物质匮乏、经济落后萧条,这催生了慈善型非营利性组织。它们在战后日本的重建恢复阶段发挥了重要作用,如救助伤病

---

① 新加坡共同价值观的建构,集聚了多元种族、多元文化、多元宗教的价值共识和核心精神,既继承了中华儒家伦理,又吸收了马来族、印度族和其他种族的文化精髓,还借鉴了西方文明中的有益元素。共同价值观的确立,使新加坡的凝聚力大大增强,在国家振兴、社会治理方面发挥了重要作用。参见《新加坡共同价值观建设的启示》,新华网,http://www.xinhuanet.com//world/2015-06/19/c_127933121.htm。

② 参见张勤:《中国公民社会组织发展研究》,人民出版社 2008 年版,第 295 页。

③ 如慈善部门、独立部门、志愿部门、免税部门、非政府组织等。

④ 参见胡澎:《日本 NGO 的发展及其在外交中的作用》,载《日本学刊》2011 年第 4 期。

⑤ 参见田香兰:《日本民间非营利组织的发展现状、法律环境及社会贡献》,载《日本问题研究》2013 年第 2 期。

患者、救济灾民等。20世纪60年代后期至70年代初期，日本面临环境危机的困扰，监督批判型非营利性组织出现。它们质疑、批判政府和企业的环保措施，要求政府关注环境保护，而不是一味地发展经济。20世纪80年代后，日本国力增强，国民生活水准提高，社会组织获得了更好的发展机会。它们频繁通过各种民间活动走出国门，逐渐参与到国际事务中，这个时期出现了大批的事业型非营利性组织。20世纪90年代开始，随着政府颁布《特定非营利活动促进法》，"网络型NPO"顺应全球网络化发展的时代潮流而得以迅速发展。它们充分利用互联网，加强了信息共享和信息公开，进一步拓展了业务领域。21世纪至今，是NPO发展繁荣的时代，其数量急剧增加，此时，"专业型NPO"备受欢迎。

二、政府对非营利性组织的管理

20世纪90年代，日本结束经济高速增长，开始了新自由主义改革，政府开始将部分职能委托给社会组织承担。但在1995年的阪神大地震之前，尽管日本国内有舆论要求赋予非营利性组织法人资格，但是并没有任何正式的提案或者具体建议。阪神大地震发生后，非营利性组织或志愿团体在抗震救灾中发挥了重要作用，其高效性受到关注。但在当时日本的法律法规下，小规模的非营利性组织很难取得法人资格。而正是由于很多志愿团体及民间公益组织不能取得法人资格，才影响了它们更大作用的发挥。因此，阪神大地震后，关于非营利性组织如何取得法人资格成为舆论关注的焦点。

1998年3月19日，政府顺利通过《特定非营利活动促进法》①，并于同年12月1日起施行，该法对非营利性组织的管理作了规定。

（一）特定非营利活动的范围界定

该法第一条中即明确规定："赋予从事特定非营利活动之团体以法人资格，促进公民的自由性社会贡献活动的健全发展，且致力于公共利益的增进

① 该法主要的制定目的在于规范从事"特定非营利活动的团体"，全文共五十条，分总则（第一至二条），特定非营利活动法人（第三至四十五条），税法上的特例（第四十六条），处罚规则（第四十七至五十条）及附则。

为目的。"此外，该法对于被赋予法人资格之对象与活动内容也有明文规定。① 同时还要求团体不能是为宣扬宗教教义或政党理念以及支持或反对特定公职或政党候选人而成立的团体。

(二)特定非营利性法人的组织结构与运作

《特定非营利活动促进法》中对于法人的营运可分别从组织与会计原则两方面来规范。

1. 组织结构：规定特定非营利活动法人需设理事 3 人以上及监事 1 人以上(第十五条)。理事和监事所扮演的角色和功能分别是：理事为特定非营利活动法人的代表(第十六条)，非营利组织的业务需由过半数的理事来决定(第十七条)。而监事则负责监察理事执行业务或法人财产的状况(第十八条)。另外，至少每年召开会员大会一次(第三十条)；理事认为必要时得以召开临时大会，或是在全体会员 1/5 以上同意的情况下，也可召开临时大会。

2. 会计原则：根据《特定非营利活动促进法》第二十七条规定，收入和支出需根据预算，会计簿需遵从正规的簿记原则详细记载，财产清册或收支计算书等需根据会计簿清楚填写收支及财务状况的真实内容等(第二十七条)。②

(三)最低限度的行政监督

由于制定《特定非营利活动促进法》的目的即为降低主管机关对非营利性组织的行政裁量或干预，因此，《特定非营利活动促进法》中有关行政监督部分，仅止于必要的最低限度。如主管机关虽得以要求非营利性组织法人报告其业务、财产的状况，或介入进行检查，但此种情形的发生也仅限于组织违反日本法律或相关规定时。另外，对其介入检查也以书面上所记载之理由为限(第四十一条)。当主管机关发现特定非营利活动法人不符合成立

---

① 如根据该法第二条第一项中所指称的"特定非营利活动"，是指谋求关于"(1)保健、医疗或福利的促进；(2)社会教育的推动；(3)社区营造的推动；(4)文化、艺术或运动的振兴；(5)环境保护；(6)灾害救援；(7)区域安全；(8)人权拥护或促进和平；(9)国际协力；(10)男女共同参与社会形成的推动；(11)儿童健全发展的培育；(12)提供前项所揭示活动之团体营运或联络、建议、援助等之活动"。

② 另外，该法中规定，在每年的三月之内，需将前一年的事业报告书、财产清册、借贷对照表、收支计算书、干部名册等制成档案文件(第二十八条)。特定非营利活动法人必须每年一次缴清上述文件资料给主管机关。而根据其他的规定，主管机关需保存这些资料三年，如发生民众要求查阅的情况，需予以查阅(第二十九条)。

要件或未适当地营运时，得以发出命令，限期改善（第四十二条）。若特定非营利活动法人违反改善命令，主管机关可取消设立的认证（第四十三条）。

（四）税制上的特殊优惠及财政支持措施

许多国家为了激励非营利性组织发展，都采取了一系列优惠税制措施来激发社会大众从事公益活动的热情。但日本在此次的《特定非营利活动促进法》中则未提到税制优惠。①

由此可见，《特定非营利活动促进法》的通过实施为日本非政府组织的快速发展提供了法治保障，在日本发展史上具有里程碑意义，为日本非营利性组织的快速发展提供了保障，非营利性组织数量出现大幅增长。认证NPO/NGO法人由2000年的2763个猛增至2009年的37196个。2009年民主党上台，提出了“新公共理念”，意味着政府更加重视非营利性组织。2011年6月，政府修订有关NPO的法律并出台新捐赠税制。修正案扩大了NPO法人的活动领域，简化了注册手续，废除了“公众支持度测试”，将税收减免优惠从10%大幅提至50%等。② 除去税收减免优惠外，政府在其他方面也规定了有利于非营利性组织发展的措施，如提供财政支持措施、直接拨款等等。③

三、非营利性组织的功能

（一）积极参与国内环境保护、老年社会福利等事业

20世纪60年代，日本环境NPO组织市民掀起反公害运动，日本政府开

---

① 在税制上，特定非营利活动法人等同于其他公益法人，适用于一般法令，未给予任何特殊优惠。另外，《特定非营利活动促进法》中对于个人（法人）的捐赠者并没有抵扣优惠规定（第四十六条）。

② 参见俞祖成、邹东升：《日本NPO与政府的合作伙伴关系：一个初步研究》，载《中国第三部门研究》2012年第2期。

③ 在日本，一般的NGO，除了会费可以免税外，其他收入都要纳税。但对于那些以慈善、救助为主要宗旨的NGO，税法另外设置了“认定NGO法人”条款，由税务部门根据7个条件进行审批认定。一旦获得认证，税法则给予特别优惠减免税待遇，其本身和向其捐赠的人都可以免税。同时，日本政府对NGO也有种类繁多的财政支持措施，如日本外务省建立了NGO事业补助金制度，农林水产省设有“NGO农林业协力推进事业”，邮政省有“国际建设协力事业”，环境省有“地球环境基金”等。这些财政资金一部分以事业费的形式直接拨付给有关NGO组织，政府并不特别指定用途，有的则以项目经费的形式给付。在地方，几乎所有的地方政府都与NGO建立了合作关系，如神户县国际交流协会下设有“民际协力基金”，对县内从事国际援助的NGO提供一定支持，千叶县甚至提出了“NGO立县”的口号。参见冯俏彬：《政府管理与支持社会组织的国际经验及对我国的启示》，载《财政研究》2013年第7期。

始重视内生发展，强调居民参与。1975 年《文化财产保护法》颁布，环境 NPO 的社会作用日益凸显。从 20 世纪 80 年代开始，环境 NPO 更多地关注生态环境保护、资源节约、大气污染防控等，发挥了重要的社会功能：第一，动员社会力量，鼓励民众参与环境治理与保护。第二，与政府及相关部门充分合作，起到上下沟通的作用。第三，表达公众意见。

随着日本人口老龄化现象的加剧，日本政府于 2000 年颁布了《护理保险法》。该法旨在建立一套以社会保险方式为基础的护理服务体系，是日本社会保障制度的重大改革，因此该法的实施在日本国内引起广泛关注。由于政府为从事老年福利行业的组织和机构提供支持，促使大量从事老年人护理的非营利性组织出现，它们在一些政府服务无法涉及的领域发挥了重要作用。如部分老年人希望继续生活在已经住惯的社区，这就给政府确认老年人是否平安及提供看护服务带来困难，有时会发生政府无法及时发现老年人在住宅中孤独死去的事例，而从事老年福利的 NPO 弥补了这方面的缺失，通过提供看护服务等，有效防止了孤独死的情况发生。福利 NPO 积极承担老年的社会看护等职能，弥补了政府公共服务的不足，也支持了日本老年人福利的发展，有利于形成良好的社会风气。

（二）提升国际影响力，树立道义、反贫困的国际形象

治理理论强调国家和社会、民间多种主体的共同参与和合作。① 日本作为世界经济大国，在对外经济交往和对外援助中，NPO 积极发挥作用，广泛参与到国外公益慈善事业中，承担了很多具有国际影响力的援助项目，提高了日本 NPO 的国际影响力。②

---

① 参见俞可平：《治理和善治：一种新的政治分析框架》，载《南京社会科学》2001 年第 9 期。

② 早在 20 世纪 70～80 年代，日本的 NPO 就在东南亚难民救助活动中表现优异，获得好评。冷战结束后，日本 NPO 又通过“日本平台”（JPF）的资金支持，针对波黑战争和东帝汶内战的难民开展人道主义救助。据有关统计，2004 年日本有 350 多个 NPO 在海外开展服务项目，服务领域涉及人文关怀与发展、环保、人权、教育等，援助方式包括提供资金、技术、物质供应、人员交流、调查研究等。比如日本的政府开发援助协会（ODA），就是日本 NPO 的最大资金提供者。据统计，截至 2008 年，ODA 大约将 3%的资金提供给了日本的 NPO。参见田香兰：《日本民间非营利组织的发展现状、法律环境及社会贡献》，载《日本问题研究》2013 年第 2 期。

第四节　中国台湾地区：规范与自治相得益彰

台湾地区社会组织在参与社会治理方面已取得一定的经验与成就，社会建设和社会治理模式比较成熟。考察、借鉴台湾地区的可行性经验，结合我国大陆的实际情况，进一步完善社会组织参与社会治理的渠道，对于加快社会组织发展、改进社会治理方式具有一定意义。

与大陆对社会组织的称谓不同，台湾地区的有关规定里，并没有“社会组织”或“非营利性组织”一词，通常以“人民团体”“公益法人”“社团法人”“非法人团体”“财团法人”等称谓来指称政府与市场之外的其他部门。尽管对其称谓不同，但组织的属性基本一致，都具有非政府性、非营利性、志愿性、组织性等特征。如果简要进行对比的话，台湾地区的公益社团法人可对应大陆的社会团体；台湾地区的公益财团法人与大陆的基金会类似；大陆的民办非企业单位在台湾地区没有确定统一的类别体系与之对应。① 目前台湾地区的一些私人学校、私人医院等，与大陆的民办非企业有较大相似性。经过多年发展，台湾地区社会组织取得了举世瞩目的成就，社会组织已成为公共治理的一支重要力量，在台湾地区各个方面发挥了巨大作用。②

台湾地区《人民团体法》是调整和指导人民团体的基本规范。③ 台湾地区社会组织参与社会治理的主要路径与经验，主要体现在以下几个方面。

一、法令为人民团体的发展完善提供法治保障

《人民团体法》对职业团体的会员资格作了严格的规定④，体现了台湾地

---

① 参见中共浙江省委“两新”工委、浙江省社会组织促进会赴台考察组、庄跃成、梁星心：《台湾社会组织发展考察报告》，载《中国社会组织》2013 年第 4 期。

② 参见郑振宇：《台湾社会组织管理的经验、问题与启示》，载《探索》2013 年第 3 期。

③ 按照该法第四条规定，人民团体的种类分为职业团体、社会团体和政治团体三类。同时，台湾地区还存在大量的社区发展协会、基金会、合作社和储蓄互助社等机构与组织。按照有关法令，这些组织与机构也属于人民团体的范畴。

④ 例如，《人民团体法》第三十七条规定：“职业团体以其组织区域内从事该行职业者为会员。下级职业团体应加入其上一级职业团体为会员。职业团体不得拒绝具有会员资格者入会。”

区法令对职业团体的一个基本原则即“业必归会”[①]。在这一原则要求下，有些团体会员数量不足、未建立行业组织的邻近地区的同业者也加入进来。台湾地区法令注重建立人民团体相互之间的联系。如第四十条规定：“社会团体有分级组织者，下级团体应加入其上级团体为会员。”这些法令都对加强人民团体之间的交流联系起到了促进规范作用。同时，台湾地区还出台了《人民团体选举罢免办法》《督导各级人民团体实施办法》等等，以此调整人民团体有关活动与行为。这一系列的立法工作，就使人民团体开展工作、行使权力有法可依、有据可循[②]，为人民团体的发展完善提供了强有力的法治保障。

二、政府管理：低度规范、高度自治

社会组织的发展离不开政府的扶持帮助，只有形成一批有能力、高水平的社会组织，才能实现社会组织深度参与社会治理的目标，这就需要形成“小政府，大社会”的治理格局。台湾地区对人民团体的管理思路和模式就体系了这一点。其按照“低度规范，高度自治”的原则，为人民团体的发展创造了良好的空间和相对宽松的环境。台湾地区对人民团体施行归口立案(相当于我们通常所说的“注册登记”)、分级组织体制。目前，台湾人民团体的行政管理体制已由“许可制”改为“登记制”，发起成立人民团体者向其“内政部”或社会局(处)申请立案。主管机关同意立案后，该人民团体就成为合法团体，同时意味着人民团体的目的事业应受该事业主管机关之指导、监督。此外，按照台湾地区有关规定，人民团体想要获得法人资格，应先向法院提出登记申请。法院对登记申请进行注册后，人民团体才获得法人资格，但是人民团体的名称必须另行冠以“社团法人”或“财团法人”字样，以彰显其法人资格。[③]

三、政府多样化扶持

(一)资金支持

台湾地区为人民团体的发展也提供了许多的支持。比如，对那些承担

---

① “业必归会”指一家企业成立并取得经营资质后需依法成为某一行业协会的成员，享受入会权利，履行相关义务。

② 参见中共浙江省委“两新”工委、浙江省社会组织促进会赴台考察组、庄跃成、梁星心：《台湾社会组织发展考察报告》，载《中国社会组织》2013 年第 4 期。

③ 参见中共浙江省委“两新”工委、浙江省社会组织促进会赴台考察组、庄跃成、梁星心：《台湾社会组织发展考察报告》，载《中国社会组织》2013 年第 4 期。

社会公共事务、基层民众迫切需要的人民团体,给予资金方面的资助。[①] 承担社会公共事务的人民团体为社会发展做出了重要贡献,同时对减轻政府的公共服务压力具有重要作用,因此政府为其提供资金资助,帮助其维持正常业务的开展。

(二)政府购买社会工作服务

台湾地区的社会工作作为一项职业出现是在 20 世纪 50 年代之后。社会工作指的是政府机构或民间团体所从事的以协助个人、家庭、团体或社会,发挥其潜能,调整其关系,解除或预防人与人或人与社会环境所引起的各种社会问题,并改进其生活或促进其福利为目的的一种专业工作。[②] 政府除去直接的资金支持,也采取了多种多样的措施促进人民团体的发展,比如通过政府购买社会工作服务来扶持人民团体的发展。政府购买社会工作服务早已成为西方发达国家乃至全球政府改革的主导方向,也是社会组织参与社会治理的有效途径和方式。1983 年,台湾当局有关部门正式签约委托台北家庭扶助中心办理儿童寄养服务,部分需要寄养的儿童由家庭扶助中心提供服务,政府与其签订合同,按照合同规定对寄养服务付费购买。这一做法正式开启了台湾社会福利进入购买服务契约的时代,由民间部门向服务对象提供社会服务,政府承担相应的费用,许多民间部门获得了新的生机,走上了发展完善的道路。1997 年,台湾地区颁布《社工师法》,标志着台湾社会工作确立了证照制度,这一制度极大地促进了社会工作的发展与专业化,提升了社会工作者的形象,也为社会工作朝专业化、职业化道路发展提供了有力的保障,巩固了社会工作的专业地位,为其履行相关职责提供了合法性依据。[③] 目前,政府购买社会工作服务,已成为台湾地区社会组织参与社会治理的直接通道和制度保障。

---

① 例如,高雄市前镇区明义社区发展协会的财务报表显示,其 2012 年度的收入按照数额由高到低分别为政府补助、社会捐赠、会费收入、利息。其中,该团体来自政府部门的补助收入超过其总收入的 90%,来自民众交纳的会费收入不足 2%。该社区共有 2870 人,政府补助分摊到每个人已逾 1200 元新台币。

② 参见黄耀明:《台湾社会工作专业发展的经验与启示》,载《闽台文化交流》2016 年第 4 期。

③ 参见黄耀明:《台湾社会工作专业发展的经验与启示》,载《闽台文化交流》2006 年第 4 期。

(三)创新基层社区自治治理的运作模式

1950年开始,台湾地区实行地方自治。村长、里长等地方公职人员都由选举产生。社会组织参与社会治理的另一个重要的通道就是由基层社区[①]自治组织提供居民服务,构筑基层社会自治组织的运作模式。台湾地区于1965年4月颁布了《民生主义现阶段社会政策》,其中规定将社区发展作为社会福利措施[②]七大要项之一,并且明确提出"以采取社区发展方式,促进民主建设为重点"。这一规定标志着台湾社区工作的开始,为台湾社区工作的开展奠定了基础。1968年5月,台湾地区制定和颁布了《社区发展工作纲要》。该纲要规定社区发展的目标是:"为有计划地动员区域内的人力、物力、财力,配合政府各部门的施政计划与财力支援,以增进社区人民生活条件,提高社区内人民生产效能,改善社区人民生活环境,建设民主主义新社会。"同年,台湾地区颁布了《社区发展8年计划》;1971年5月,将原来的8年社区发展计划改为10年计划,并将基层民主建设、国民义务劳动工作和20世纪70年代初颁布的小康计划配合社区发展予以实施。社区发展10年计划完成后,基于取得的成就,又连续推动了两个后续的5年计划(分别为1981～1986年、1986～1991年)。以上这些连续施行的政策设计为台湾地区社区建设指明了方向和形式。[③]

台湾地区"地方自治"的覆盖范围是十分广泛的,总体来说,其范围涉及政治、经济、文化、教育、卫生等诸多领域。[④] 台湾地区社区发展的主轴是社

---

① "社区"一词,最早是费孝通先生从英文"Community"翻译而来,可以理解为社会生活"共同体"。学界一般认为,社区是基层社会的直接载体。参见周建国、尹力:《基层社会治理:台湾经验及其比较》,载《长春市委党校学报》2013年第3期。

② 七大项社会福利措施包括:社会保险、国民就业、社会救助、国民住宅、社会福利服务、社会教育、社区发展。

③ 参见吴晓林:《台湾地区社区建设政策的制度变迁》,载《南京师大学报》(社会科学版)2015年第1期。

④ 参见钟其:《台湾地区基层社会治理机制及对大陆的启示》,载《公安学刊(浙江警察学院学报)》2014年第1期。

区发展协会①,它是当前台湾社会基层民众参与社会治理的最普遍平台。②

台湾地区社区发展协会的性质为纯公益类社会组织,协会的发起人与工作人员都由本社区居民组成,他们当中大多是不同领域的志愿工作者,每3年改选一次理事长,社区居民可以根据实际生活需要设立协会的专业委员会。社区发展协会的活动经费主要来自会员费与赞助。企业赞助为社区发展协会经费的主要来源,主要通过项目合作的方式来完成。社区的重大决定都是由居民自己决定,政府只是提供相应的公共服务,不作过多干涉。社区发展协会已成为参与社会治理的重要基层平台。

(四)全民参与社会治理的努力:志愿活动常态化

20世纪50～70年代,台湾地区社会工作主要领域为救济性社会服务。这一服务本身带有传统的志愿服务及慈善社会工作模式。半个多世纪以来,随着政府立法的不断完善以及民间自发的努力,台湾的志愿服务取得了长足的发展,已经成为一种市民的自觉行为,志愿服务的理念深入人心,志愿服务已成为普遍现象。2001年台湾地区颁布了《志愿服务法》,对志愿服务进行了明确的界定③,同时也对志愿者的权利义务以及促进志愿服务措施的法律责任、经费等作出明确规定。除了广大市民踊跃积极地参与外,很重要的一点,就是志愿服务呈现有组织、有规矩、有制度的特点。从长远来看,人民团体要取得更大的发展,必须得到广大民众的积极参与和支持,必须具有广泛的民意基础和支持。台湾人民团体自身已经意识到了这一点,其在实践中广泛调动民众的积极性,从而扩大民众的参与度。④

---

①　1991年,台湾地区在新修订的《社区发展工作纲要》中将动员性的社区发展组织改为“人民团体组织”,并统称为“社区发展协会”。这个改变内含着借助社区组织有机凝聚社区共识的意味。参见吴晓林:《台湾地区社区建设政策的制度变迁》,载《南京师大学报》(社会科学版)2015年第1期。

②　社区发展协会的网络关系大致是:县/市政府“社会局”—乡/镇/市公所“社会课”(“课”相当于“科”)—里/邻办公室—社区发展协会。里/邻办公室是台湾地区基层社区自治组织,其职能类似于我们的社区居委会。不同的是,里/邻办公室不直接参与社区建设,而是由社区发展协会具体推动。台湾的里及以下的组织机构和相关工作人员均由居民选举产生,与区公所几乎不存在行政上的上下级关系,堪称完整意义上的自治组织。参见周建国、尹力:《基层社会治理:台湾经验及其比较》,载《长春市委党校学报》2013年第3期。

③　《志愿服务法》将志愿服务定义为:“民众出于自由意志,非基于个人义务或法律责任,秉承以知识、体能、劳力、经验、技术、时间等贡献社会,不以获取报酬为目的,以提高公共事务效能及增进社会公益所为之各项辅助性服务。”

④　参见中共浙江省委“两新”工委、浙江省社会组织促进会赴台考察组、庄跃成、梁星心:《台湾社会组织发展考察报告》,载《中国社会组织》2013年第4期。

第五节　中国香港地区：法治保障与政治参与

香港的社会组织历史久远，最早发源于香港的慈善救济工作。19 世纪中后期开始，香港出现了一批具有中国传统形式的慈善团体，如东华三院①、仁爱堂②等，虽然在当时未经政府注册成立，但对穷困人群进行救济方面发挥了积极作用。20 世纪 40～50 年代，大量难民涌入香港，催生出一批民间组织，它们与政府各自开展救济工作。20 世纪 60～70 年代之后，香港的社会组织开始朝专业化、多元化的趋势发展。这些民间组织不再单纯地进行慈善救助，还将服务的范围拓展到家庭服务、照顾婴儿、老年服务、康复治疗等。此时，政府对民间组织开始提供一定的资助，实行"酌情津贴"制度。20 世纪 80 年代以来，香港的社会服务逐步走向制度化、规范化。伴随着经济社会的发展，社会组织也开始了转型，更加强调其服务本位，关注社会现实问题，以社会工作的专业性来促进社会问题的解决。

一、以完善的法律制度政策进行全程监管

（一）法制健全，保障有力

香港以法制健全、政府廉洁、管理高效著称。但在规范民间组织方面，香港并无专门的民间组织法，设立民间组织的依据为各种不同的法规。③ 整体而言，香港民间组织的运行模式较为成熟，特别是在慈善公益类社会组织方面，建立了完善的内部管理制度，社会组织的治理结构规范，实践中运转良好、高效。社会组织的专业性和规范性也达到一定水准，普遍受到香港市

---

① 起源于 19 世纪 70 年代，是香港历史最久远及最大的慈善机构，长期致力为大众市民提供多元化的服务，包括医疗服务、教育服务及社区服务。

② 仁爱堂为香港六大慈善机构之一，自 20 世纪 30 年代开始建立诊所，赠医施药开展救贫赈灾的工作。为配合社会的发展及需要，于 1977 年注册为非牟利慈善团体，积极拓展各项服务计划，为市民提供社会福利、教育、医疗、康体、环保等服务，服务单位超过110 个。

③ 目前，涉及社会组织的登记、运营、拨款、税务、监督等直接相关的法规有《社团条例》《公司条例》《税务条例》《合作社条例》《津贴及服务协议》《职工条例》《公益金条例》《服务表现监察制度》及《慈善机构及筹款活动管理》等，还有《保良局条例》《东华三院条例》分别用以规范保良局及东华三院。

民的信赖与支持。香港的民间组织一般采用董事局(会)、委员会的管理模式。内部权力运行有完善的制衡机制,实现了决策科学、民主,执行决策得力;严格按照规章制度办事,注重信息公开透明,严格遵守相关法律,具有高度的法律自觉。对于那些由政府拨款资助的民间组织,政府对其采取了更为严格的监管和规范措施。它们处于政府、公众、法律制度的规范约束之下,严格依法运行,一旦被发现有违法行为,将会付出高昂的代价。①

(二)形式多元,监管适度

1958 年,香港成立社会福利署②(Social Welfare Department,SWD)。福利署的职责主要是制定社会福利政策、推行社会福利措施等。1991 年,香港成立社会福利专业人员注册局,负责有关社会工作者注册的立法工作。1997 年通过了《社会工作者注册条例》,旨在对社会工作者的注册、社会工作者专业活动的纪律管制及有关事宜进行规定。1998 年,社会工作者注册局成立,主要任务是制定及检讨注册社会工作者的资格标准及有关的注册事宜、注册社会工作者违法的处理等。

香港特区政府积极推动服务表现监察制度,2000 年起开始推行《服务质素标准及准则》,重点针对服务机构的服务水平、效能进行评估。《服务质素标准及准则》规定了福利服务单位应具备的质素水平,主要依据四项原则厘定③:第一,明确界定服务的宗旨和目标,运作形式应予以公开。第二,有效管理资源,管理方法应灵活变通、不断创新及持续改善服务质素。第三,鉴定并满足服务使用者的特定需要。第四,尊重服务使用者的权利。这些原则体现了福利服务的核心价值。目前共有 16 项"服务质素标准"④,每一项均有一套准则及评估指标说明。

---

① 参见田丰:《发达国家与地区社会组织参与社会治理的经验与启示》,载《检察风云:社会治理理论专刊》2014 年第 2 期。

② 目前社会福利署是香港特别行政区政府劳工及福利局辖下的部门,专责管理社会福利等事务。

③ 参见香港特别行政区政府社会福利署官网,https://www.swd.gov.hk/sc/index/site_ngo/page_serviceper/sub_serviceper/id_servicequa/。

④ 例如:服务单位制备说明资料,清楚陈述其宗旨、目标和提供服务的形式;服务单位应检讨及修订有关服务提供方面的政策和程序;服务单位存储其服务运作和活动的最新准确记录;服务单位定期计划、检讨及评估本身的表现;服务单位实施政策及程序以确保有效的财政管理;服务单位确保服务使用者获得清楚明确的资料;等等。参见《服务质素标准及准则》(2001 年 12 月修订)。

为进一步加强社会福利署对政府资助机构运作的规范和监督水平，2004年，社会福利署发布了《慈善机构筹款活动最佳安排参考指引》，对慈善机构的筹款活动进行了合理安排。2009年，廉政公署推出了《慈善机构及筹款活动管理防贪锦囊》，对预防慈善机构筹款活动中的腐败行为起了引导规范作用。2010年又推出了《非政府机构的管治及内部监控》，进一步对非政府机构的行为进行管控，提高其规范性。

为了完善政府购买公共服务的运作过程，香港社会福利署成立"合约管理部组"。该部门设置的初衷是规范投标行为，制定科学的投标方式和程序，履行监察职能，对合约的履行进行定期检查，对有关投诉进行调查核实，接收服务使用者的意见建议并进行分析，对不同服务单位的服务水平进行考察、对比。

同时，根据《公司法》注册的NGO，每年要向公司注册处提交财务报告、审计报告及年报，税务局每4年对NGO的慈善地位进行审查；公开募捐必先获社会福利署批准，并于活动完成后90天内提交报告；如接收政府资助，必须向有关部门提交工作和财务报告。

从制度安排上分析，香港对于分别依照《社团条例》和《公司条例》注册的社会组织采取了不同的监管力度。对于按照前者注册的社会组织，监管相对宽松，但承担的法律责任较大，存在一定的风险性。按照后者注册的社会组织，监管相对严格，但承担的法律责任是"有限"的。

二、政社互动：政府与社会组织的合作共赢

（一）政府的扶持与资助

由政府提供资助，这是香港社会组织获得资金的最重要渠道。政府的拨款、直接补助、津贴等，对维持社会组织的发展具有至关重要的作用。据统计，社会福利署等政府部门的拨款占据香港社会服务团体收入来源的47%，仅在2011～2012财年，社会组织获得政府直接补助金额达到90亿港元之多。在2012～2013财年，社会组织合约服务获得政府津贴补助达113.6亿元，约占社会福利总开支的1/4。香港特区政府采取多种措施来扶持和发展民间社会福利机构，比如通过宏观规范管理，制定合理的政策予以引导，给予经费资助，等等。这些措施有力地支持了香港社会组织的存续和发展。香港特区政府重视社会福利事业的发展，对福利服务的开支逐年增

加。从1980年尚不足10亿港元，增至2013年的560亿港元，同比2012年更是大幅增加31%。目前，香港民间社会福利机构有3000多家，承担起了社会福利工作的重要职能，提供了全港4/5的福利服务。①

（二）政府与社会组织的合作

长期以来，香港推行“小政府，大社会”的制度安排，其社会治理模式是“半行政，半自治”。在社会治理格局上，由政府占主导，社会和公民协同共治。在运行机制上，社会治理在政府完善的政策和法律法规体系保障基础上，逐渐走向多元化、市场化和社会化，形成了独具一格的运行制度机制。②经过多年的发展，香港特区政府与社会组织建立了良好的合作伙伴关系。近年来，香港特区政府逐渐推出一系列措施来加强与民间力量的合作，如契约外包、政府购买等。政府设立“社区投资共享基金”“可持续发展基金”“专业服务发展资助计划”“创新及科技基金”等，与私营企业、民间组织共同开展公共服务项目，使各方加入到社会建设中来；政府不再是社会福利的唯一提供者，政府公共部门与营利部门、非营利部门、社区等都承担相应的社会责任。

从资金支持上看，香港特区政府对不同类型的社会组织采取了不同的支持措施。对于社团类型的社会组织，政府提供资金较多，向社会提供福利服务的社团的资金绝大多数来自政府。基金类型的社会组织则仅有少部分资金来自政府拨款，只有少数项目能获得政府提供的资助。而民办非企业单位类型的社会组织与政府的关系主要是合作，政府较少进行直接的资金资助。③

在多元主体参与治理的背景下，政府的角色也在不断发生转变，由服务的提供者转变为服务的管理者，由服务的生产者转变为服务的购买者，由服务的规划者转变为服务的监督者。对于社会组织而言，其自身角色已不仅仅是个案权益的倡导者或志愿服务工作者，而是在发生一系列转变，如逐渐

---

①　参见田丰：《发达国家与地区社会组织参与社会治理的经验与启示》，载《检察风云：社会治理理论专刊》2014年第2期。

②　参见孙志凯：《香港社会治理模式的特点和借鉴意义》，载《中共珠海市委党校珠海市行政学院学报》2013年第6期。

③　参见汪文来：《新加坡、香港培育发展社会组织的启示》，载《特区实践与理论》2011年第6期。

转变为服务的提供者、政府政策的执行者、专业化的社会服务者等。政府与社会组织在合作过程中，进行了科学合理的分工。政府主要负责制定整体的福利政策，把握社会服务发展的方向，对社会服务机构进行科学、合理、有序的支持帮助及业务指导，吸收社会组织参与政府决策，对社会服务机构的服务进行监督与评估，等等。政府通过合作，提高了民众参与社会公共服务的广度和深度，有利于凝聚社会共识，促进社会整合。与此同时，社会组织则在保持自身独立性和专业性的同时，不断提升公共服务的质量和水平，增强了公众与政府对自身的认同与信赖。通过广泛的合作，社会组织不断吸纳其他组织的优点和先进经验、技术，使自身能力得以提升，避免"志愿失灵"。

第六节　经验与启示

从世界范围来看，自20世纪70年代以来，西方国家的公共管理活动不是一成不变的，而是一直处于变革之中。在这一过程中，政府采取各种方式方法介入社会治理，并取得了一定的成就，促进了各国社会治理的发展。而世界各国的文明是可以相互借鉴、相互促进的。对于西方发达国家社会治理的先进经验，我们应本着取其精华、去其糟粕的态度，结合中国国情进行有针对性的分析、消化和吸收，吸取对当前我国社会治理有用的经验，从而为我们国家社会治理的顺利进行提供有益的指导和借鉴。①

社会组织作为一种重要的制度表现，属于现代化社会上层建筑，是由国家的经济基础决定的，也就是说，社会组织的发展水平体现了经济的发展质量和水平。到2020年我国全面建成小康社会的时候，我国社会组织的数量、活力、效率以及社会认知接受性等都将发生质的飞跃。② 目前，我国正在进行管理转型，以多元主体协作来实现对社会的治理，但实践中社会组织在社会治理中发挥的作用还存在一定的不足，因此有必要借鉴部分国家与地区先进的社会组织发展经验，从而促进我国社会组织更大作用的发挥。

---

① 参见周晓丽、党秀云：《西方国家的社会治理：机制、理念及其启示》，载《南京社会科学》2013年第10期。

② 参见靳环宇：《香港社会组织的特征及对内地的启示》，载《中国社会组织》2013年第8期。

从实践可以看出,高度发达的社会组织极大地促进了社会不同种族、不同阶层及不同信仰的民众之间的融合,起到了社会黏合剂的作用。新加坡、中国香港地区作为现代化大都市,社会管理已经实现高度精细化,其法治化水平也较高,社会组织享有较高的社会认可度和信赖度。日本、美国作为发达经济体,为社会组织的发展提供了巨大的支持,使得社会组织成为维持社会稳定、完善公共服务、培育公民自治意识的重要力量。这些经验及启示都值得我们借鉴。

一、制度设计的完善

一项好的制度设计无疑是建立在共同的价值观之上的,它蕴含着设计者的智慧、追求和远见。好的制度设计可以让制度的实施者、监督者和约束者都能愉快接受并共同维护该制度。前述各国及地区对社会组织管理的法律框架各自采取了不同的模式。例如,日本有《社会中介法》,政府安排非政府组织参与日本政府开发援助合作,既有利于日本非政府组织的自我发展,又有利于援助项目的顺利推进,并且扩大了日本的海外“软实力”。美国则以税法为杠杆,对非营利性组织进行有效监管。[①] 不同的社会组织渗透到社会不同层面的运作机制中,不同法律法规的侧重点均不同,都有自身的针对性,但目的都是促进社会组织发展,使各项活动有法可依、有据可循。[②] 目前我国有关社会组织的制度设计还存在很多缺陷,部分制度设计可操作性不强,存在一定的模糊性、抽象性等,给政府执行部门带来了一定的困扰,也给监管对象理解相关的制度造成不便。因此有必要完善制度设计,增加相关制度的针对性与可操作性。

首先,除了需要进一步修改完善现有的《社会团体登记管理条例》《民办非企业单位登记管理暂行条例》《基金会管理条例》三个国务院颁发的行政法规外,急需启动统一的社会组织立法,以更高地位的一部专门法律对社会组织进行有效规范。

其次,进一步理顺社会组织的管理体制。科学的社会组织管理体制对

---

① 参见田丰:《发达国家与地区社会组织参与社会治理的经验与启示》,载《检察风云:社会治理理论专刊》2014 年第 2 期。

② 参见唐敏:《社会组织参与社会治理研究》,贵州民族大学硕士学位论文,2015 年,第 34 页。

于社会组织的发展、壮大具有重要作用。从我国当前社会组织发展的现状来看，要想发挥社会组织在社会治理中的主体作用，就需要对政府的制度和相关政策及时予以调整完善，从监督控制向培育发展，改变过去事无巨细、包揽一切的管理体制。对政府的管理权限进行科学梳理，对管理的范围进行合理的限缩，为社会组织的发展创造良好的制度环境和发展空间，适时推动社会组织的自主性、自治化，激发社会组织自身在社会治理方面的优势和潜力，将其发展为当前社会治理中的重要力量。在这一点上，香港特区的官、商、民三方模式值得借鉴。①

同时，进一步简化社会组织登记手续。借鉴香港特区的做法，对社会组织成立按类逐步推行注册准入制，同时在促进社会组织依法、自律运作的基础上加强政府监管，推行对社会组织审计制度及财务年报制度。

进一步降低社会组织登记注册门槛。进一步严格分类，对社会组织的善款筹措和资金支出进行重点监管。例如香港社团事务处按照《社团条例》对各类社会组织进行各项业务管理，分类管理模式提高了对社团管理的针对性和精准度，促进了政府与社团之间的良性互动。② 当前，我国政府应适应社会发展多元化的大趋势，为社会组织的发展提供更优良的环境，鼓励开办大小不一、范围不同、能量有别的各类社会公益慈善组织。在强化监管的同时，鼓励公益慈善组织积极发挥作用，促进社会和谐稳定。对公益慈善类组织，政府需要重点监管其资金筹措和资金支出环节。公益慈善类组织的资金筹措面向的是社会公众，这就需要慈善类组织严格遵守相关的规定和宗旨，不得违法向公众筹资，更不得违法使用善款。在资金支出的环节也要进行严格监管，对于违反公益慈善资金使用规范的社会组织，要制定严格的惩罚措施，防止资金的滥用、挪用以及可能出现的违法犯罪行为。众所周知，社会资金是社会组织的命脉，对社会组织资金的监管是政府社会组织管理的命脉。在做好严格监管之外，其他则是社会组织竞争、创新和实践的

---

① 参见成元君、陈锦棠：《经验与启示：香港民间社会组织的发展》，载《社团管理研究》2010 年第 1 期。

② 香港社会组织的注册门槛很低，社团注册免费申请，一般在 12 个工作日内完成。我国内地虽然对社会组织的注册管理和业务管理已经实施了一体化管理模式改革，但是对社会组织注册和管理仍有较多严格限制，门槛较高，例如对社会组织的会员人数限制和运行经费限制等等。

领地。①

二、坚定而持续的政府扶持

由于社会组织具有非营利性，这就使得社会组织的发展离不开外部的支持与帮助。欧美等国家社会组织的资金筹集渠道一般包括政府补贴、服务费用收取、民间捐赠等。政府的补贴是最大也是最重要的资金来源。例如，美国政府除了对社会组织提供直接的经济支持外，还通过其他的手段提供间接的经济帮助，如豁免所得税、对非营利组织捐款予以减税等。

从社会组织发展实践来看，来自政府的支持最为稳定，比其他企业及组织的支持更为重要，扶持的范围也更广泛。政府对社会组织的支持也利于形成一个双赢局面。一方面，社会组织通过获取政府的支持得以较快地发展，成为支持政府政策的坚定力量；另一方面，社会组织有能力提供更好的公共服务，在一定程度上分担了政府的公共服务压力，从而减轻了政府的负担，同时更能得到公众的支持。例如，美国、日本、中国香港和台湾地区等都对社会组织的发展提供了强有力的资金支持和政策倾斜，促使社会组织为公众提供优良的公共服务，促进了社会和谐发展，一定程度上扩大了其国际影响力。因此，政府与社会组织在合作中取得了双赢。

三、弥合分歧的社会黏合剂

社会治理的目标就是通过多元主体的参与来完善治理体系、提高治理能力和水平。社会组织作为社会力量的主体，来自民众、贴近民众，拥有更广泛的社会资源。因此当社会矛盾突发，出现社会危机时，社会组织可以充分发挥政府与民众沟通桥梁的作用，运用自身的优势，及时化解不同利益主体间的纷争和矛盾，起到润滑剂的作用。新时期应重点发挥社会组织促进不同利益诉求的妥协、弥合社会分歧的作用。

众所周知，美国、新加坡、中国香港地区都是典型的多元化社会，协调不同群体的利益和诉求是社会面临的重大课题。活跃于民间的社会组织将不同群体的利益和诉求进行集中表达，通过积极与政府进行沟通从而使政府及时对民众的诉求予以响应，这就有利于消除社会矛盾，弥合政府与民众因

---

① 参见靳环宇：《香港社会组织的特征及对内地的启示》，载《中国社会组织》2013 年第 8 期。

为沟通不畅可能带来的分歧与矛盾。社会组织在聚合民众利益、表达民众诉求、维持社会稳定方面具有其他社会主体不能替代的优势。

当前,可以通过建立各层次各类别的法定或临时性咨询委员会,为社会发展建言献策,将社会组织及其负责人培育为推进我国协商民主、参与民主和基层民主的重要力量,这有利于在新时期发挥社会组织社会黏合剂的作用。①

四、传承中国传统文化精华,与社会主义核心价值观紧密结合起来

新加坡、中国香港地区慈善公益类社会组织数量众多且社会影响力巨大。在政府的主导下,以履行社会责任、促进社会和谐稳定的核心价值去引领社会组织的发展,实现社会组织与政府、企业间的良性互动,这是新加坡与中国香港地区社会组织发挥作用的共同特点。传统慈善公益文化的精华,造就了这些地区社会组织多元并存、合作共赢的局面,使社会组织成为推动社会治理的有力主体。因此,在积极推进社会组织有序健康发展的过程中,也应积极汲取中国传统文化的精神内核,为社会组织的发展提供强大的精神动力,要积极挖掘、吸收、传承儒家仁爱文化、道家传统平均文化、佛家传统慈悲文化等。② 党的十九大报告指出:"全面贯彻党的宗教工作基本方针,坚持我国宗教的中国化方向,积极引导宗教与社会主义社会相适应。"③可以看出,在新时期社会主义建设中,从宗教文化中汲取其合理内核具有重要作用。其中,要坚持宗教的中国化方向,积极做好引导工作。要将吸收中国传统文化精髓与社会主义核心价值观结合起来,与"深入实施公民

① 党的十九大报告明确提出:"协商民主是实现党的领导的重要方式,是我国社会主义民主政治的特有形式和独特优势。要推动协商民主广泛、多层、制度化发展,统筹推进政党协商、人大协商、政府协商、政协协商、人民团体协商、基层协商以及社会组织协商。加强协商民主制度建设,形成完整的制度程序和参与实践,保证人民在日常政治生活中有广泛持续深入参与的权利。"

② 参见靳环宇:《香港社会组织的特征及对内地的启示》,载《中国社会组织》2013年第8期。

③ 参见习近平:《决胜全面建成小康社会 夺取新时代中国特色社会主义伟大胜利——在中国共产党第十九次全国代表大会上的报告》,人民网,http://politics.people.com.cn/n1/2017/1028/c1001-29613514.html。

道德建设工程，推进社会公德、职业道德、家庭美德、个人品德建设”[①]结合起来，与“推进诚信建设和志愿服务制度化，强化社会责任意识、规则意识、奉献意识”[②]结合起来，构建新时期具有中国特色的慈善公益文化，使得社会组织为加强完善社会救助、社会福利发挥更大的作用。

---

① 参见习近平：《决胜全面建成小康社会 夺取新时代中国特色社会主义伟大胜利——在中国共产党第十九次全国代表大会上的报告》，人民网，http://politics.people.com.cn/n1/2017/1028/c1001－29613514.html。

② 参见习近平：《决胜全面建成小康社会 夺取新时代中国特色社会主义伟大胜利——在中国共产党第十九次全国代表大会上的报告》，人民网，http://politics.people.com.cn/n1/2017/1028/c1001－29613514.html。

第五章　社会组织有效参与社会治理的思路和建议

第一节　完善社会组织参与社会治理的环境建设

一、完善社会组织参与社会治理的法律体系建设

当今社会是法治社会，社会组织要想有效地运作，就要有完备的法律制度保障。在当前大力推进政府职能转换和简政放权的背景下，促进社会组织发展正在成为国家治理体系与治理能力现代化的重要支撑，但有关法律体系的滞后却成为社会组织发展的瓶颈。

目前，我国针对社会组织的法律相对来说并不完善。调整社会组织的实体法较少，且不够明确具体，目前更多的是从程序上对社会组织的合法性予以确认。社会组织的"双重管理"制度主要强调社会组织合法性地位的确认条件，对社会组织的权利义务等缺乏实体性的规定。近年来，有许多公益项目成为负面舆情热点，如"一元购画"涉嫌侵犯著作权；"同一天生日的你"因违反《慈善法》有关募捐信息发布的规定，被民政部叫停。由于社会组织的独特性质，对于社会组织的规制，除依据《著作权法》和《慈善法》外，还应依照社会组织方面的法律法规。"现行法规规定的双重管理体制使许多社会组织不得不依附于行政机关；税收减免政策往往采取区别对待、个案审批，导致同类的社会组织享受的是不同的政策优惠；多次被媒体披露的社会组织乱评比、乱收费等失范行为，同样是因为缺乏针对性强的法律依据而无法有效监管……这直接导致社会组织良莠不齐，公众对其信任度不高，既影响了社会组织自身发展，也影响了社会各界参与社会治理的积极性，进而对

全面深化改革形成制约。”①

尽管改革开放以来，我国先后颁布了一些法律法规对一些公益类组织进行规范，如《中华人民共和国红十字会法》②《中华人民共和国公益事业捐赠法》③《中华人民共和国慈善法》④等，但从社会组织发展的整体而言，我国尚未形成完整的法律体系，还不能满足社会组织发展的实际需求。⑤ 以民办幼儿园为例，目前我国现有的民办非企业性质的幼儿园已有12万多所，但针对民办幼儿园的设立条件、监管等方面的法律法规尚不完善⑥，使得对民办幼儿园的监管存在漏洞，对其规范与扶持力度不够，等等。由于没有专门的对社会组织进行全面规定的社会组织法，缺乏对社会组织的设立、性质、作用、地位等的完整、规范的界定，也缺乏行业自律的良好环境，在社会组织成员的编制、职称设置、医疗保险等方面也没有相应的保障性政策法规，社会组织吸引人才的优势不足，对社会组织人才队伍的稳定建设也不利。

随着我国经济社会的发展，社会组织的数量及规模都在急剧增大，社会组织的种类越来越丰富，这就需要对现行有关社会组织的法律法规进行及时的修订和完善，以此满足社会发展的实际需要。从当前来看，制定出台社会组织法十分迫切，只有及时出台完整的涵盖整个社会组织发展的基本法，才能为社会组织的发展提供更为完善的法治保障，促进社会组织的有效运转。目前，制定社会组织法的时机日益成熟。从国家层面看，有《中华人民共和国慈善法》

---

① 郑功成：《尽快制定〈社会组织法〉》，公益时报网，http://www.gongyishibao.com/html/yaowen/13552.html。

② 1993年10月31日第八届全国人民代表大会常务委员会第四次会议通过、2009年8月27日第十一届全国人民代表大会常务委员会第十次会议《关于修改部分法律的决定》修正、2017年2月24日第十二届全国人民代表大会常务委员会第二十六次会议修订，自2017年5月8日起施行。

③ 1999年6月28日第九届全国人民代表大会常务委员会第十次会议通过，1999年6月28日中华人民共和国主席令第十九号公布，自1999年9月1日起施行。

④ 2016年3月16日第十二届全国人民代表大会第四次会议通过，自2016年9月1日起施行。

⑤ 参见侯非：《社会组织参与社会治理路径研究》，西南大学硕士学位论文，2013年，第29页。

⑥ 《教育法》《民办教育促进法》等法律法规为我国民办教育的发展提供了基本法律框架，但总体来说，规范得多，扶持得少。有的地方政府和教育部门缺乏与时俱进的理念，对民办幼儿园持有偏见，这种偏见和由此产生的政策环境，成为制约民办幼儿园发展的重要因素。同时现有法律法规不能有效执行，成为制约民办幼儿园健康发展的另一个重要因素。

《中华人民共和国公益事业捐赠法》《社会团体登记管理条例》《基金会管理条例》等法律行政法规作支撑。从省级层面看，20 多个省、市制定的有关行业协会等方面的地方性法规或政府规章，民政部发布的《基金会信息公布办法》《取缔非法民间组织暂行办法》等，都对某类社会组织或社会组织的某类业务活动进行了规范，这些都为制定社会组织法奠定了一定的基础。

从部分西方国家社会组织发展状况来看，在国外有专门的社会组织法律来保障社会组织的权益，并规范其发展，特别是大陆法系国家，对社会组织(非营利组织)的立法明确而具体。虽然不同国家关于社会组织的涵盖范围规定不一，有关社会组织的法律法规也不相同，但相关的法律法规完全可以为我国社会组织立法提供一定的借鉴。比如，德国在宪法、民法典总则有关规定的基础上，专门制定了《社团法》《公共协会权利法》《工商会法》等；此外，德国还有《结社法》。可见，德国在社会组织方面的法律框架相对完备。俄罗斯制定了《非商业组织法》《慈善活动和慈善组织法》《社会团体法》等一系列法律，对社会组织的活动予以规制。在日本，制定有《非营利组织法》《特定非营利活动促进法》《一般社团法人和一般财团法人法》等，为日本社会组织的发展提供了较好的法治保障。此外，我国现有的 80 余万个社会组织在发展实践中均有自己的政策需求，这成为社会组织立法的实践源泉。①这也是回应十八届四中全会首次提出“加强社会组织立法，规范和引导各类社会组织健康发展”②的时代要求。

法律体系的完善既需要健全的法律制度，也需要对公民法治观念、法治意识的培育和养成。正如伯尔曼的名言“法律必须被信仰，否则它将形同虚设”，只有全社会养成良好的法治观念和意识，才能形成良好的守法氛围，法律制度才能得到贯彻落实。因此，应积极进行法律宣传与培训，提高公民的法治观念与意识，使得法律制度体系得以良好运转。

---

① 参见郑功成：《尽快制定〈社会组织法〉》，公益时报网，http://www.gongyishibao.com/html/yaowen/13552.html。

② 《中共中央关于全面推进依法治国若干重大问题的决定》，人民网，http://cpc.people.com.cn/n/2014/1029/c64387-25927606.html。

二、完善社会组织参与社会治理的监督管理体系

(一)对社会组织监督管理的必要性

如前所述,政府失灵和市场失灵的存在,促进了社会组织的出现。社会组织作为致力于社会公共服务事业的组织,是公共利益的集中代表,志愿性和非营利性是其显著特点。但根据经济学中“经济人”的假设,社会组织自身也有追求利益、地位的动机,也存在为了获取更多的社会资源及利益,损害公众利益的现象,这就使得对社会组织的监督成为必要。

社会组织作为市场经济发展的产物,在几十年的快速发展过程中,对社会、公众进步发挥了积极的促进作用,但同时也存在一些不容忽视的问题与不足,主要体现在以下几个方面。

第一,部分社会组织遵纪守法意识不强,存在有法不依的现象。实践中,部分社会组织违背了国家法律法规规章的规定,违背了社会组织章程的规定,擅自开展活动,谋取经济利益,对社会经济秩序造成了干扰和破坏,破坏了社会组织的公信力,不利于社会组织的健康运行。此外,部分社会组织不遵守监督检查的规定。例如,不按规定参加年度检查。登记管理机关对社会组织的年度检查是行使监督管理职权的一种手段。通过年度检查,登记管理机关可以了解社会组织的运行情况,对偏离社会组织章程规定的行为及时作出指导,对违反有关规定的社会组织进行规范,目的就是促进社会组织在合法的前提下健康有序发展。进行年度检查是登记管理机关的一项重要职责,也是社会组织应遵守的义务。实践中,有的社会组织对年度检查不重视,消极对待、回避甚至有时对抗检查,不按照实际情况填写《年度检查报告书》,虚报数字、弄虚作假,对一些社会组织的重大事项不及时履行变更登记手续,等等。这些都不利于登记管理机关对社会组织的监管,也不利于社会组织自身发展。

第二,部分社会组织内部制度不完善,自我治理能力较差。一是制度不完善,或者有制度不落实。有些社会组织没有制定相应的规章制度,比如会员代表大会制度、理事会制度、监事会制度等,造成组织机构不健全,无法有效开展活动。有的社会组织人员结构不合理,缺乏专职人员,专业化、职业化水平较低,不能有效落实现有规章制度。二是缺乏创新意识和服务精神,自我治理能力低下。有的社会组织在工作中缺乏干事创业的工作精神和服务大众意识,工作中缺少主动性,这部分组织对行政的依赖性较强,等、靠、

要思想严重，自我治理自我发展主要停留在口号上，在社会竞争中缺乏优势，有些社会组织逐渐被淘汰。有些社会组织服务意识差，把精力放在谋取经济利益上，丧失了社会组织的特性，甚至有的社会组织进行虚假宣传、欺骗公众，这些都不利于社会组织的良性发展。

第三，有的社会组织自觉接受监督意识差，管理不公开、不透明。如果社会事务不公开、不透明，那么就无法衡量其社会效益，不利于政府与公众对社会组织的了解与监督，也就无法获得政府与社会的信任和支持。有的社会组织尽管在章程中规定了要开展各种服务，但实践中多数服务工作并不到位。有的社会组织内部管理不透明，财务制度不完善，不及时制作财务审计报告，规范性不强，透明度不高。

(二)完善社会组织的外部监督管理

为了更好地使社会组织在社会治理中发挥积极作用，实现公共利益的最大化，对社会组织进行科学有效的监督管理就成为重中之重。简单来说，社会组织监督管理是指政府、同业机构、社会公众对社会组织的设立、运行、变更、终止等各方面活动进行的督促和管理。从监管的主体来看，可以分为政府监管、行业监管及社会监管；从监管的对象来看，可以分为社会团体监管、民办非企业单位监管及基金会监管等。总体而言，健全的监督管理体系既包括来自外部的监督，也包括来自内部的自我监督。从外部监督来看，由于公众的监督渠道有限，新闻媒体对社会组织的关注不充分，第三方评估监督尚处于起步阶段，因此主要依靠政府的行政监督。

首先，在完善行政监督方面，应注重完善年检、抽查等行政监管手段，进一步提高监管的执行力。登记机关与业务主管单位要权责清晰、分工明确，落实到具体的岗位和负责人，避免推诿扯皮，要落实管理问责制，必要时由政府牵头，组成多部门合作的联合执法。[①]《社会团体登记管理条例》[②]对登

---

① 参见谢玥:《我国社会组织参与社会治理中存在的问题及对策研究》，四川师范大学硕士学位论文，2017年，第51页。

② 1998年10月25日国务院令第250号发布，根据2016年2月6日国务院令第666号《国务院关于修改部分行政法规的决定》修订。

记管理机关和业务主管单位的职责作了详细的规定[①]，登记管理机关与业务主管单位的监督管理职责是不同的，分工明确，这样才有利于各负其责，避免因职权交叉带来监管上的漏洞，从而提高监管的执行力。

其次，在完善社会监管方面，公众应加强主动监督和事前监督的意识。社会组织的健康发展单靠社会组织自身很难实现，只有依靠社会各方面的充分理解和大力支持才能实现。这里尤其应注重新闻媒体的作用。新闻媒体应关注社会组织发展，提高担当作为意识，采取多种形式对社会组织的发展进行广泛深入的宣传。积极宣传社会组织政策法规，让社会各界了解社会组织的政策及有关规定，挖掘、总结、推广实践中管理规范、功能到位的社会组织，展示新时期社会组织的良好社会形象。在充分发挥新闻媒体对社会组织监督作用的同时，也为社会组织发展营造良好的社会舆论环境。

（三）完善社会组织的内部监督管理

健全的监督管理体系除含外部监督管理外，还有内部监督管理，这就需要建立完善的社会组织自律机制，以严格有效、科学规范的内部管理制度保证社会组织各项工作的健康运行。

首先，进一步完善社会组织的章程和机构，保证社会组织有章可循。社会组织应以章程为依据，进一步健全其组织机构，如权力机构——会员大会或会员代表大会，执行机构——理事会或董事会，办事机构——秘书处、办公室、财务部、宣传部等。这些机构的设置都要按照相关法律法规的规定，同时服务于社会组织的章程和宗旨。同时，还要注重监事会的作用，在理事会或董事会之外设立监事会，积极发挥监事会的监督作用，及时监督社会组织的年度计划、年度财务审计报告以及日常经济活动。此外，社会组织具备建立党组织条件的，应当建立党的基层组织，从而自觉接受党组织的教育、引导和监督等活动，保证社会组织活动正确的政治方向。

其次，进一步完善社会组织各项内部制度。完善的内部制度是社会组织健康发展的基础保障。社会组织的内部制度建设是一项系统工程，需要

---

① 例如，《社会团体登记管理条例》第二十四条规定："登记管理机关履行下列监督管理职责：（一）负责社会团体的成立、变更、注销的登记；（二）对社会团体实施年度检查；（三）对社会团体违反本条例的问题进行监督检查，对社会团体违反本条例的行为给予行政处罚。"第二十五条规定："业务主管单位履行下列监督管理职责：（一）负责社会团体成立登记、变更登记、注销登记前的审查；（二）监督、指导社会团体遵守宪法、法律、法规和国家政策，依据其章程开展活动；（三）负责社会团体年度检查的初审；（四）协助登记管理机关和其他有关部门查处社会团体的违法行为；（五）会同有关机关指导社会团体的清算事宜。"

从以下几方面进行设计和完善。

第一，建立科学的民主决策制度。社会组织代表民意，民主决策对社会组织而言尤其重要。社会组织应充分发挥会员代表大会、理事会等的作用，加强民主协商，及时协调内部事务，做到公开、公正、透明。在行业组织带头人的选举上，应严格遵守民主原则，让会员公开选举、自主选举行业内有能力的人员担任。注重办事机构的作用，进一步发挥秘书处的作用，健全社会组织内部民主决策程序，完善内部会议制度、通报制度，鼓励组织成员积极参与社会组织内部决策并对社会组织的内部活动进行监督，做到重大决策必须召开会员大会，由理事会(或常务理事会)决定，做到民主决策。完善理事会议事规则，提高理事会人员的素质和能力，发挥理事会对社会组织重大事项的决策功能。

第二，规范社会组织从业人员的行为准则。各个行业都应制定与本行业的功能、地位、权利、义务相匹配的行为准则与道德规范，从而指导从业人员的行为。从社会组织来说，尤其要制定规范主要负责人的行为准则，提高其遵纪守法意识和道德意识，从而发挥领导带头作用，引导社会组织自觉遵守法律法规和行业规范，逐渐走向制度化发展。

第三，进一步完善社会组织的财务管理制度。财务制度是社会组织重要的制度之一，完善的财务制度也是树立社会组织公信力的基础。缺乏公开、透明、科学的财务制度，社会组织的廉洁性无从保证，也就无法取得公众信任。社会组织应制定严格的财务会计制度，认真执行，做到收支规范、合理。在收取诸如会费以及其他服务性费用时要做到账目清楚，坚持合理、公开原则，据实开具票据，不得弄虚作假。社会组织的经费管理也要规范，社会组织依据法律法规政策规定取得的合法收入，应按照组织章程规定用于合法业务活动；社会组织接受公众、企业的捐赠等，也要按照捐赠协议或当事人约定的使用方法、途径、期限等进行使用。社会组织财务报告是财务管理制度的一项重要内容，应按照规定制作，由专人负责，并按照规定予以适当公开，保证公众的知情权和监督权。①

第四，进一步健全社会组织行规行约，加强同业约束。行规行约是加强

---

① 例如，《社会团体登记管理条例》第二十七条规定："社会团体必须执行国家规定的财务管理制度，接受财政部门的监督；资产来源属于国家拨款或者社会捐赠、资助的，还应当接受审计机关的监督。社会团体在换届或者更换法定代表人之前，登记管理机关、业务主管单位应当组织对其进行财务审计。"

社会组织良性竞争和加强自律的重要保证。它以维护行业的竞争秩序、确保公平竞争为出发点，是加强自律、防止恶性竞争的保证。社会组织应建立会议、管理、监督等方面的自律制度，完善行规行约，以制度管人管事，促进行业的健康有序发展。

第五，建立社会组织内部奖惩、考核、诚信机制，强化社会组织的有效运行。合理的奖惩、考核机制是激励社会组织内部创新的有效手段，有利于调动社会组织人员的主动性和积极性，有利于促进社会组织依法开展活动。建立健全社会组织内部通报批评制度、绩效考核制度等，激发从业人员遵纪守法的积极性。建立自查机制，对照社会组织章程、自律公约等，对人员行为予以监督检查，将检查结果运用到对成员的考核上，把监督检查与奖惩考核结合起来。科学合理的内部奖惩、考核、诚信机制，既能加深公众对该行业的认识，又能鼓励组织成员的创新性与积极性，促进社会组织发展。同时，适当的惩戒措施是必要的。对违规会员进行处罚，可以起到示范作用，有利于鼓励、鞭策会员之间相互监督、互相制约；通过惩戒机制，增强社会组织遵纪守法和遵守规章制度的主动性。另外，注重诚信建设，社会组织诚信水平直接影响社会组织能否存续和能否取得更好的发展。应建立诚信记录和评估制度，加强会员诚信观念，树立“诚信”“守法”“敬业”“自律”的理念，树立社会组织良好形象。

三、树立社会共治理念，营造社会组织参与社会治理的良好氛围

（一）十九大报告“共治”理念的提出

“社会治理”最早出现在西方国家，是作为政府解决社会问题而产生的新的治理模式而出现的。在传统的管理模式中，政府毫无疑问占据着绝对的社会权力与地位。社会治理则不同，它更加强调运用多元主体的力量进行社会治理，一定程度上减轻了政府社会治理的压力。[①] 社会治理不仅仅意味着社会管理方式的转变，而且还代表着一种全新的思想理念和价值诉求。社会共治理念强调共同治理，治理主体在涵盖范围上变大，既包括传统的治理主体——政府，也包括社会组织、公民和各市场主体。不同的治理主体之间相互制约、相互补充、相互协调，共同满足不断增长的公共服务需求。改革开放40多年来，我国社会已经发生了深刻的结构性变化。在这一过程中，

① 参见盛婷婷：《我国社会组织参与社会治理中的政府责任研究》，长春工业大学硕士学位论文，2018年，第6页。

市场系统与社会系统的力量正在迅速地成长，对我国的社会政治生活发挥着不可替代的作用。伴随着社会力量的不断增强，国家将不断地还政于民、还权于民，这是一个不可逆转的社会政治过程。①

由于不同时期的政治、经济、文化等都有不同的发展变化，因此社会治理的模式不是一成不变的，需要根据整个社会大环境的改变而改变。社会治理的模式需要与时俱进，结合实践的发展进行不断的创新。当前我国社会治理尚处于初步的探索阶段，需要结合我国国情来制定出符合我国现实发展需要的社会治理模式。从我国社会发展的现状来看，单靠政府是无法解决全部社会问题的，政府没有足够的精力去应对所有社会事务，这就需要激发社会组织的活力和潜能，通过发挥社会组织的力量进一步解决社会矛盾。政府与社会组织需要形成合作关系，由政府引导社会发展的大方向，给予社会组织一定的帮助和扶持，充分发挥社会组织自身的优势，从而共同解决社会问题，保证社会治理模式的有效运行。

党的十九大报告对新时期社会治理的内涵作了丰富的表述和发展，在"提高保障和改善民生水平，加强和创新社会治理"部分明确提出"打造共建共治共享的社会治理格局"的新要求，这是对"完善党委领导、政府负责、社会协同、公众参与、法治保障的社会治理体制"认识拓展和理念的进一步升华。相比党的十八届五中全会提出的"构建全民共建共享的社会治理格局"，在"共建"与"共享"之间增加了"共治"，不仅进一步完善了社会治理格局的体系，而且还更加契合社会治理工作的本质内涵，为加强和创新我国社会治理工作指明了方向、提供了指导。当前，我国已进入改革开放的"深水区"和全面建成小康社会的攻坚期，教育、医疗、养老等各种社会矛盾日益凸显，这些问题仅仅依靠政府难以解决，需要社会多方面力量广泛参与、合力化解。随着经济的发展和社会民主进程的加快，各种社会矛盾日益尖锐，传统的社会治理模式已不能满足经济、社会、文化等各方面发展的需要，多元化治理成为社会发展的趋势。加强与政府的沟通，通过社会组织带动社会的发展，是今天实现多元化社会治理的必然选择。在社会组织参与基层治理过程中，由于体制机制、法律法规和发展环境等各方面的限制，发展过程中也遇到很多的问题。新时代中国特色社会主义，需要以共建共治共享新思维，推进社会治理创新，这既符合满足人们需求的初衷，也可以增加群众

① 参见俞可平:《重构社会秩序，走向官民共治》，载《国家行政学院学报》2012 年第 4 期。

对政府的信任。

（二）培养公众的志愿精神和互助品质

现代社会组织的实践是一种志愿精神，这其中也包含自治、自主等精神，其影响的不仅是组织成员，对于社会公众也有感化、示范、教育的作用。①社会组织有效参与社会治理不仅需要自身的科学建设，而且还需要有益于其存在和发展的文化、社会环境建设，从而营造社会组织参与社会治理的良好氛围。我国民间结社和民间公益的历史源远流长，生活中更是随处可见爱心义举。应进一步培养公众的志愿精神和互助的品质，为我国社会组织的发展提供良好的社会土壤。现代志愿服务的三大基本特征就是自愿性、无偿性、公益性，而这三个特征的精髓就是奉献精神。我国有组织的志愿服务活动出现于20世纪80年代后期，但从中华人民共和国成立至今70年的发展历程来看，中国共产党人与生俱来的奉献精神却是现代志愿服务的文化基因。中国人民心中一直有奉献精神。特别是在共青团的推动下，20世纪90年代以来，青年志愿服务发挥了引领作用，志愿服务事业获得飞速发展，成为党和国家现代化事业的重要组成部分。“奉献、友爱、互助、进步”被凝练为中国志愿服务精神。习近平总书记致中国志愿服务联合会第二届会员代表大会的贺信肯定了广大志愿服务组织、志愿服务工作者的奉献精神和工作成效，表扬他们“走进社区、走进乡村、走进基层，为他人送温暖、为社会做贡献，充分彰显了理想信念、爱心善意、责任担当”②。

社会组织自身的完善有利于获得公众的认同，公众志愿精神的加强有利于公众参与社会组织，有利于形成社会治理中良好的社会文化认同。这种良好的社会氛围，不是公民个人或政府一方所能完成的，也不是在短期内就能形成的，它需要政府、公民、企业、社会组织长期互动和互相协作。③ 同时，志愿服务与社会主义核心价值观是辩证统一的，二者在理论与实践上都有高度契合点。因此，应进一步培养和践行社会主义核心价值观。在社会组织发展过程中应进一步高扬主流价值、厚植主流文化，培养民众的志愿精神与互助的品质，以群众的实际需求设计志愿服务项目，增强服务项目的针

① 参见张媛：《社会组织参与社会治理研究》，长春理工大学硕士学位论文，2015年，第12页。

② 转引自张祖平：《奉献精神是中国特色志愿服务的文化内核》，载《中国青年报》2019年8月8日。

③ 参见贾霄锋编著：《社会转型加速时期社会组织介入社会问题治理研究》，西南交通大学出版社2016年版，第86～87页。

对性与实效性，大力培养志愿者队伍，推进中国特色志愿服务事业发展。

四、以社会主义核心价值观为引领，构建有中国特色的社会组织文化

（一）社会组织文化建设的重要性

党的十九大报告明确指出："文化自信是一个国家、一个民族发展中更基本、更深沉、更持久的力量"，"培育和践行社会主义核心价值观"，"推动中华优秀传统文化创造性转化、创新性发展"。① 改革开放 40 多年来，中华民族实现了伟大飞跃，中华文化也实现了从文化自觉到文化自信、文化自强的转变。坚定文化自信，既是改革开放的历史性成果与经验，也为新时代全面深化改革提供了重要的精神保障。②

文化是一个民族的灵魂。综观我国历史，历朝历代传承下来了绵延不息的文化。一个国家的民族凝聚力、民族自信就蕴含在民族文化之中。大到一个国家，小到一个社团，只有文化的吸引力才能聚拢人心、凝聚力量。在社会组织管理中，每个社会组织自身大多有自己的使命和核心理念。理念是行动的先导，是组织的灵魂。参与公益事业的志愿者们都是怀着对世界的热爱和对生命的尊重投身于公益活动，我们更应该将这种公益精神传播下去。社会组织也是在这种奉献精神的基础上建立起来的，但是在实际工作中，光有热爱和奉献还不足以支撑社会组织的发展。优秀的社会组织文化不仅可以凝聚人心，营造轻松的工作环境，让社会组织的运作更加高效，而且还可以衍生出严谨的社会组织理念，有助于社会组织的自律管理。③

组织文化主要是"共同思想、价值观念、作风和行为准则的集中体现，组织内部的互信、互动和经常的沟通以及民主、透明和公正的管理政策，是激发员工士气、形成团队精神的重要条件"④。社会组织在发展初期，大多是精英管理模式，也存在个人崇拜的状况。依靠某个或某些领导人的人格魅力将众多公益志愿者聚集到一起，达成一个志同道合的目标，这是社会组织发

---

① 参见习近平：《决胜全面建成小康社会 夺取新时代中国特色社会主义伟大胜利——在中国共产党第十九次全国代表大会上的报告》，人民网，http://politics.people.com.cn/n1/2017/1028/c1001－29613514.html。

② 参见高飞：《增强文化自信，实现文化自强——改革开放 40 周年文化思想浅谈》，《第十六届沈阳科学学术年会论文集（经管社科）》，2019 年，第 678 页。

③ 参见贾霄锋编著：《社会转型加速时期社会组织介入社会问题治理研究》，西南交通大学出版社 2016 年版，第 87 页。

④ 王名：《非营利组织管理概论》，中国人民大学出版社 2002 年版，第 71 页。

展的初始状态。当社会组织发展到一定规模时则需要改革以往简单的结合模式，需要将凝聚组织的文化理念渗透到团队的协作模式中。因此，培育组织的文化核心价值观是一个润物细无声的过程。每个社会组织都有其专门的服务方向，这就需要在进行员工培训时不能只注重专业技能培训，要将社会组织所共有的平等、志愿、奉献精神渗透到专业培训中去，带着感情去服务社会。同时，结合自身业务特点，形成独特的文化核心价值观，从而激发员工的积极性和使命感。①

（二）社会主义核心价值观的引领作用

随着我国社会主义市场经济发展的不断深入，部分社会组织工作人员由于受到利益驱动和各种思潮的影响，价值取向逐渐趋向功利化，在工作中重利益轻付出、重物质轻奉献，这些都不利于良好的积极向上的社会组织文化的建设。这就需要发挥社会主义核心价值观的引领作用，对一些不正确的思想及时进行匡正，从而完成科学的社会组织文化建设。坚持社会主义核心价值体系，大力培育和践行社会主义核心价值观，是新时代坚持和发展中国特色社会主义的一项重大理论和实践课题。② 党的十九大报告指出："社会主义核心价值观是当代中国精神的集中体现，凝聚着全体人民共同的价值追求。"③因此，社会主义核心价值观是我国全面深化改革实践中必须牢牢坚守的主流价值观。凝聚改革共识，必须以社会主义核心价值观为引导。通过社会主义核心价值观对社会思潮的引领和对社会个体利益诉求的整合，实现改革道路和利益共识的建构，不断推进改革进程。④

社会组织的价值观决定了其发展的方向。由于社会组织成员并不与直接的经济利益挂钩，所以需要在价值感、认同度、志愿精神、社会责任感方面下功夫，突出奉献、服务、公益、合作等价值理念，而这些理念都蕴含于社会主义核心价值观当中。因此，社会组织必须主动以社会主义核心价值观为指导，为国家、社会、民众做出贡献。社会主义核心价值观倡导的"爱国""敬

---

① 参见贾霄锋编著：《社会转型加速时期社会组织介入社会问题治理研究》，西南交通大学出版社 2016 年版，第 88 页。

② 参见戴木才、王艳玲：《中国传统核心价值观的源流发展及其启示》，载《湖南师范大学社会科学学报》2019 年第 4 期。

③ 参见习近平：《决胜全面建成小康社会 夺取新时代中国特色社会主义伟大胜利——在中国共产党第十九次全国代表大会上的报告》，人民网，http://politics.people.com.cn/n1/2017/1028/c1001-29613514.html。

④ 参见宋周尧：《论以社会主义核心价值观凝聚改革共识》，载《攀登》2019 年第 3 期。

业""诚信""友善"的价值准则,凝聚了当代中国精神,是当代中国社会公众精神品格的集中体现和基本特质。如果缺少了社会主义核心价值体系的引导,那么社会组织的文化建设就会失去方向,也只有通过社会主义核心价值体系的统领,才能找到提升社会组织优良文化的根本,促使社会组织成员树立共同的理想,从而为社会组织文化的发展创造良好的环境。

第二节　转变政府传统管理理念

一、合理划定政府与社会组织在社会治理中的位置

(一)共建共治共享下的社会治理资源优化

党的十九大报告为我国"打造共建共治共享的社会治理格局"指明了方向,作出了全新的部署和安排。①

当前,我国正处于经济社会发展的重要转型期,在坚持以经济建设为中心的现代化建设进程中,社会建设滞后于经济建设,治理领域各种矛盾交织,新旧问题叠加,制约经济社会发展的因素较多。从国内来看,社会发展面临一系列挑战,如能源资源紧张、就业压力增大、生态环境保护不力等等,这些都需要通过创新社会治理方式予以解决。从国际层面来看,全球经济、社会、政治、文化等的不断变化引发了一系列国家安全问题和全球性的危机,这对我国社会治理提出了新的挑战。面对国内国外形势的挑战,需要广泛凝聚公众的智慧和力量,进一步完善社会治理方式,全面提升社会治理水平。

社会治理是一项系统工程,需要系统思维,需要政府和社会力量的协同共治,共同维护好国家长治久安、社会和谐稳定、人民安居乐业的大好局面。任何政治系统必须依赖一定的治理资源,才能保证治理体系的正常运作和有效治理。治理强调的是多元的、民主的、合作的公共管理的有机结合,因

① 党的十九大报告明确指出,"坚持人人尽责、人人享有,坚守底线、突出重点、完善制度、引导预期,完善公共服务体系,保障群众基本生活,不断满足人民日益增长的美好生活需要,不断促进社会公平正义,形成有效的社会治理、良好的社会秩序,使人民获得感、幸福感、安全感更加充实、更有保障、更可持续","加强社会治理制度建设,完善党委领导、政府负责、社会协同、公众参与、法治保障的社会治理体制,提高社会治理社会化、法治化、智能化、专业化水平"。

此治理资源可以理解为在治理空间内的多元治理主体为实现其治理理念和治理目标，以民主、合作的形式可有效运用的手段或资源，是维持治理有效性、合法性的基础和源泉。社会治理系统的有效运作离不开治理资源的有力保障，创新社会治理体系需要对治理资源进行科学合理的有效配置。①

（二）进一步理顺政府、社会组织在社会治理中的功能与角色

理顺政府与社会组织之间的关系，对推进社会治理有重要意义。能否准确定位政府与社会组织在社会治理中的功能与角色，决定着新时期社会治理的状态和水平。从当前现状来看，我国社会治理既不能完全依靠政府的强制性管理，也不能完全依靠社会组织的自治性力量，而应该形成多元主体共同治理的模式。

现阶段，我国政府与社会组织之间的关系尚未理顺。一方面，由于长期的计划经济体制的影响，大量社会事务均由政府承担，社会各层面各领域都渗透着政府的指导与规划，政府过于注重自身的作用，对社会组织的功能关注不够。实践中政府职能缺位、越位、不作为、乱作为的现象时有发生。另一方面，社会组织独立性不足，对政府过于依赖，存在政社不分的现象。政社不分既影响了社会组织的公信力和代表性，也使得少数领导干部与社会组织之间产生利益勾连，滋生腐败。独立性不足也导致社会组织创新性不强，影响了其参与社会治理作用的发挥。

政府、社会组织等通过合作方式组成社会治理的网络系统，突出了社会治理的多元化；重新审视不同治理主体在社会治理中角色定位，目标是促进公共问题的解决。在多方合作过程中，政府主要通过相关政策上的帮助和部分资金的扶持，促使企业和社会组织不断提高公共服务的能力和水平，以满足公众多样化的公共服务需求，从而实现社会治理资源的优化。

而社会组织除提供公共服务外，还能为政府决策提供参考，甚至主动参与政府决策制定。社会组织参与决策制定具有重要的现实意义：一是使公共的注意力集中到关键的社会问题及其解决办法上；二是筑牢形成完善、革新的政策所依据的知识基础；三是为新的、未曾听到过的声音开放通道；四是培育政府官员的责任意识；五是培养诸如无私奉献的价值取向。②

---

① 参见李永洪、张海洋：《治理资源对创新社会治理体系的价值功能及其有效配置路径》，载《南都学坛》2015 年第 4 期。

② 参见贾霄锋编著：《社会转型加速时期社会组织介入社会问题治理研究》，西南交通大学出版社 2016 年版，第 4 页。

"不论是公共部门还是私人部门，没有一个个体行动者能够拥有解决综合、动态、多样化问题所需的那部分知识与信息，也没有一个个体行动者有足够的知识与能力去应用所有的工具。"①社会治理既是对全社会的治理，也是需要全社会共同参与的治理。事实表明，社会共治是科学有效的社会治理机制。② 现代政治学认为，一个成熟的社会，是政府、企业和社会组织三种力量基本均衡的社会。③ 如前所述，政府和市场都存在着固有的缺陷与不足，我们有必要在政府与市场之外寻求建立一种缓冲的力量，即社会组织。通过创新社会治理体制，打破了政府在公共服务上的垄断地位，促进了不同组织积极作用的发挥，实现了不同组织间的功能"耦合"，从而有利于实现社会治理的有效性和公共服务供给的全面优化。社会组织作为重要的社会力量主体，能够有效整合社会资源，协助政府应对社会治理中的一些问题。例如，社会组织援助下岗职工、空巢老人、留守儿童，慈善机构为贫困地区建立校园和宿舍，等等。④

政府、社会组织在社会治理中的地位都是非常重要的，二者之间应相辅相成，发挥合力，共同促进经济社会的健康快速发展。同时，我们也应正确认识它们在社会治理中的地位与作用。从社会组织的角度来说，社会组织不是万能的，自身也存在若干局限。它一方面不能代替政府而享有合法的强制权力，另一方面也不能代替市场从而对社会资源进行有效的配置。社会组织在社会治理中的作用发挥离不开政府与市场，必须建立在政府和市场的基础之上。从政府的角度来看，社会组织具有一定的自我管理和处理公共事务的能力，因此政府应承认社会组织独立性和自治性特征，充分发挥社会组织作为社会治理主体的作用，避免过多干扰。在这一过程中，政府应发挥好监督、服务的作用，帮助社会组织克服自身存在的短板。例如，英国政府与非营利性组织在 1998 年共同签署了《英国政府和志愿及社会部门关

---

① ［美］盖伊·彼得斯：《政府未来的治理模式》，吴爱明等译，中国人民大学出版社 2001 年版，第 68 页。

② 参见谢舜等：《发挥社会组织在社会治理中的重要作用》，载《广西日报》2014 年 4 月 22 日。

③ 参见廖鸿、石国亮：《中国社会组织发展管理及改革展望》，载《四川师范大学学报》(社会科学版)2011 年第 10 期。

④ 参见盛婷婷：《我国社会组织参与社会治理中的政府责任研究》，长春工业大学硕士学位论文，2018 年，第 9 页。

系的协议》，该协议明确规定了各方的义务与责任①，以制度化的方式来保障各方的合作伙伴关系。从长远来看，政府、市场与社会组织应各司其职，因此必须推进政社分开。2016 年 8 月 21 日，《关于改革社会组织管理制度促进社会组织健康有序发展的意见》由国务院办公厅发布，其中明确规定："推进社会组织政社分开。""从严规范公务员兼任社会团体负责人，因特殊情况确需兼任的，按照干部管理权限从严审批，且兼职一般不得超过 1 个。"今天我们强调的"善治"，说到底就是一个还政于民的过程。② 善治意味着政府与社会之间实现良好合作，公民信赖政府并积极参与公共事务。

二、深化简政放权，推进政府职能转变

自 20 世纪 70 年代以来，源于西方发达国家的政府改革浪潮席卷全球。转变政府职能，重新定位政府与社会的关系，为公众提供优质、高效的公共服务，成为世界各国政府共同面临的重大治理问题。③ 社会治理的最终目标是实现社会的公正公平、和谐有序、利益平衡。实现这一目标单靠政府的力量是难以完成的。

随着我国经济体制改革的不断推进，社会的阶层、结构、运转方式乃至人们的思想观念都产生了深刻变化。在此背景下，政府治理对象面临社会利益主体多元化、社会结构阶层多样化、社会关系复杂化的深刻变化，这些变化进一步扩展了社会的多元需求，增加了政府财政资源稀缺的压力。这在客观上要求深化行政体制改革，为民众提供参与公共决策过程的机会，使政府提供的公共服务更好地满足公众的新需求。我国政府推进社会组织参与社会治理的一个直接表现即推进政府职能转变，政府职能转变意味着政

① 该协议规定的政府责任主要包括：承认和支持志愿及社会部门的独立性；以参与、明确、透明的原则提供资助，并需要就融资方式、签署合同、承包等方面征询志愿及社会部门的意见；对可能影响志愿及社会部门的政策制定需要征询他们的意见；促进互惠的工作关系；政府和志愿及社会部门一起建立评估系统；每年对协议的实施情况进行评估。志愿及社会部门的责任包括：保持高度的治理与责任；遵守法律和相应规范；在参与政策制定过程中与服务对象和其他利益相关者进行协商；促进互惠的工作关系；同政府一起对协议的实施情况进行评估。参见吴文洁：《国外非营利组织的发展及启示》，载《商业时代》2006 年第 29 期。

② 参见闫娟：《21 世纪政府、市场与公民社会的三足鼎立——来自治理理论的启示》，载《成都行政学院学报》2002 年第 1 期。

③ 政府职能转变是提高政府治理效能的重要内容。在全面推进法治政府建设的新时期，加快转变政府职能是全面深化改革决策部署的必然要求。

府要在社会治理中清楚自己应该做什么,不应该做什么。① 在我国当前的转型期,尤其需要注重满足不同利益群体的需求,尽最大努力让不同群体都能享受到经济发展的成果,缩小社会的矛盾分歧。

进一步转变政府职能,完善政府机构设置和职能配置,是新时期继续深化党和国家机构改革的重要任务,也是更好发挥政府在社会治理中的作用的必然要求。行政体制改革的突出亮点,就是在简政放权、转变政府职能的过程中充分发挥市场机制与社会组织的积极作用,将那些应该由市场去解决的事情交给市场去解决,将那些适合由社会组织承接的职能放手交由社会组织去承担。通过简政放权,将部分职能交给社会组织去承担,让其充分发挥自身优势,更好地参与社会治理。党的十九届三中全会以国家治理体系和治理能力现代化为导向,提出"形成职责明确、依法行政的政府治理体系"的重大任务,为转变政府职能、提高效率效能、建设人民满意的服务型政府指明了方向。当前,中国特色社会主义进入新时代,我国社会主要矛盾已经转化为人民日益增长的美好生活需要和不平衡不充分的发展之间的矛盾,我国经济已由高速增长阶段转向高质量发展阶段。面对新时代提出的新要求和人民群众的新期盼,通过改革使政府机构设置和职能配置适应经济社会的发展变化,进一步理顺政府与市场、政府与社会的关系,才能有力推动经济发展质量变革、效率变革、动力变革,切实解决发展不平衡、不充分问题,更好地满足人民对美好生活的需要。深入推进简政放权是转变政府职能的重要突破口。简政放权,就是政府简化行政管理事务,下放手中权力。当前,简政放权改革还存在不少问题,简政放权质量尚有较大提升空间,比如"官本位"思想根深蒂固,工作协调联动不顺畅,审批环节多、耗时长等问题,都影响了政府在社会治理中作用的有效发挥。② 简政放权需要与国家治理体系和治理能力现代化的要求相结合,与自觉践行"三严三实"相结

① 参见盛婷婷:《我国社会组织参与社会治理中的政府责任研究》,长春理工大学硕士学位论文,2018 年,第 28 页。

② 参见李坤轩:《新时代深化"放管服"改革的问题与对策》,载《行政管理改革》2019 年第 6 期。

合，与实现“四个全面”战略布局相结合。①

三、改善监管模式，提高治理效率

随着社会经济的快速发展，尤其是改革开放40多年的巨大发展，社会组织也在不断发展壮大，并呈现多元化、多样化的趋势。现行的监管体系尚不能对社会组织进行有效的监管，少数违法分子甚至打着社会组织的旗号钻“空子”，做着违法的勾当。如2018年北京市依法取缔了“中国能源装备协作会”“中国数字信息与安全产业联盟”“中国体育企业家俱乐部”“土壤环境修复产业技术创新战略联盟”四家非法社会组织。经查实，上述组织未在任何部门登记，却擅自以社会团体的名义活动，扰乱了社会组织管理秩序。② 因此，为了促进社会组织长足发展，就需要完善的监管体制。社会治理需要加快步伐，实现创新，在确立社会组织在国家治理中的主体地位的同时，继续推进国家治理体系和治理能力现代化。这就要求政府不仅要在治理的水平和结构上实现现代化，而且还应在实力、方式、方法、手段上实现现代化，根据不同的主体制定多元化、多样化的监管模式，提高治理效率，实现良性治理。③

现代政府管理强调以“便民”为核心，致力于打造服务型政府，鼓励多元主体参与社会治理。经历40多年的改革开放，中国社会经历了从计划经济向社会主义市场经济的重大转变。在这一转变过程中，公众的思想观念、行为方式、工作方式等等都发生了变化。这就需要政府在社会治理中及时转变、调整、完善监管的方式和方法，提高社会治理效率。完善的监管模式既

---

① 这就需要根据时代发展要求健全管理体制，创新监管方式，完善市场监管和执法体制，改革自然资源和生态环境管理体制，完善公共服务管理体制，强化事中事后监管。要坚持放管结合、优化服务的原则，进一步做好简政放权的“减法”、加强监管的“加法”和优化服务的“乘法”，加大力度补上加强监管和优化服务的突出短板，啃下政府职能转变的“硬骨头”，真正做到审批更简、监管更强、服务更优。把该管的事管好管到位、该放的权放足放到位、该提供的服务提供到位，就能为大众创业、万众创新营造良好政策环境和社会氛围，不断推动高质量发展迈上新台阶。参见新华社评论员：《转变政府职能 深化简政放权——三论学习贯彻党的十九届三中全会精神》，中华人民共和国中央人民政府网，http://www.gov.cn/xinwen/2018-03/02/content_5270246.htm。

② 参见《擅自以社会团体名义进行活动 四家非法社会组织被取缔》，央广网，http://news.cnr.cn/native/gd/20180210/t20180210_524131396.shtml。

③ 参见张媛：《社会组织参与社会治理研究》，长春理工大学硕士学位论文，2015年，第8页。

强调政府的责任，也注重监管责任的落实，确保公共利益的实现。明确政府责任，就需要明确政府的职责内容，避免社会治理过程中发生责任纠纷。尤其是政府与社会组织在社会治理的某些问题上发生纠纷时，应及时确定各方相应的责任，避免政府过度治理现象的发生。由于多元主体参与社会治理，因此监督的主体也变得多元化，在这一背景下，政府可以借助社会组织及公众的力量来保证政府责任的落实。

第三节　提高社会组织参与社会治理的能力

一、完善社会组织基层党组织的引导

党的十八大报告明确强调要加大社会组织党建力度[①]，社会组织必须坚持党的领导，因为中国共产党领导是中国特色社会主义最本质的特征。社会组织的成立与发展，依赖于党在“领导与执政”活动中能动作用的发挥。[②]加强社会组织党建工作，具有突出意义。[③] 在社会治理实践中，应坚持中国共产党的领导，坚持政府的主导力量与社会的基础力量之间的有机统一，坚持依法治理的主线，让社会治理既有领导，又有基础和保障。[④]

随着我国经济社会的发展，社会组织也在不断发展壮大，已成为我国社会的重要组成部分。社会组织是党的工作和群众工作的重要阵地，是党的

---

① 党的十八大报告指出：“加大非公有制经济组织、社会组织党建工作力度，全面推进各项领域基层党建工作，扩大党组织和党的工作覆盖面，充分发挥推动发展、服务群众、凝聚人心、促进和谐的作用。”参见中共中央文献研究室编：《十八大以来重要文献选编》（上），中央文献出版社 2014 年版，第 42 页。

② 参见张媛：《社会组织参与社会治理研究》，长春理工大学硕士学位论文，2015 年，第 15 页。

③ 2015 年 9 月，中共中央办公厅发布的《关于加强社会组织党的建设工作的意见（试行）》中指出：“加强社会组织党建工作，对于引领社会组织正确发展方向，激发社会组织活力，促进社会组织在国家治理体系和治理能力现代化进程中更好发挥作用；对于把社会组织及其从业人员紧密团结在党的周围，不断扩大党在社会组织的影响力，增强党的阶级基础、扩大党的群众基础、夯实党的执政基础，都具有重要意义。”参见《中共中央办公厅印发〈关于加强社会组织党的建设工作的意见（试行）〉》，中华人民共和国中央人民政府网，http://www.gov.cn/xinwen/2015-09/28/content_2939936.htm。

④ 参见谢玥：《我国社会组织参与社会治理中存在的问题及对策研究》，四川师范大学硕士学位论文，2017 年，第 48 页。

基层组织建设的重要领域。[①] 中国共产党对社会组织的领导是历史经验和现实发展的必然选择，加强党的领导是社会组织发展的必然选择。坚持党的领导是社会组织践行宗旨的根本保证。社会组织只有在党的正确领导下，才能在社会建设中发挥重要作用。我们必须明确党组织在社会组织中的政治核心地位，保证党组织在政治上、思想上对社会组织的指导，加大在社会团体和社会组织中建设党组织的工作力度，这是保证社会组织坚持正确发展方向的前提。

对于社会组织而言，党建工作是完善其组织管理模式、提高其组织活动能力的一个重要途径。不断加强社会组织党建工作，是顺应社会发展以及时代进步的重要体现。党建工作需要不断巩固党的领导地位。对于社会组织来讲，必须不断加强执政党理念，明确中国共产党的执政党地位，同时增强党对社会组织的影响力、吸引力，利用党组织的辐射力推动社会组织党建工作的开展。新兴社会组织若是缺少党组织的领导或者党建工作做得不到位，将会出现管理松懈甚至面临解体的危险。社会组织中包含数量庞大的新生力量，通过积极开展党建工作，才能将这些新鲜血液及时输送到党领导下的社会建设中，达到巩固执政基础、促进社会组织的顺利发展的目的。[②]

二、完善社会组织内部管理制度

当前，社会组织建设必须以完善自身能力建设、文化建设为首要任务，从而快速地适应时代发展的需求。社会组织内部管理有序意味着从日常事务到财物资产、人才资源、社会资源和决策等方面都会有系统的规划。[③] 如前所述，社会组织在实践中表现出了较好的发展势头，取得了一定的成就，但也存在一定的缺陷与不足。比如，社会组织内部结构与社会组织在新时期承担的使命不匹配，员工的保障机制及晋升制度不完善，人力资源管理不专业，财务制度不健全，专业人才匮乏，等等。加强社会组织内部管理是一个系统工程，需要从诸多方面予以设计。

---

① 参见姚秀霞：《山东烟台：推动社会组织党建工作新探索》，载《中国民政》2018 年第 14 期。

② 参见斯钦：《社会组织党建工作怎么抓》，载《人民论坛》2017 年第 32 期。

③ 参见教军章、杨木阳等：《社会组织内部管理优化途径研究——以黑龙江大学为例》，载《黑龙江教育（理论与实践）》2018 年第 3 期。

(一)进一步强化社会组织的服务理念和参与理念

社会组织是社会治理体制的重要创新主体,社会组织的发展关乎民生事业的发展,包括教育、卫生、体育、文化、就业、社会治安、社会保障等领域。在社会组织实际运行中,服务理念和参与理念不强是影响社会组织参与社会治理实效的重要原因。例如,社会组织在进行公共服务时,会更加偏向于选择服务优势群体从而获得有偿回报,结果就是忽略了最需要帮助的弱势群体,损害了社会组织的公信力,也损害了政府在公众心中的形象。① 因此,社会组织应积极参与社会治理,树立服务理念,积极发挥自身优势,有效地解决人民群众中间存在的重点、难点问题,同时推动科学、教育、文化、体育、卫生等事业的发展与繁荣。

公众的参与意识和理念在公共政策的制定过程中有着重要影响,社会组织参与政策制定也有利于拓宽公众政策参与面,从而推动政策制定的科学化、民主化,有利于协调社会利益关系、缓解社会纠纷,从而有助于社会秩序的稳定。受几千年封建文化的影响,"政治只是少数人的事,多数社会成员不能也不愿参与政治,即使政治体系提供了参与政治的途径,民众也会因为其参与政治的能力与愿望的低下而使政治参与难以实现"②,社会组织存在参与意识不强、深度和广度不够、参与渠道单一、信息不对称等问题。应进一步强化社会组织的参与意识和理念,激励社会组织积极参与政策制定,提供公共服务,发挥其社会治理主体的积极性和主动性。

(二)进一步规范社会组织内部治理机制

完善的内部治理机制对于社会组织的健康发展至关重要。社会组织内部治理的内容主要侧重于以下方面:(1)科学、民主的议事规则机制和决策程序。(2)完善的内部治理结构。③ 如设立会员代表大会、理事会、监事会等机构,明确不同机构的职能,促进不同机构之间的协调与监督,明确会长、副会长、常务理事、理事、监事、秘书长等组织管理人员的职责、职权分工。(3)规范的财务监督制度。对有关项目要认真把关,控制成本,制定详细的资金使用管理办法,降低项目的成本,缓解资金压力和降低使用风险。

---

① 参见盛婷婷:《我国社会组织参与社会治理中的政府责任研究》,长春工业大学硕士学位论文,2018 年,第 15 页。

② 王惠岩主编:《政治学原理》,高等教育出版社 1999 年版,第 235 页。

③ 社会组织的内部治理结构主要指社会组织的决策者、执行者、监督者的角色定位与关系,主要借鉴了公司模式。当前社会组织内部治理结构上的问题主要体现在监事会在大多数情况下形同虚设,难以发挥监督作用,导致部分社会组织结构失衡、治理失范。

(4)绩效评估机制。尤其要完善社会组织参与社会治理的第三方绩效评估体系。(5)完善的内部质量控制机制。社会组织应加大对自身的宣传力度,创立富有竞争力的品牌项目。

(三)进一步提升社会组织的筹资能力

资金不足是制约社会组织发展的重要因素。总体来说,我国社会组织资金来源渠道相对较窄,部分与政府有紧密联系的社会组织能获得一定的经费支持,如共青团、宋庆龄基金会、妇联等大型社会组织。[①] 大多数社会组织主要依靠会费、捐赠等,而我国的民间捐赠并不发达,这就使得很多社会组织缺乏有力的资金保障,影响了活动的正常开展,有些社会组织甚至处于名存实亡的状态。作为非营利性组织,社会组织离不开政府的扶持,但政府的扶持又不能惠及全部的社会组织,导致一部分社会组织不得不开展一些盈利性业务来维持自身的发展,甚至会采取违法手段获取利益。[②]

提升社会组织的筹资能力,可以从社会组织与政府两个层面来进行。从社会组织自身来说,应加强宣传,进一步扩大筹资渠道,减少对政府的依赖,依靠自身的服务质量和水平获得公众和社会的信任,构建筹资为导向的社会关系网络,从而获得更多的支持,增强社会组织自我发展的能力,促进社会组织的良性循环。从政府层面来说,应继续增强对社会组织的扶持力度;为部分处于初创期和成长期的社会组织提供一定的补贴。例如,根据《财政部、民政部关于印发〈中央财政支持社会组织参与社会服务项目资金使用管理办法〉的通知》和《民政部办公厅关于印发〈2018 年中央财政支持社会组织参与社会服务项目实施方案〉的通知》,2018 年中央财政支持社会组织参与社会服务项目共立项 463 个[③],这对于进一步提升社会组织能力和专业化水平,发挥社会组织优势,提升社会组织整体实力,助力社会治理创新,改善公共服务供给起到了积极的促进作用。同时,政府可以通过完善社会组织从业人员的社会保障机制、增加岗位类型、减免税、加强媒体宣传等方式来完善社会组织的发展环境。

---

① 参见谢玥:《我国社会组织参与社会治理中存在的问题及对策研究》,四川师范大学硕士学位论文,2017 年,第 52 页。

② 参见盛婷婷:《我国社会组织参与社会治理中的政府责任研究》,长春工业大学硕士学位论文,2018 年,第 15 页。

③ 参见《2018 年中央财政支持社会组织参与社会服务项目共立项 463 个》,新华网,http://www.xinhuanet.com/gongyi/2018-05/17/c_129874578.htm。

(四)加强社会组织人才队伍建设

社会组织不以营利为目的,而是致力于为社会提供公共服务,因此社会组织最为宝贵的资源就是人才。社会组织的成员要求具备较强的志愿精神和社会使命感。我国社会组织成员的素质偏低,大多数成员没有受过专业的培训,缺乏职业素养和决策能力。同时,少数社会组织成员由于自律性差,法治意识淡薄,在工作中存在违法乱纪的现象,寻租、贿赂、挪用公款等现象时有发生。因此,社会组织人才队伍建设对于社会组织的存续来说具有重要意义,应积极构建学习型团队,针对员工的专业化职业化不足的问题,建立健全外部学习交流机制以及内部培训机制、激励竞争机制、有利于人才开发和使用的管理机制①,着重提高社会组织人员在知识、技能、思维上的专业化与职业化水平,培养员工工作的灵活性与自主性,为社会组织成员设计好职业规划,提供规范、合理的晋升渠道,调动员工的积极性与主动性,发挥其特长,将员工个人的发展目标与社会组织的目标结合起来,实现社会组织人力资源管理的规范化。

同时,社会组织人才发展也需要政策的支持和保障。目前,我国关于社会组织在人力资源方面的法律和政策尚不完善。《国家中长期人才发展规划纲要(2010～2020)》《社会工作专业人才队伍建设中长期规划(2011～2020)》等主要为指导性原则,可操作性欠缺。因此,各级政府应结合社会组织发展的实际,制定符合社会组织人才发展需要的政策,将其纳入政府工作规划,进一步解决社会组织在职称、福利、户籍等方面存在的问题,为社会组织人才培育和成员权益保障提供政策支持。

三、探索多元化的参与模式

改革开放40多年来,特别是20世纪90年代后,我国社会组织进入了快速发展时期,目前已经形成了类别齐全的体系,在社会治理中发挥着越来越重要的作用,并且在一定程度上承担了政府转移过来的公共服务职能。作为一种多元社会力量载体,社会组织以合理的方式和渠道参与政策制定及执行过程,是发挥其积极作用的重要内容。

社会组织参与社会治理的重要方式之一就是调动组织成员的参与意识和积极性,做到有效参与。社会组织成员来自社会的各个阶层和领域,具有

---

① 参见周定财:《探索社会组织参与社会治理的新途径》,载《开放导报》2016年第6期。

服务范围广、灵活性强的优势，能够尽早感受到公众的需求，因而能迅速应对社会治理中出现的问题与矛盾。同时，社会组织成员的组成结构决定了社会组织更有服务公众的意识，有利于在政府与民众之间搭建沟通交流的平台。①

在创新社会治理工作中，政府与社会组织之间的协同治理显得尤为重要。社会组织既参与公共服务提供、矛盾纠纷解决，也参与政府相关政策的制定。社会组织参与政策制定的过程也有不同的方式。② 公众作为政府政策的作用对象和政策制定参与者，其利益表达和诉求对政府公共政策影响很大。

在当前的社会转型期，社会的利益结构发生了分化与重组。③ 从当前来看，社会组织作为社会治理的主体之一，其业务活动主要还是社会公益、慈善、社区服务等。从推进治理体系和治理能力现代化的层面看，要发挥社会组织在社会治理中的最佳效能，除了健全的法律法规保障外，还需要从资金扶持、人员培训、媒体宣传等方面予以探索。在这个意义上，我国社会组织要有效参与社会治理，须进一步思考各种制度化和非制度化的参与方式。

---

① 参见盛婷婷：《我国社会组织参与社会治理中的政府责任研究》，长春工业大学硕士学位论文，2018 年，第 14 页。

② 根据参与政策制定过程的制度化与否，NGO 对政策制定过程的参与方式可分为制度化参与和非制度化参与。制度化参与是指通过合法程序参与政策制定过程的参与方式。制度化参与包括直接参与方式和间接参与方式。比如，NGO 为社会成员提供公共物品是制度化直接参与方式，参加政府听证会而提出意见是制度化间接参与方式。非制度化参与方式是指 NGO 通过非正式的方式影响政策的制定。非制度化参与方式包括合法性间接参与方式和非法性间接参与方式。合法性间接参与方式有合法性集会或示威、研讨会等。非法性间接参与方式有非法示威、暴动等。非法性间接参与方式容易导致社会混乱或动荡。参见郑准镐：《非政府组织的政策参与及影响模式》，载《中国行政管理》2004 年第 5 期。

③ 原有的一体化社会利益格局被逐渐打破，新的利益群体和利益阶层正在形成。同时，公民的权利意识和维权意识在逐渐增强，其政策参与意识也在增强。在现代民主政治社会，相对于公民个人的直接参与，以社会组织为载体的组织参与是一种更为合理、有效的政策参与方式。社会组织作为政府和社会公众之间的中介机构，其目的在于向政府转达民众利益和要求，或者提出各种政策诉求和建议，协助政府改进公共政策，以维护社会的公共利益，实现国家、集体和个人利益的整合。参见高红、朴贞子：《我国社会组织政策参与及其制度分析》，载《中国行政管理》2012 年第 1 期。

第四节 建立科学的社会组织参与社会治理的第三方评估体系

近年来，党和国家高度重视社会组织工作，针对社会组织评估工作出台了一系列规定。2006年10月，中共十六届六中全会提出要“发挥各类社会组织提供服务、反映诉求、规范行为的作用”以及“引导各类社会组织加强自身建设，提高自律性和诚信度”①。为贯彻该精神，同时为了落实2007年5月国务院办公厅《关于加快推进行业协会商会改革和发展的若干意见》(国办发〔2007〕36号)中关于“加快建立评估机制”“建立行业协会综合评价体系，定期跟踪评估”的要求，2007年8月民政部发布了《关于推进民间组织评估工作的指导意见》(民发〔2007〕127号)，对开展民间组织评估工作的重要意义、基本要求以及加强对民间组织评估工作的领导等都作了规定，明确了民间组织评估工作的指导思想、主要原则、评估机构、评估内容、评估程序、评估登记。同时针对不同性质的民间组织特点，制定了不同组织的评估指标。② 这些规定也初步确立了对民间组织开展评估的体制框架。2007年8月16日，民政部下发了《关于印发〈全国性民间组织评估实施办法〉的通知》，规定了民间组织开展评估的详细要求、措施和遵循的原则等。③

---

① 《中共中央关于构建社会主义和谐社会若干重大问题的决定》，中国网，http://www.china.com.cn/policy/zhuanti/sljlzqh/txt/2006-10/18/content_7252302_2.htm。

② 包括行业性社会团体、公益性社会团体、学术性社会团体、联合性社会团体、基金会、民办非企业单位的评估指标。

③ 例如，《全国性民间组织评估实施办法》规定：“全国性民间组织评估工作，遵循政府指导、社会参与、分类评定、动态管理、客观公正的原则”(第二条)；“全国性民间组织评估不收取评估费用，所需经费由民间组织管理工作专项经费列支”(第三条)；“民政部设立全国性民间组织评估委员会，并负责对全国性民间组织评估委员会的管理、监督工作”(第六条)；“民间组织评估专家由民间组织登记管理机关、业务主管单位、政府有关部门、民间组织科研机构、会计师事务所、律师事务所和民间组织等有关专家组成”(第十二条)；“全国性民间组织评估委员会和评估小组在评估工作中，应严格遵照评估标准和本办法的规定，不得随意简化评审流程，在评估结果公布前不得对外泄漏评审情况”(第十四条)；“被评估民间组织对评估结果有异议的，可以自收到通知书之日起15日内向全国性民间组织评估委员会申请复核，全国性民间组织评估委员会自接到复核申请之日起60日内，给予书面答复”(第十六条)；“民间组织评估结果分为5个等级，依次为5A级(AAAAA)、4A级(AAAA)、3A级(AAA)、2A级(AA)、1A级(A)”(第十七条)；等等。

社会组织参与社会治理的能力水平直接关系到我国治理体系和治理能力现代化的水平，因此考察社会组织在社会治理中的作用具有积极的理论与实践意义，这就依赖于科学的评估体系。社会组织参与社会治理的评估包括社会组织的自我评估、相关的政府业务主管单位的评估、第三方机构的评估，本书重点探讨第三方评估体系的构建。

十九大报告明确指出，推进国家治理体系和治理能力现代化。[①] 可见社会治理在整个社会改革与发展中的重要作用。在社会治理的背景下，政府的角色是需要作进一步调整的，而第三方评估就是其中的重要抓手，尤其是在政府购买社会工作服务领域。而由于受到多种因素的影响，政府对于社会组织工作能力了解不足，导致其在社会组织选择上存在一定的盲目性，不利于社会组织管理水平的提升，这就需要运用科学的第三方评估体系，为政府提供直观的参考依据。这对于政府和社会的发展具有重要的意义。

一、对社会组织参与社会治理进行第三方评估的必要性

首先，这是政府社会管理工作发展的需求。在社会高速发展的背景下，政府社会管理工作的范围越来越大，这就需要政府投入大量的资金和人员来满足社会管理工作的基本需求。而这同时也会导致政府管理效率的低下。为了提升政府社会管理水平，需要将一部分职能转移给其他的社会组织，从而降低政府的工作压力。但部分社会组织所提供的社会服务质量较低，无法满足公众的需求，这对于政府的公信力产生了极大的负面影响。想要保障政府购买社会服务的质量过关，就需要建立科学的第三方评估平台，从而对社会组织的资质和服务能力进行评估。

其次，这是高效使用社会资源的需求。社会组织参与社会治理不仅能够提升政府的社会管理水平，还能够优化社会资源的分配体系，提升整个社会的发展水平。目前，我国政府对于社会组织参与社会治理的重要意义已有较全面的认识，社会组织参与社会治理已经成为政府和社会发展的重要途径。虽然目前社会组织还存在着发展不够成熟、专业能力不够强、组织结构不够规范等问题，但政府已经制定了相应措施促进其发展，政府购买社会服务也会逐渐向着正式化、规范化的方向发展。

---

① 参见习近平：《决胜全面建成小康社会 夺取新时代中国特色社会主义伟大胜利——在中国共产党第十九次全国代表大会上的报告》，人民网，http://politics.people.com.cn/n1/2017/1028/c1001-29613514.html。

二、对社会组织参与社会治理进行第三方评估的功能及价值

首先,有利于政府加强对社会组织的了解和监督。政府和社会组织的定位及分工不同,并且双方的信息不对等。受到多种因素的限制,政府往往对社会组织的资质了解不足,无法判断社会组织是否能够胜任社会管理工作。而通过建立第三方评估平台,可以对社会组织的资质和服务水平进行相应的评估,帮助政府更科学地选择社会组织,同时提升社会管理水平。而对于社会组织而言,通过第三方评估平台,可以对政府提供的社会管理项目有更透彻的了解,有利于社会组织用更合理的工作方法来完成社会管理任务。

其次,提升社会组织的能力及服务水平。政府提供扶持有利于社会组织的发展。然而,由于政府的资金有限,而社会组织的数量正在不断增多,导致社会组织之间的竞争愈发激烈。只有工作效率和服务水平高,并且能够获得政府更高满意度的社会组织才能够得到长期的发展。而在第三方评估机制下,工作能力更强的社会组织将被优先提供给政府部门进行考量,这有利于激励社会组织提高自身服务水平,整个社会的服务水平也会有显著提高。

最后,有利于推动社会组织的规范化发展。政府购买社会服务时,会将项目信息提供给第三方平台,第三方平台则有针对性地对社会组织的实际情况进行调查,进而评价社会组织是否有足够的能力承担政府项目。在这个过程中,可以让社会组织对于内部体系的建设有足够的认识,进而优化内部管理体系,提升项目管理能力,间接推动整个行业向着规范化的方向不断发展。

三、完善社会组织参与社会治理的第三方评估体系的途径

一是完善并优化第三方评估指标体系。目前,我国社会组织参与社会治理的第三方评估体系建设仍处于起步和摸索阶段,在许多方面还有不足,导致有关评估工作的开展具有难度。因此,有必要建立完善的评估体系,并且将各种评估指标进行量化处理。例如,对于政府作出的“达标”“有效”等指标,要做好量化和细化的处理,从而能更直观地体现社会组织的工作水平,进而提升第三方评估水平。

二是完善第三方评估的制度保障。第三方评估体系的建设正处于起步和摸索阶段,缺乏相关法律法规作保障,难以发挥第三方评估平台应有的作用。这就需要加强法律法规的建设,为评估工作奠定基础。例如,在一些发

展水平较高的城市或地区，可以先进行试点工作，通过为当地的第三方评估组织提供法律保护和合法地位，并建立完善的准入标准和监管问责制度，让第三方评估工作向着规范化的方向发展。

三是强化评估结果的运用。第三方评估的作用就是为政府提供直观的参考标准。因此，首先要保证评估结果具有专业性，针对项目选择评估模板，并建立相应的社会组织奖惩制度，以此提升社会组织的责任意识。其次，政府要将第三方评估结果作为重要的参考依据，在最终选择时，为评估结果赋值，以体现评估的重要意义。

第五节　创新社会治理案例：山东省青岛市崂山区“三建联动”网格化治理工作机制

青岛市崂山区地处山东半岛南部、青岛市东南隅，东、南濒黄海，西邻青岛市市南区、市北区，西北邻李沧区，北接青岛市城阳区和即墨区。东北、西南斜长 36.6 千米，东西宽 27.7 千米，陆域面积 395.79 平方千米。辖金家岭、中韩、沙子口、王哥庄、北宅 5 个街道、139 个农村社区、23 个城市社区。2018 年年末常住人口 44.59 万，人口自然增长率为 3.35‰。①

2017 年以来，青岛市崂山区以深入推进综合治理体系和治理能力现代化为总要求，紧紧围绕“打造共建共治共享的社会治理格局”这一目标，探索建立了以党的建设为引领，以社会建设和城市建管为重点，以网格化治理为主要手段的“三建联动”网格化治理机制，有力地推动了基层党的建设、社会治理、城市建管、民生保障、公共服务等领域工作实现新提升。经过一年多的实践，新的社会治理体系基本建立、运行良好，取得了阶段性成效，为奋力建设宜居宜业的现代化山海品质新城营造了和谐稳定的社会环境②，成为落实十九大社会治理部署要求的生动实践，是推动社会治理现代化的重要举措。崂山区“三建联动”网格化治理机制获评由人民网和国家行政学院联合主办的 2018 年全国“创新社会治理典型案例”优秀案例。③

① 参见崂山政务网，http://www.laoshan.gov.cn/n206250/n18207580/n18207699/n18207726/index.html。

② 参见《青岛市崂山区：创新“三建联动”网格化治理机制》，人民网，http://unn.people.com.cn/n1/2018/1203/c14717-30438567.html。

③ 参见《2018 年全国“创新社会治理典型案例”征集活动专家评审结果》，人民网，http://unn.people.com.cn/n1/2018/1212/c422247-30462678.html。

一、主要做法①

(一)高度重视,全力推进

崂山区委、区政府组织召开专题会、协调会、座谈会等60余场次,深入街道社区调研走访,带队赴湖北宜昌、贵州贵阳、重庆合川及兄弟区市学习考察,在此基础上,出台建立"三建联动"网格化治理机制的实施意见,正式启动建立以党的建设为引领、以社会建设和城市建管为重点,以网格化治理为主要手段的网格化治理机制。组建"一办五部",采取"推动落实不力就摘帽子让位子"的硬性措施,每周调度,严格考核,推动落实。

(二)协同联动,建章立制

全区上下牢固树立"一盘棋"思想和全局观念,各司其职、协作配合,按照"任务书、时间表、路线图",紧锣密鼓,加快进度,压茬推进项目建设落地。加大投入,做好财力保障、人员调配、平台建设等工作,在人、财、物等方面给予全面支持。成立崂山区社会治理指挥中心,规格正处级,核定编制20名;在城中心地段完成2500平方米的网格化指挥平台选址和装修改造;投入859万元,委托国内一流公司开发建设系统平台,为网格化治理提供先进技术支撑。

健全管理运行机制,以实施意见为总纲,制发"三建联动"网格化治理工作实施办法,明确组织架构、网格划分、治理平台、管理考核等全套业务规范,建立联席会议、工作例会等制度;健全事项准入机制,出台了《"三建联动"网格化治理工作事项准入办法(试行)》以及专职网格员工作事项、处置标准规范等制度,实行网格工作事项"准入制"、非准入事项"回绝制"以及网格管理"否决制";健全事件处置机制,出台了《"三建联动"网格化治理平台事项处置管理办法(试行)》,指导街道和相关职能部门开展事项处置工作,并跟踪反馈、督查考核。根据工作需要,还建立了移动终端使用管理、网格员队伍建设等一系列配套制度,提升了网格化治理工作制度化、规范化、标准化水平。

二、"三建联动"网格化治理体系②

(一)"三建联动"网格化治理体系和组织架构

崂山区五级"三建联动"网格化治理架构如表5-1所示。

---

① 参见《青岛崂山:创新"三建联动"网格化治理机制》,http://sannong.haiwainet.cn/n/2018/1101/c457131-31427151.html。

② 参见《青岛市崂山区:创新"三建联动"网格化治理机制》,人民网,http://unn.people.com.cn/n1/2018/1203/c14717-30438567.html。

表 5-1　　　　　　崂山区五级“三建联动”网格化治理架构

层级	推进重点
区	建立网格化治理指挥平台，作为城乡治理信息集聚、案件处置、考核督办的枢纽，推动形成条块工作合力
街道	建立“网格治理中心”，以块为主进行要素重组和力量整合，落实源头治理责任
管片(片区)	建立“网格工作中心”，统筹实施党组织领导下的街区治理机制
社区	建立“网格工作站”，充分发挥“第一道防线”作用，做实源头治理、前端预防和便民服务
网格	配备专职网格员，认真履行信息收集、为民服务、社区治理等功能

(二)网格划分的标准及运行机理

崂山区“三建联动”网格划分具体如表 5-2 所示。

表 5-2　　　　　　崂山区“三建联动”网格划分内容

<table>
<tr><td rowspan="2">网格划分的标准</td><td>城市社区</td><td>原则上以 300～500 户为标准，并充分考虑物业小区、商务楼宇、公共场所及居民生活习惯等因素划分基础网格，横向到边，纵向到底，不留空白</td></tr>
<tr><td>农村社区</td><td>一般以 10～15 个居民小组划分基础网格</td></tr>
<tr><td rowspan="2">每个网格力量配备</td><td rowspan="2">“5＋X”</td><td>“5”即 1 名街道或社区干部(担任网格长)、1 名社区“两委”成员、1 名民警或协警、1 名居民小组长(楼长)、1 名专职网格员</td></tr>
<tr><td>“X”即网格内的代表委员、老干部、志愿者等。确定网格职责，集基层党建、社区建设、城市管理、安全生产、社会稳定、物业管理、公共服务、食药监管、市场监管、卫生计生 10 项内容于一体，推动各类服务资源在网格内聚集整合，实现“社情全掌握、服务全方位”</td></tr>
<tr><td rowspan="4">网格化治理内容</td><td colspan="2">将单元网格内的人、房、事、物、组织等全部纳入治理范畴</td></tr>
<tr><td colspan="2">运用信息化支撑，就是以数字城市技术为依托，开发“社区网格通”APP(应用程序)，运用大数据、云计算等技术，为五级网格化治理应用提供运行支撑</td></tr>
<tr><td colspan="2">坚持多元化参与，区街、部门建立总分平台，履行办案流转、信息研判、指导监管和督查考核等职责</td></tr>
<tr><td colspan="2">推送全程化服务，对全区 17 个部门单位进行政务数据资源整合，融合人口信息流、业务流、工作流，将公共便民服务贯穿于网格化治理全过程</td></tr>
<tr><td>网格化治理目标</td><td colspan="2">准确地掌握社情民意、群众需求，积极主动地提供服务、回馈帮助，实现治理到位、服务下沉</td></tr>
</table>

(三)突出党建引领,强化队伍建设

崂山区委印发了《关于加强和改进非公有制经济组织和社会组织党建工作的实施意见》和《关于全面加强城市基层党建工作的实施意见》,通过单独建、联合建等方式,依据党员分布,在网格上组建党支部或党小组,开展党员教育管理监督、收集社情民意、调解矛盾纠纷、宣传政策法规、服务居民群众、扶贫帮困解难等工作。目前,在网格上共建立党支部、党小组 514 个,全区 1000 余个党组织、2.7 万余名党员全部被纳入网格管理。①

强化队伍建设。一是严把入口。将原从事社区"党员教育、社会救助、社会保障、安全生产、社区文化、计划生育、人民调解"等工作的协管员转岗为网格员,人员不足的由街道组织招聘,辞职造成空缺的由区指挥中心据实批复进行补录。二是规范管理,严格考评。制定了崂山区《专职网格员管理办法(试行)》《"三建联动"网格化治理平台调度工作人员管理办法(试行)》等文件,从权利义务、招录培训、职责任务、管理考核及责任追究等方面入手,努力建设一支政治素质好、业务能力强、服务水平高的专业化、职业化、规范化的网格化治理工作队伍。三是提升素质,严明作风。结合日常工作,开展了学习十九大精神、爱民为民助民等系列教育,定期组织党团志愿服务活动,凝聚正能量、提升精气神。出台了《"三建联动"网格化治理工作管理体制建设规范(试行)》,建立支队、大队、中队、分队、队员五级建制序列管理体制模式,使全体网格化治理工作人员明确和认真履行职责,维护良好的内外关系,建立正规的管理、培训、工作、生活秩序,培养优良的作风。

三、主要启示

(一)加强党建工作,发挥党的政治优势是根本

崂山区把加强社会治理作为巩固党的执政地位、维护人民群众利益的有效手段,在社会治理的过程中坚持党的领导,使得社会治理具有坚强的政治保障。近年来,崂山区坚持以党建工作引领网格化治理全局,不断优化全区党组织设置,力争实现党建与社会治理同步推进、融合发展。崂山区充分发挥党组织的领导核心作用,加快构建党组织架构,明确工作职责,形成区、街道、管区、社区、网格五级有机衔接、有序推进、有效运转的组织管理体系。加快推进网格党组织建设,通过成立网格党支部或党小组,将党的根基扎深

---

① 参见《青岛市崂山区:创新"三建联动"网格化治理机制》,人民网,http://unn.people.com.cn/n1/2018/1203/c14717-30438567.html。

在网格，党建活力激发在网格，战斗力生成在网格，统筹协调推进网格工作。加强管区建设，充分履行管区党建引领、统筹推进的职责，将管区建设成为开展公共服务、化解社会矛盾的基层核心。① 可见，网格化治理体制实质上是党统揽全局、协调各方的体制，有利于在新时期汇聚社会各方力量，解决社会治理中的薄弱环节。

（二）发动群众广泛参与、激发基层社会治理活力是保证

居民是社区的主人，在创新社区治理中发挥着重要作用。在社区治理中，应进一步创新发动群众自我治理的方法和手段，依靠群众解决好社区治理面临的各种问题。以崂山区金家岭街道为例，该街道目前拥有200多名专职网格员。他们按照“一人一格、综合履职”的要求，主要负责网格内人、房、物、事、情、组织等基础信息的采集、上报和为民服务、社区治理等工作，重点当好“十大员”，即“基础信息采集员、社情民意信息员、党建工作联络员、特殊群体服务员、社区事务监督员、居民事务代办员、文明新风倡导员、政策法律宣传员、矛盾纠纷调解员、治安安全巡查员”。根据部署，协助做好基层党建、社区建设、城市管理、安全生产、社会稳定、物业管理、公共服务、食药监管、市场监管、卫生计生等方面的工作。② 崂山区网格化治理模式体现了党的群众路线制度化，激发了群众对社区治理的积极性与主动性，扩大了社会治理的群众基础。实践证明，群众积极性是社区治理的主力军，群众积极性发挥如何，直接决定了社区治理的成败。在基层治理中，应进一步强化群众自治的功能，充分发动群众参与基层社会治理，发挥群众集体智慧，增强群众参与社区治理的责任感，促进群众在社区治理中作用的发挥。

---

① 参见《加强“三建联动”网格化治理机制　深入推进崂山社会治理现代化》，青岛新闻网，http://www.qingdaonews.com/content/2017-12/13/content_20063377.htm。

② 参见《金家岭街道创新社会管理　“三建联动”网格化治理获赞》，半岛网，http://news.bandao.cn/news_html/201805/20180511/news_20180511_2829216.shtml。

第六章　新型政社关系：治理背景下政府购买社会工作服务的实践创新

政府尽管具有社会性职能，是公共服务最为重要的提供主体，但政府不是万能的，无法将触角延伸到社会生活的方方面面。党的十八届三中全会《决定》指出："适合由社会组织提供的公共服务和解决的事项，交由社会组织承担。"[①]这为新时期公共服务需求与供给之间的不匹配情况提供了新的解决方案。在政府简政放权后，社会组织可充分发挥自身的优势，承担部分公共服务职能，从而扩大公共服务的覆盖范围，满足新时期公众日益增长的多样化、个性化服务需求。[②] 政府购买公共服务是社会组织承担部分公共服务的有效方式，有学者将政府"购买"公共服务形容为从权力走向合同的运动。[③]

第一节　政府购买社会工作服务：新型社会治理机制

一、政府购买社会工作服务的时代背景

当前来看，我国公共需求结构正在发生越来越显著的变化，一个很重要的方面就是政府财政收入增幅缩水。[④] 2011～2016 年，全国公共财政收入增速

---

① 《中共中央关于全面深化改革若干重大问题的决定》，人民网，http://cpc.people.com.cn/n/2013/1115/c64094-23559163.html。

② 参见谢玥：《我国社会组织参与社会治理中存在的问题及对策研究》，四川师范大学硕士学位论文，2017 年，第 18 页。

③ 参见[美]菲利普·库珀：《合同制治理——公共管理者面临的挑战与机遇》，竺乾威、卢毅、陈卓霞译，复旦大学出版社 2007 年版，第 49～51 页。

④ 参见《2017 年中国财政收入来源及财政支出投向情况分析》，中国产业信息网，http://www.chyxx.com/industry/201804/630751.html。

呈下降趋势;2017 年,全国一般公共预算收入为 17.3 万亿元,同比增长 7.4%,较 2016 年增加 2.9 个百分点,增速在过去 5 年来首次出现回升。而 2018 年全国一般公共预算收入为 18.3 万亿元,同比增长 6.2%。可见,增幅出现缩水。

伴随财政收入增幅缩水的同时,近年来刚性需求①支出不断攀升。同时,群众保护自身权益的意识与能力越来越强,参与社会治理的积极性日益高涨,人民日益增长的美好生活需要和不平衡不充分的发展之间的矛盾越来越突出。在这种大背景下,以往的行政主导型的公共服务供给模式已不能适应经济社会发展的需要。因此,解放思想,进一步释放社会活力,加大社会领域的改革力度②,成为当前政府面临的重要议题。

党的十八大强调,要加强和创新社会管理,改进政府公共服务方式。2012 年 11 月,民政部、财政部发布了《关于政府购买社会工作服务的指导意见》(民发〔2012〕196 号),对政府购买社会工作服务的指导思想、工作原则和主要目标,政府购买社会工作服务的主体、对象、范围、程序与监督管理,加强对政府购买社会工作服务的组织领导等作出了明确规定。2013 年 9 月,《国务院办公厅关于政府向社会力量购买服务的指导意见》(国办发〔2013〕96 号)明确要求在公共服务领域更多利用社会力量,加大政府购买服务力度并提出指导意见。2013 年 11 月,党的十八届三中全会《决定》指出,"要激发社会组织活力","适合由社会组织提供的公共服务和解决的事项,交由社会组织承担",将创新社会治理体制、加大向社会力量购买服务力度放在更加突出的位置。③ 2014 年 4 月,民政部又发布了《关于进一步加快推进民办社会工作服务机构发展的意见》(民发〔2014〕80 号),进一步强调要加快推进政府购买社会工作服务。党的十九大报告提出,"完善公共服务体系","建设人民满意的服务型政府","发挥社会组织作用,实现政府治理和社会调节、居民自治良性互动"。④由此可见,政府购买社会工作服务已成为新时期我国政府治理转型和社会管理创新的有益尝试和制度化选择。

---

① 需求是指消费者在一定价格条件下对商品的需要量。刚性需求指在商品供求关系中受价格影响较小的需求。

② 参见王名:《社会组织与社会治理》,社会科学文献出版社 2014 年版,第 309 页。

③ 参见《中共中央关于全面深化改革若干重大问题的决定》,人民网,http://cpc.people.com.cn/n/2013/1115/c64094-23559163.html。

④ 参见习近平:《决胜全面建成小康社会 夺取新时代中国特色社会主义伟大胜利——在中国共产党第十九次全国代表大会上的报告》,人民网,http://politics.people.com.cn/n1/2017/1028/c1001-29613514.html。

二、社会工作服务的概念

社会工作服务属于专业服务，主要是由社会工作专业人才提供的服务，包括困难救助、矛盾调处、人文关怀、心理疏导、行为矫治、关系调适、资源协调、社会功能修复和促进个人与环境适应等。在这一过程中，需要采用专业方法，同时需要考虑接受服务人群的切实需要。而政府购买社会工作服务，则是政府利用财政资金，采取市场化、契约化的方式，面向具有专业资质的社会组织、事业单位、企业和机构等购买社会工作服务的一项重要制度安排。深入推进政府购买社会工作服务，是改进现代社会管理服务方式的客观需要，对于加快政府职能转变，建设高效政府、服务型政府，有效满足人民群众日益增长的个性化、多样化社会服务需求，具有十分重要的意义。

第二节　政府购买服务的理论依据

一、政府购买服务的起源及相关理论

购买服务，又称服务“合同外包”(contract out)。早在18～19世纪的英格兰，公共服务由私人部门签约承包是很平常的事，购买服务涉及的范围也很广，涉及监狱管理、道路维护、公共税费的收缴、垃圾收集、路灯的制造和修理等。法国、澳大利亚、美国的情况也基本如此。① 20世纪80年代以后，随着西方国家出现一系列问题，如“福利危机”、财政赤字、公共服务供给不足等，新公共管理等理论逐渐兴起。

从新公共管理到新公共服务，购买服务经历了由关注成本与效率到兼顾公平、服务质量、公共价值与责任等的过程。② 购买服务产生的理论根源，主要是来自市场、政府和志愿“失灵”的压力。随着经济活动越来越复杂以及市场失灵越来越频繁，经济学家开始对政府的匡正作用进行新的探讨。③

---

① 参见句华:《美国地方政府公共服务合同外包的发展趋势及其启示》，载《中国行政管理》2008年第7期。

② 参见王名:《社会组织与社会治理》，社会科学文献出版社2014年版，第311页。

③ 参见文贯中:《市场机制、政府定位和法治——对市场失灵和政府失灵的匡正之法的回顾与展望》，载《经济社会体制比较》2002年第1期。

所谓市场失灵(market failure),主要是指市场无法有效率地分配商品和劳务的情况。① 众所周知,只要有市场就会有竞争,竞争失灵会带来市场失灵。造成市场失灵的一个很重要的原因即公共产品(public goods)。公共产品的消费具有非竞争性和非排他性,即一部分人消费或使用该公共产品,不能阻止其他人也消费或使用该公共产品,这就使得市场缺乏提供公共产品的积极性与主动性。按照市场失灵理论,在有些人口规模较大的社区里,往往会出现市场提供公共产品不足的现象。在此情形下,就需要由政府来提供公共产品。② 当市场失灵达到一定的程度时,市场的优势就会消失,市场配置资源的功能也就失灵了。此时政府为保证市场的有效运作,就需要制定一定的政策来约束市场,发挥应有的经济职能来应对市场失灵问题。③

但政府不是万能的,会出现政府失灵。所谓政府失灵(government failure),简单来说,是指政府为了防止或弥补市场的失灵,加强对经济、社会生活的干预及调控。但在这一过程中,由于政府自身存在局限性以及其他的客观原因,也会出现一些问题与不足,导致政府不能使社会资源配置达到最佳效果。当前,随着经济社会的发展,政府与市场双重失灵的现象也不断出现。为了更好地约束和管制市场,政府出台了很多制度政策,但好的制度政策并不一定得到有效执行,有时仅是象征性地执行,比如2008年轰动全国的"三鹿奶粉"事件。④ 三鹿集团作为石家庄市的骨干企业,是地方纳税大户。据媒体报道,其实早在2008年8月初三鹿集团就已得知奶粉中含有三聚氰胺,当地政府也立即介入,但并未全面披露相关的信息,而是在媒体全面曝光之前,试图保护这家骨干企业,将事件进行低调处理。地方政府对企业不

---

① 市场失灵还有一种情形是市场力量无法满足公共利益。

② Shujian Zhang & Kuai Peng, "Public Service of City Government and Political Trust from Resident: An Analysis Based on 1992-2015 Hong Kong Livelihood Data," *Emerging Markets Finance and Trade*, Vol. 55, No. 7, 2019, pp. 1486-1496.

③ 政府可采取的政策主要包括:第一,提供公共物品,做好基础设施的建设,为经济的持续发展提供条件。第二,完善顶层设计,建立健全政治、经济、法律等制度体系,及时出台经济发展规划。第三,合理运用经济调控手段,如利率、汇率、税收、国债、预算等,发挥财政政策和货币政策的作用,做到促增长、调结构等。第四,协调区域发展,建立健全社会保障制度,缩小城乡之间的差距。

④ 根据公布的数字,截至2008年9月21日,因使用婴幼儿奶粉而接受门诊治疗且已康复的婴幼儿累计39965人,正在住院的有12892人,此前已治愈出院1579人,死亡4人。中国国家质检总局公布对国内的乳制品厂家生产的婴幼儿奶粉的三聚氰胺检验报告后,事件迅速恶化,包括伊利、蒙牛、光明、圣元及雅士利在内的多个厂家的奶粉都被检出三聚氰胺。参见https://baike.so.com/doc/5381224-5617536.html。

利信息的遮盖和保护恰恰助长了企业的不法行为。①

面对市场与政府都可能存在失灵的情形，需要明确公共政策的价值取向，实现政府、市场、社会成员三者之间的立体互动，综合治理政府和市场的双重失灵。介于市场、政府之间的非营利性组织具有公益性和志愿性特征，成为新时期解决政府与市场失灵的重要途径之一。然而，非营利性组织并不能完全解决政府与市场失灵。②

萨拉蒙提出第三方治理理论，对国家与社会的合作关系进行了理论上的阐释与论证。第三方治理理论认为，公共机构与私人机构间的共享包括责任、信息等的共享，也包括公共部门和私人部门的大量混合。由于不同部门之间为实现特定的共同目标而共同行动，这种行动模式加剧了公共管理的难度与复杂性，政府的监督控制更加复杂。③ 图 6-1 向我们简要展示了萨拉蒙"政府—非营利部门伙伴关系理论"。

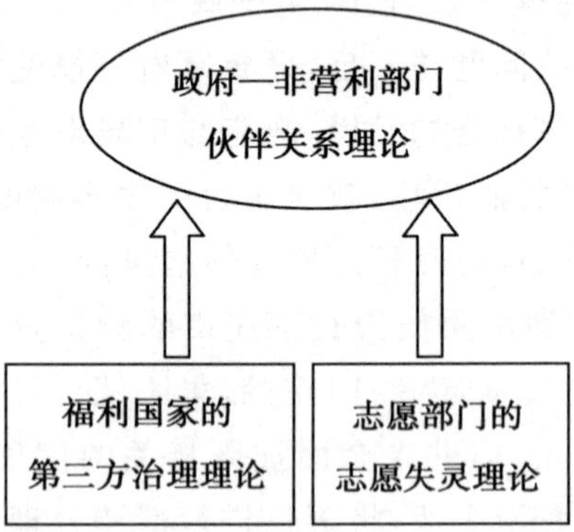

图 6-1　萨拉蒙"政府—非营利部门伙伴关系理论"

① 参见江永清、徐辉:《共生态困境:政府、市场双重失灵的治理——兼对三鹿婴儿奶粉事件多维剖析》,载《武汉大学学报》(哲学社会科学版)2019 年第 1 期。

② 美国著名学者萨拉蒙在其著作《公共服务中的伙伴——现代福利国家中政府与非营利组织的关系》一书中提出了"志愿失灵"理论，认为非政府组织存在以下几方面的缺陷:第一，慈善不足。非政府组织活动所需要的开支与所能筹集到的资源之间存在巨大的缺口。第二，非政府组织往往存在家长作风，实际掌握经济资源的人对如何使用资源有较大的发言权，不必对公众负责和接受监控。第三，非政府组织的业余性。非政府组织强调的是志愿性，工作常常由有爱心的志愿人士担任，这不可避免地影响组织绩效和服务产品质量。第四，非政府组织对象的局限性。作为政府失灵的一种补充，非政府组织服务的对象往往只是某些特定的社会群体，如特定的种族、特定的宗教、特定区域的居民、特定的性别和年龄。参见毕婷:《萨拉蒙志愿失灵理论之探析》,载《中国商界》2008 年第 10 期。

③ 参见[美]萨拉蒙:《公共服务中的伙伴——现代福利国家中政府与非营利组织的关系》,商务印书馆 2008 年版，第 45、204 页。

政府与社会具有合作的内在动力和现实基础,也催生了政府购买服务这种政社合作机制,并且这种新型合作伙伴关系已成为时代的主流。即使是在20世纪90年代以后全球公共部门民营化日渐式微的背景下,政府购买服务依然保持了高昂的发展态势,其发展方向似乎已不可逆转。[①] 我国政府在社会治理中,主要是控制社会治理大局,引导社会治理方向,而不是承担全部微观社会事务。[②] 政府购买社会服务,有利于推动政府的职能转变,也可以让社会组织获得资金收入,从而实现政府与社会组织之间的良性互动。

二、多元共治:政府购买社会工作服务机制的逻辑起点

(一)治理与新公共治理理论

"治理"(governance)最早起源于希腊语 kybernan 与拉丁语 gubernare,原意主要指控制、指导或操纵。[③] 20世纪后半期以来,市场经济获得飞速发展,新科技革命出现,社会利益主体呈现多元化。随着社会公共领域的形成,公众的自主意识也日益增强。面对日益复杂的社会、经济问题,政府开始在市场之外寻求新的解决途径。作为与传统的"统治"概念相对应的概念范畴,"治理"理念被广泛应用到政治、经济以及社会等领域。[④] 20世纪90年代,联合国全球治理委员会关于治理提出了4项特征:其一,治理并非一套规章条例,也非一种活动,而是一个过程;其二,治理的建立以调和为基础,而非支配;其三,治理的过程同时涉及公、私两个部门;其四,治理并不意味着一种正式的制度,但确实有赖于持续的相互作用。[⑤]

从国外政府购买服务的实践来看,其理论依据大致有三个:新公共管理理论,新公共服务、公民社会理论,第三条道路理论。[⑥] 新公共治理是目前国内外最新、最契合政府购买社会工作服务的理论视角。"新公共治理"(the

---

① 参见詹国彬:《需求方缺陷、供给方缺陷与精明买家——政府购买公共服务的困境与破解之道》,载《经济社会体制比较》2013年第5期。

② 参见盛婷婷:《我国社会组织参与社会治理中的政府责任研究》,长春工业大学硕士学位论文,2018年,第16页。

③ 参见鲍勃·杰索普:《治理的兴起及其失败的风险:以经济发展为例的论述》,漆芜译,载《国际社会科学杂志》(中文版)1999年第1期。

④ 参见陶希东等:《共建共享:论社会治理》,上海人民出版社2017年版,第2页。

⑤ 参见玛丽-克劳德·斯莫茨:《治理在国际关系中的正确运用》,肖孝毛译,载《国际社会科学杂志》(中文版)1999年第1期。

⑥ 参见张汝立、陈书洁:《西方发达国家政府购买社会公共服务的经验和教训》,载《中国行政管理》2010年第11期。

new public governance)一词由英国爱丁堡大学教授斯蒂芬·奥斯本(S. P. Osborne)在2006年正式提出。在《新公共治理？——公共治理理论和实践方面的新观点》一书中，奥斯本认为新公共治理作为一个独特的话语体系，是当代公共服务提供的一个重要范式，抓住了21世纪国家在主体多元和形势复杂背景下执行公共政策和提供公共服务的现实需求。① 在新公共治理理论下，合作乃最重要的机制，其价值基础是“多元、分散和相互竞争的价值的共存”，在其网络结构中，“多元主体共同致力于公共服务的提供，多元价值的共存成为常态”。② 从当前推进治理体系和治理能力现代化的背景来看，多元价值的共存更有利于促进公共价值的生成；不同于以往的“管制国家”理论③，新公共治理理论下政府不再是“划桨”，也不是“掌舵”，而是更加关注服务以及与组织之间的关系，因此对新时期服务型政府的构建以及政府在治理现代化中的角色定位具有重要的引导意义。

（二）政府购买服务的必要性

政府购买服务的理念和模式最初来自西方福利国家，主要由政府部门与相关的民间社会组织签订契约，由民间社会组织向既定的目标受众提供特定服务的一种方式。该模式经过几十年的发展逐步被应用于中国社会工作服务领域。

一般而言，公共服务主要指政府运用公共权力和掌握的公共资源，向公民以及机构提供的各项服务。当然，公共服务的内容不是一成不变的，在不同地区不同时期，服务的内容及方式都会有所不同。随着市场经济的不断发展壮大，政府提供服务的方式已由传统的直接提供向间接提供转变，政府不再包揽全部公共服务事项，而是将其中的部分事项交由具有相应资质和能力的社会力量承担，政府依照合同约定对其提供的服务支付费用。20世纪90年代中期以来，我国政府购买公共服务开始发展起来，并在养老服务、农村医疗服务、弱势群体服务、社区服务等领域获得一定的发展。随着生活水平的提高，人们对服务型政府的期待越来越高，部分地方政府在其他非基本公共服务领域（如城市管理、产业发展、科学研究和技术开发）也开始探索

---

① 参见［英］斯蒂芬·奥斯卡：《新公共治理？——公共治理理论和实践方面的新观点》，包国宪、赵晓军译，科学出版社2016年版，第36页。

② 参见包国宪、赵晓军：《新公共治理理论及对中国公共服务绩效评估的影响》，载《上海行政学院学报》2018年第2期。

③ W. C. Robert "Restraining the Regulatory State," *Regulation*, 2017, No. 4, pp. 44-46.

引入政府购买服务的模式。

2014 年全国政府购买服务工作会议指出,要完善服务购买平台,在 2020 年前基本形成较为健全的制度体系。由此可见,由政府向社会购买公共服务已成为新时期我国政府治理转型和社会管理创新的有益尝试和制度化选择。从目前各地实践来看,已有部分地方政府在购买公共服务领域中采用了“政府购买,民间运作”的方式,但由于政府购买社会工作服务的实例相对较少,因此缺乏相对成熟的模式。

第三节　政府购买社会工作服务的实践基础、功能定位及现状分析

一、新型政社关系:政府购买社会工作服务的实践基础与功能定位

(一)国内外已有实践提供了模式借鉴

20 世纪 60 年代开始,部分发达国家和地区如美国、日本、英国等,已开展政府购买服务,经过 60 年的发展,购买服务的实践与技术运作已形成相对成熟的模式,这就为当前政府购买服务提供了基础与借鉴。今天,伴随着责任型政府、服务型政府目标的提出,提供完善的公共服务成为政府职能的主要特征和主要内容。① 目前,国内已有部分地区开展了此类实践,如广东、北京、上海、山东、浙江等省市,在政府购买公共服务方面作出了许多有益的探索和实践,为今天政府购买社会工作服务提供了经验,也在技术层面为我国政府购买社会工作服务的发展奠定了基础。

(二)新时期转变政府职能、推进治理体系和治理能力现代化的需求

近年来,经济结构升级压力持续增大,社会对社会工作服务需求日益增大。与此同时,部分地方政府也在逐步调整公共服务的投入方式。购买服务的方式一定程度上可以避免政府对公共服务资源的重复投入,减少人力、物力等的浪费。当前,随着一系列简政放权改革的大力推进,公共服务的多元化供给成为可能。政府在提供公共服务时可以有较多的选择余地。同时,随着事业单位分类改革的推进,传统的政府与部分科研单位的关系也发

① 参见魏中龙:《政府购买服务的理论与实践研究》,中国人民大学出版社 2014 年版,第 191 页。

生了转变，不再是直接的管理者与被管理者的关系，双方变为服务“购买方”与服务“供给方”。这些都为政府购买社会工作服务提供了现实的条件。

随着我国进入改革开放的“深水区”和全面建成小康社会的攻坚期，各种社会矛盾日益凸显，仅靠政府自身难以完全解决，需要社会多方面力量广泛参与、合力化解。地方治理作为国家治理的重要内容，成为全面深化改革的重点领域，需要继续推进地方政府创新性治理。① 在这个意义上，政府购买社会工作服务也是实现当前治理体系和治理能力现代化的必然要求，是政府部门面对日新月异的公共服务挑战所作出的积极响应。近些年随着国家简政放权改革的不断深化，再加上自主创新的各项扶持政策，社会工作服务机构也不断发展壮大。政府购买社会工作服务有利于满足多样化、差异化的公共服务需求，使社会工作服务机构能发挥自身所长，为社会提供多样化、个性化的公共服务，一定程度上完善了各级政府的公共服务职能。

二、政府购买社会工作服务的总体情况：以山东省为例

近年来，山东省各级政府高度重视政府购买社会工作服务工作，实践中也取得了一定的成就。

（一）深入贯彻落实党中央、国务院文件精神，积极出台配套措施办法

《山东省中长期人才发展规划纲要（2010～2020 年）》提出，要“研究制定政府购买社会工作服务政策”。为贯彻落实《山东省政府向社会力量购买服务办法》（鲁政办发〔2013〕35 号），推动省各级政府开展购买社会工作服务的工作，2015 年 9 月 2 日，省民政厅、省财政厅联合下发了《山东省政府购买社会工作服务实施办法》（鲁民〔2015〕54 号），对政府购买服务的承接主体②、购买主体、购买原则③等作了明确规定。重点对城市流动人口融入社会服务、农村留守人员社会保护服务、老年人和残疾人社会照顾服务、未成年人健康成长服务、特殊群体社会关爱服务、社区社会工作服务、受灾群众生活重建服务、社会工作宣传教育 8 项工作实施政府购买。政府购买社会工

---

① 参见孙涛、孙宏伟：《比较视野下的中国地方政府改革及其挑战》，载《行政论坛》2018 年第 6 期。

② 政府购买社会工作服务的承接主体主要是依法在民政部门登记，拥有一支能够熟练掌握和灵活运用社会工作知识、方法和技能的专业队伍，具备完善的内部治理结构、健全的规章制度、良好的社会公信力以及较强的公益项目运营管理和社会工作专业服务能力的社会组织。

③ 购买主体按照“受益广泛，群众急需，服务专业”原则进行购买服务。

作服务以购买服务岗位和购买服务项目为主，按照编制预算、项目审批、组织购买、签订合同、指导实施、检查验收等步骤组织实施。同时，建立健全由购买主体、服务对象及第三方共同参与的综合性绩效评价机制，绩效评价结果主动向社会公布，并接受社会监督。该办法的出台，为山东省各级政府开展购买社会工作服务，加快实现政府购买社会工作服务的制度化、规范化起了推动和指引作用。

同时，地方各级政府也纷纷出台了一系列规范性文件，对政府购买社会工作服务进行规范，如潍坊市 2016 年出台的《潍坊市政府购买社会工作服务实施办法》，青岛市在 2016 年协调制定的《青岛市政府购买专业社会工作服务实施办法》及配套制度，淄博市印发的《淄博市社会工作专业人才队伍建设发展规划（2016～2020 年）》，等等。这些都对地方政府购买社会工作服务起到了规范指导作用。

（二）完善购买程序，促进政府购买社会工作服务规范化实施

政府购买社会工作服务的程序主要包括：编制预算、项目审批、组织购买、签订合同、指导实施、检查验收等。

2016 年 6 月，枣庄市民政局在市中区举办了 2016 年政府购买社会工作服务项目签约仪式，此次共签约 29 个社会工作服务项目①购买合同，由枣庄市义工联盟、滕州市上善社会工作服务社等 29 个社会组织、社工服务机构提供项目服务。据悉，此次市级公共财政购买社会工作服务在山东省尚属首次，项目补助资金达 180 万元。②

---

① 这些服务项目包括"益暖空巢——社区高龄空巢老人关爱行动""花样年华——青少年社工服务项目""青檀助残——关爱残疾人"等。据了解，枣庄市 2016 年签约的 29 个项目在一年的时间内，在全市 20 个社区治理和服务创新示范社区落地实施。服务内容涉及社会福利、社区养老、社会救助、社区建设、婚姻家庭、精神卫生、残疾康复、教育辅导、矫治帮教、纠纷调解等领域，社区老年人、妇女、青少年、残疾人、留守儿童、失独家庭、低保户等特殊群体均获得社会工作专业服务，直接受益人数达 2900 余人，间接受益人数近万人。老年人养老、青少年禁毒、婚姻家庭矛盾、残疾人就业、留守儿童等社会问题得到一定程度化解。参见《政府购买社会工作服务 助力社会组织参与社会治理创新》，中国网，http://jiangsu. china. com. cn/html/2016/sdnews_0627/6171935. html。

② 为保证政府购买社会工作服务的规范化，枣庄市民政局、市财政局根据《山东省政府购买社会工作服务实施办法》，制定下发了《关于申报 2016 年度社会工作服务项目的通知》，明确了申报工作原则、申报主体、项目范围、申报流程和资金管理方法。经过单位申报、初审、专家评审、社会公示等程序，29 个社工项目从全市申报的 40 个项目中脱颖而出，分别获得 5 万～10 万元的政府资金资助。参见《政府购买社会工作服务首试水》，齐鲁网，http://zaozhuang. iqilu. com/zzminsheng/2016/0629/2873619. shtml。

2016 年 7 月 24 日，日照市民政局与济南众诚社会工作服务中心联合对聘用的 3 名社会工作者进行了岗前培训，并签订了相关协议。随后，3 名社工正式上岗。这是日照市首次探索开展的政府购买社会工作岗位服务项目。日照市社会工作起步较晚，社会工作专业人才匮乏，严重制约着社会工作事业的发展。为解决这一问题，2016 年日照市民政局根据《山东省政府购买社会工作服务实施办法》的规定，利用社区社会工作服务专项经费，向济南众诚社会工作服务中心采取公开招聘、择优录用的方式，购买 3 名专业社工的服务，将 3 名社工安排在市民政局及东港区社区建设管理局、日照经济技术开发区社会事业发展局专门从事社工专业岗位服务。

（三）购买范围逐渐扩大，资金投入逐渐增加

《山东省政府购买社会工作服务实施办法》出台后，山东省重点围绕城市流动人口、农村留守人员、老年人、残疾人、未成年人、特殊人群和受灾群众的个性化、多样化社会服务需求，组织开展政府购买社会工作服务。

政府购买社会工作服务的主要范围包括：城市流动人口融入社会服务，农村留守人员社会保护服务，老年人、残疾人社会照顾服务，未成年人健康成长服务，特殊群体社会关爱服务，社区社会工作服务，受灾群众生活重建服务等。山东省将有计划、有步骤地开展政府购买社会工作服务，逐步拓展政府购买的领域和范围。

（四）重视对社会工作组织的绩效评估和过程监督，引入第三方评估

潍坊市在 2016 年 8 月 5 日出台的《潍坊市政府购买社会工作服务实施办法》中明确提出："建立健全由购买主体、服务对象及第三方共同参与的综合性绩效评价机制，积极推进第三方评估，发挥专业评估机构、行业管理组织、专家等方面作用，对社会工作承接主体的计划管理、服务成效、经费使用等内容进行全面评价，并将社会工作服务机构的绩效评价结果向社会公布，接受社会监督。在绩效评价体系中，要侧重服务对象对社会工作服务的满意度评价。"并且在附件中明确了政府购买社会工作服务项目绩效评价体系。

枣庄市民政局建立第三方评估机制，加强对项目实施过程的监督，开展项目中期评估和末期评估，重点检查项目实施结果、受益对象、社会效益和经费使用情况。对评估合格的，将优先安排下一年度项目经费；对评估不合格的，将终止项目支持。

（五）重视培训和提升专业人才能力，提升社会工作服务的专业化水平

枣庄市民政局在 2016 年举办了社会工作服务项目专题培训班，邀请济南高校社会工作领域专家为 29 家社会组织共 78 人培训项目设计与运作、项目财务管理等知识。社会工作领域培训逐渐成为常态化。

2016 年年底，淄博市在印发的《淄博市社会工作专业人才队伍建设发展规划（2016～2020 年）》中提出："优化民办社会工作服务机构发展、政府购买社会工作服务等配套政策，加大政府购买社会工作服务岗位力度，增加社会工作岗位数量，增强公益慈善类等社会组织吸纳社会工作专业人才能力。其中，在城市社区社会工作专项计划中，鼓励城乡社区通过公开招聘、民主选举、竞争上岗、购买服务、挂职锻炼等方式配备社会工作专业人才。2017 年，在 30％的城市社区开展专项试点，推进现有社区工作者向社会工作专业人才过渡；2018 年，城市社区专业社会工作者配备率达到 70％；2020 年，实现每个城市社区至少设置一个社会工作专业岗位。"

在社会工作专业人才培养方面，青岛市进一步落实中央组织部等 18 个部门和组织《关于加强社会工作专业人才队伍建设的意见》，继续抓好社工人才队伍建设，逐步完善社会工作者专业化评价、注册登记及表彰奖励等工作。加大社会工作专业岗位开发力度，特别是城乡基层社区要注重岗位开发和社工专业人才的使用。以社区居民需求为导向，进一步完善政策措施，推进"三社联动"服务模式。探索开展农村社会工作，选取条件相对成熟的区市作为试点，推动薄弱地区的社会工作发展。此外，青岛市还鼓励区市及相关部门探索制定加强社会工作专业岗位开发和人才激励保障措施，提升全市专业社会工作人才增长率。2018 年 12 月，青岛市民政局、人社局、财政局等 12 部门联合出台《关于加强社会工作专业岗位开发与人才激励保障的实施意见》，提出坚持按需设岗、以岗定薪，分类指导、有序推进，保障基层、稳定一线的原则，积极推进社会工作岗位开发设置，完善社会工作专业人才薪酬待遇与激励保障措施。这是青岛市社会工作领域出台的又一关键性政策文件。①

三、治理现代化理念缺失：政府购买社会工作服务的挑战与困境

近年来，地方各级政府深入贯彻落实党中央、国务院文件精神，开始重视购买社会工作服务工作，积极出台配套措施办法，实践中也取得了一定的成就，但通过调研发现，地方各级政府在购买社会工作服务领域还存在一些不足，主要表现在：

① 参见《青岛出台实施意见 加强社会工作专业岗位开发与人才激励保障》，青岛政务网，http://www.qingdao.gov.cn/n172/n1530/n32936/181201075849369363.html。

(一)政府购买社会工作服务的范围难于扩展,购买方式相对单一,未能满足公共服务增长需求

地方政府购买社会工作服务的范围大多由地方性法规和规范性文件予以界定,一定程度上可以对政府购买公共服务起到引导和规范作用,有其必要性,但也存在一定的局限性。一方面,规范性文件法律效力层次较低,部分地方政府倾向于依托指导性目录进行购买,其效力明显低于强制性的集中采购目录,影响了指导性目录的实施效果。另一方面,地方政府制度设计存在不足和缺陷,如部分地方政府采用的购买指南、目录等规范性文件,对购买的范围缺乏清晰明确的界定,对具体的服务内容、服务所覆盖的人群等缺乏详细描述,对购买领域以及项目分类规定地不够细致,可操作性不强,难以保证服务质量和服务效果。

我国政府购买社会工作服务发展较晚,从目前发展程度看,尚处于起步阶段。之前由政府部门提供的公共服务,现在部分改由社会工作服务机构提供,这种转变不是一蹴而就的,需要各相关方、各环节予以配合。当前政府对公共服务对象的认识还不充分,购买社会工作服务的规模与日益增长的公共服务需求之间还有较大一段距离,且服务领域尚未形成稳定成熟的实践运作模式。同时,当前政府购买社会工作服务的方式相对单一,这也给政府财政带来一定压力。

(二)存在不当竞争和效率低下问题,社会工作服务机构独立性不强

程序正义被视为“看得见的正义”,在对社会工作服务机构选择的过程中,程序的正义有时比结果的正义更有价值,程序正义是实现结果公平正义的保障。当前政府购买社会工作服务在程序方面还存在一些不足,表现在两个方面:一是政府购买社会工作服务时采用的招投标程序不够规范,存在招标评判标准不完善、标书内容审查环节欠缺或不规范的情况。二是购买程序关系化和购买行为内部化问题突出,影响了程序正义。

尽管政府与社会工作机构签订了合同,但实践中还存在部分政府机构插手或干预社会工作机构的内部管理与具体工作安排的现象,二者并不是真正的平等关系,社会工作服务机构的独立性还需进一步加强。

(三)政府购买社会工作服务尚未满足公众最迫切的需求

从目前来看,政府购买社会工作服务主要还是以“政府为主导,社会被动参与”,缺乏对社会真实需要的回应。政府主导具有一定的优势,但过度主导则会带来一定的弊端,比如会导致社会工作服务机构或有关社会组织

对政府形成过度依赖的心理。从国外发达国家及地区政府购买社会工作服务的现实情况看,发达国家关注更多的是服务主体的多元化、服务方式的合作化与服务关系的伙伴化,社会工作服务机构与有关社会组织在资金筹集、职业规划、服务监督与评估、组织自身的制度建设等方面都有很大的主动性与自主性,社会工作服务机构具有较强的自我发展能力和积极主动参与社会服务的动力。因此,我国政府购买社会工作服务也应引导社会组织主动参与。

同时,政府购买社会工作服务主要从政府职责的角度出发,为购买而购买,部分地方政府将购买社会工作服务作为一项政治任务完成,没有考虑社会最紧迫的需要。具体表现在:一是购买社会工作服务的总量不大、选择范围不广。行业协会、研究会在政府购买社会工作服务中所占的比例较大,而一些投融资机构、科研院所、推广中心等所占的比例较小。实践中政府往往会选择附属于自身的事业单位、社会团体来作为服务提供者,公共资源流向不均匀,部分综合实力强、与政府存在附属关系的社会工作服务机构在竞争中占据优势地位,使得政府购买社会工作服务的竞争流于形式。二是社会组织参与政府购买社会工作服务的范围不够广,大多依据政府的意愿来提供服务内容。三是有关部门在实际购买社会工作服务的过程中,更多注重自己部门的职责,未将整个购买服务流程贯通串联,真正落到社会工作服务承接主体身上的权力相对有限,没有做到实质性的放权。① 这也使得社会工作服务提供过程存在某些风险因素,如供给效率低、服务质量难以保障等。

(四)"价低者得"——低成本动机下的道德风险

签订购买服务合同是当前政府购买社会工作服务的必经程序,体现了政府与社会组织双方在平等基础上的合作意愿。从政府方面来说,引入社会组织参与公共服务是为了降低其公共服务的执行成本,以较小投入完成其既定的行政决策目标与任务,从而较快地增加公共服务的数量。从社会工作服务机构方面来说,提供公共服务,可以获得一定的资金支持,既可以维持自身生存与发展,又能以提供公共服务的方式获取合法的身份与地位。但从实践来看,部分政府部门因为交易成本与自身精力的限制,有时会缺少对社会工作服务机构充分的筛选与考察,或者采取"竞争性谈判"的方式来选择,即实行"价低者得"的原则。服务价格的高低成为选择社会工作服务

① 参见刘鹏:《加快推进政府职能向社会组织转移》,载《吉林日报》2014年6月28日。

机构的一项重要标准。这就有可能使服务提供方出于成本的考虑,降低服务的质量,从而导致服务对象得不到满意的服务体验,一定程度上会影响政府在公众心中的形象以及社会的和谐稳定等,不利于政府购买社会工作服务的良性循环。

(五)政府缺乏对社会工作服务的评估与监管

从目前各地实践来看,科学的社会工作服务价格形成机制尚未形成。同时,社会工作服务的评估体系尚未建立起来,在评估内容、评估指标体系、评估结果运用等方面,相关的制度建设滞后,仍存在很大的提升空间。

目前,各地政府购买社会工作服务尚处于起步阶段,存在粗放式扩张的现象。化解政府购买社会工作服务所面临的问题,既需要从思想意识上予以认识,也需要正确看待与利益相关的管理问题。对于非营利性机构的政府而言,其很多活动无法实现量化,无法进行绩效考核,这就使得政府对其购买社会工作服务的成本、绩效、评估等问题关注不够,缺乏应有的监督与评估。从实践来看,政府对购买社会工作服务的监督主要体现在政府部门的内部监督上,缺乏外部监督,尤其是缺乏独立的第三方评估机构的监督。与此同时,部分政策的不完善以及少数权力寻租现象的存在,也影响了政府购买社会工作服务相关政策法规的真正贯彻落实,政府对服务对象的满意度缺乏关注,对服务对象的意见重视不够①,这些都在一定程度上不利于政府购买社会工作服务的发展。

尽管部分地方政府已经在政府购买社会工作服务中引入了第三方机构进行评估,但实践中第三方评估制度仍存在很多的不足与问题,最重要的问题是如何保证第三方评估的专业性、中立性、客观性等等。因此,建立一套规范、科学、合理的评估指标体系,使其真正在实践中发挥以评促建、以评促学等作用,仍是当前政府购买社会工作服务面临的重大课题。政府作为服务的购买者,有义务加强对服务项目的监管——既要对服务项目实施过程予以监管,也要对服务项目完成后的使用效果予以监督和评估,进行及时、有效的服务评价。这就需要在政府购买社会工作服务的实践中,不断摸索符合实际的、科学合理的评估量化指标,及时进行工作创新,既借鉴国外相关成熟的做法,也要坚持中国特色,从而探索出符合我国实际的政府购买社会工作服务的第三方评估机制。

---

① 参见李建辉:《浅议政府向社会组织购买服务——以广东省运作模式为例》,载《社团管理研究》2010 年第 6 期。

（六）社会工作服务机构数量不能满足实际需要，且服务能力有待提高

社会工作服务的性质决定了其对专业技术要求较高，且不同行业不同地域对社会工作服务的需求也存在区别。从实践来看，社会工作服务机构的数量与当前政府购买社会工作服务的需求并不相符，主体数量不足，而且在不同行业不同区域分布不均，部分社会工作服务机构存在服务内容与服务需求的脱节问题。①

第四节　新公共治理视角下政府购买社会工作服务机制的多维构建

政府购买社会工作服务是政府公共服务的重要方式和内容，也是地方政府实现治理体系和治理能力现代化的重要途径。以多元共治为逻辑起点，整合政府、市场、社会及公众的多维力量，可以形塑新时期地方治理的现代化风格。在新公共治理视角下要想实现购买社会工作服务能力的全面提升，政府应进一步转变治理理念，科学定位自身角色，设定购买社会工作服务的范围，完善对社会工作服务机构的监督与评估，提升社会工作服务机构的能力，以构建新时期政府购买社会工作服务的高效运行机制。

党的十九大报告提出，“完善公共服务体系”，“建设人民满意的服务型政府”，“加强社会治理制度建设，提高社会治理社会化、法治化、智能化、专业化水平”，“发挥社会组织作用，实现政府治理和社会调节、居民自治良性互动”。② 近年来，在职能转移和购买社会服务方面，中央到地方政府都进行了积极探索。对政府投入的方式予以调整，将政府的投入越来越多地转向公共服务领域，已成为新时期更好地满足社会需求的路径，同时也为提升政府公共服务经济效益与社会效益提供了新的方向。在我国经济社会步入新常态以及构建“共建共治共享”治理格局的背景下，进一步转变政府购买方式、提高社会工作服务水平和竞争力具有重要的现实意义。

---

① 参见王瑞敏、章文君、高洁：《公共科技服务平台构建和有效运行研究》，载《科研管理》2010 年第 6 期。

② 参见习近平：《决胜全面建成小康社会 夺取新时代中国特色社会主义伟大胜利——在中国共产党第十九次全国代表大会上的报告》，人民网，http://politics.people.com.cn/n1/2017/1028/c1001－29613514.html。

从新公共治理理论来看，政府不再是社会治理的唯一主体，社会组织、公众、市场、企业等都成为重要的主体，它们可以通过对话、合作、互动、协商等方式共同解决社会事务与矛盾纠纷。当前，我国经济发展既有机遇也有挑战，积极因素和风险挑战相互交错，社会格局与经济结构都在经历深度调整，这都在一定程度上影响着政府购买社会工作服务的发展方向。加强政府、市场、社会组织、公众之间的协调互动，搭建政府购买社会工作服务的平台，是完善新时期政府购买社会工作服务机制的必然选择。

一、进一步完善规范性文件

政府在制定购买社会工作服务相关规范性文件时，应科学设定购买的范围，结合当地的实际情况，注重购买的服务质量标准，突出可行性与可操作性。

科学界定购买社会工作服务的范围与事项，需要政府部门认真调研，切实根据社会对社会工作服务的真实需求来确定购买的范围。应逐步扩大购买服务的范围，将更多符合民众需求的社会工作服务纳入政府购买范围，并根据实际进行动态调整。随着市场经济的发展以及社会组织的发展壮大，多元治理已成为今天推进治理体系和治理能力现代化的必然要求。将更多的社会工作服务纳入政府购买的范围，通过政府购买实现社会工作服务供给市场化，有利于推动服务型政府的建设，也有利于提升政府公共服务的效率。一方面要进一步突出政府购买社会工作服务内容的公益性、公共性，坚持以人民利益为中心，以社会公共利益为导向，对政府失灵的领域进行科学界定，将适合由政府向社会购买的社会工作服务及时纳入购买范围。另一方面，要强化原则性，将涉及国家安全、保密的事项列入禁止事项，不得将此类事项纳入购买范围，目的是防止政府将相关职责转嫁给社会，从而侵害国家以及社会公共利益。

政府购买社会工作服务的范围与内容确定后，应根据社会发展的实际需要进行动态调整。比如部分地方政府近些年大力推进“放管服”改革，对政府购买社会工作服务的范围应与“放管服”改革相结合，努力为打造服务政府、法治政府服务。要遵循积极稳妥、循序渐进、分层次分步骤推进的方针。在购买范围上，要与各地经济社会发展进程、水平、财政承受能力相匹配，要考虑当地社会工作组织或机构的发展水平和承接能力、服务项目的可操作性等，杜绝随意调整。在购买形式上，要因时因地采取不同的方式。

二、转变治理观念,奠定正确的理念基础

政府部门不再是传统的社会工作服务的直接提供者,其角色变为“购买者”“监管者”和“引导者”,因此需要政府及时转变治理理念,进一步明确自身的职能定位。在当前多元治理的大背景下,传统的政府提供公共服务的方式与今天多样化的民众服务需求不匹配,地方政府面临治理理念与治理方式的转变,服务型政府的建设面临新的挑战。吸引市场与社会力量参与部分公共服务的供给成为解决这一困境的有效方式,由政府向社会购买社会服务成为助推政府职能转型的制度选择。在这一过程中,应以公民需求为本位,坚持多中心社会治理格局,进一步形成政府与社会工作服务机构之间平等、互助、合作、共赢的伙伴关系。

一是进一步与当前简政放权改革的大背景相结合,打造多元化公共产品供给模式,改变传统的政府管理、服务体制。政府不再包揽所有的社会管理、服务事项,而是坚持“政府主导,多元参与”的公共服务产品供给模式,将适合由市场与社会承担的权责交由市场与社会承担,与市场、社会充分合作。

二是进一步做好政府自身的角色定位,打造“有限”政府、责任政府。地方政府应进一步转变观念,摒弃既当“裁判员”又当“运动员”的模式,将工作的侧重点向制定合理的服务发展规划与科学的服务标准、服务评估体系上转变。

三是打造政府与社会工作服务机构的平等伙伴关系,实现二者优势互补,打造多元治理格局。在政府购买社会工作服务的过程中,为服务机构提供必要的帮助与指导,同时关注对服务机构的监督与考核,确保社会工作服务机构的服务质量。

三、加大对社会工作服务机构的扶持力度

实践中,随着政府购买社会工作服务的规模逐渐扩大,应确立社会工作服务购买的多元化发展方向,进一步强调市场的地位与作用,以避免政府失灵;加强政府对市场的培育和监管,科学设置社会工作服务机构准入门槛,提供多种举措支持社会工作服务机构和组织参与竞争;对政府购买的流程、方式等进行完善,建立科学、开放、有序的购买市场体系。同时,政府应积极推进科技创新与发展,鼓励和支持地方社会工作服务机构发展,加快培育一批高水平的社会工作服务机构并加快专业人才队伍建设,提高服务机构的

专业能力和水平。

一是不断完善政府购买社会工作服务的财政保障制度。政府购买社会工作服务的范围与规模受制于财政性资金的充裕程度。地方政府应在不断完善社会工作服务集中采购目录的前提下，确保财政资金的保障力度，要及时掌握地方经济发展的实际，使政府购买社会工作服务更好地服务于当地经济社会发展的实际需求。

二是积极扶持社会工作服务机构，提高社会工作服务机构与组织的服务能力。政府应通过科学合理的制度设计，扶持社会工作服务机构的发展，如科学设定门槛、进一步简化登记手续等，扩大社会工作服务机构发展的空间，实现其规模的壮大和数量的增长，为政府提供更大的选择范围。要进一步完善对社会工作服务机构的人才培训、税收优惠政策，努力打造社会工作服务机构孵化园，对其进行专业辅导，努力提高社会工作服务机构承接项目的能力。

四、强化合同管理和监管评估，完善第三方评估制度体系

政府购买社会工作服务可以更好地发挥市场在资源配置中的决定性作用，同时也可以更好地发挥政府服务社会的功能①，使政府在科技管理服务中更多地关注社会多元化的需求，从而更好地化解政府科技服务与实际需求相脱节的矛盾。但重视市场的作用不意味着政府放任不管，相反，在政府购买社会工作服务过程中，更应加强管理和监管评估。要坚持内部与外部监督相结合的方式，实现对政府购买社会工作服务的全面监督。内部监督主要涉及对政府是否按照财政预算规定支付购买服务费用以及对服务质量、数量等的监督，侧重点在财政资金及使用效益上。外部监督可以弥补内部监督的部分缺陷。从当前实践来看，建立完善的第三方评估制度体系是提高政府购买社会工作服务质量的重要途径和方法。通过第三方评估，定期对社会工作服务机构予以评估监督，能有效促进其提高服务的水平和质量。

第三方评估实质是一种更为客观的社会监督，更有助于促进政府职能的转变与优化。② 第三方评估对监督政府购买社会工作服务的实效、提高社

---

① 参见彭程：《地方政府购买科技服务的现实意义与实现路径研究》，载《中国科技产业》2015 年第 2 期。

② 参见杜娟、杜义国、张微：《我国政府绩效第三方评估的研究现状及未来展望》，载《领导科学》2019 年第 6 期。

会工作服务机构水平、构建政府与社会工作服务机构之间的平等信任伙伴关系具有重要意义。从实践来看,第三方评估的合法性与制度化还未实现。因此,在推进治理体系和治理能力现代化的背景下,应进一步探索第三方评估在政府购买社会工作服务中的运用路径。①

一是建立完善的社会工作服务机构评估制度与激励机制。科学、合理地设定社会工作服务机构的准入门槛,确保服务的质量。同时,加强对社会工作服务机构的评估,提高社会工作服务机构的积极性与主动性,不断提升组织建设与服务质量。

二是建立科学的评估指标体系,对评估的主体、内容、标准、程序、方式、结果运用等作出明确的规定。进一步完善信息公开制度。在评估过程中应严格遵循相关的评估程序,确保评估过程的真实、科学,真正发挥其对社会工作服务机构的监督作用。同时,评估的方式方法应实现多样化,实现评估的公平、公正、公开。

五、结语

政府购买社会工作服务需要一个科学、规范的运行机制,需要各要素之间达成协调配合的功能关系。新公共治理理论在理论基础、资源配置机制、政府角色定位、组织关系等方面都提出了不同于传统公共行政理论与新公共管理理论的价值取向,更加关注多元主体之间的良性互动,为国家治理现代化背景下政府购买社会工作服务机制的构建提供了新的理论视角。在新公共治理理论视角下,由地方政府、社会工作服务机构、市场、公众甚至第三方评估机构组成的运行机制更接近于一个灵活多变的自适应系统,当某一个因素发生变化时,多元主体本身即可迅速调整、“合作共治”,从而形成地方政府现代化的治理风格。

---

① 参见李坤轩、马玉丽:《山东省地方治理的创新与发展——第三方评估》,载《政法学刊》2018 年第 4 期。

附　录

社会团体登记管理条例

（1998年10月25日中华人民共和国国务院令第250号发布
根据2016年2月6日《国务院关于修改部分行政法规的决定》修订）

第一章　总　则

第一条　为了保障公民的结社自由，维护社会团体的合法权益，加强对社会团体的登记管理，促进社会主义物质文明、精神文明建设，制定本条例。

第二条　本条例所称社会团体，是指中国公民自愿组成，为实现会员共同意愿，按照其章程开展活动的非营利性社会组织。

国家机关以外的组织可以作为单位会员加入社会团体。

第三条　成立社会团体，应当经其业务主管单位审查同意，并依照本条例的规定进行登记。

社会团体应当具备法人条件。

下列团体不属于本条例规定登记的范围：

（一）参加中国人民政治协商会议的人民团体；

（二）由国务院机构编制管理机关核定，并经国务院批准免于登记的团体；

（三）机关、团体、企业事业单位内部经本单位批准成立、在本单位内部活动的团体。

第四条　社会团体必须遵守宪法、法律、法规和国家政策，不得反对宪法确定的基本原则，不得危害国家的统一、安全和民族的团结，不得损害国家利益、社会公共利益以及其他组织和公民的合法权益，不得违背社会道德风尚。

社会团体不得从事营利性经营活动。

第五条 国家保护社会团体依照法律、法规及其章程开展活动，任何组织和个人不得非法干涉。

第六条 国务院民政部门和县级以上地方各级人民政府民政部门是本级人民政府的社会团体登记管理机关(以下简称登记管理机关)。

国务院有关部门和县级以上地方各级人民政府有关部门、国务院或者县级以上地方各级人民政府授权的组织，是有关行业、学科或者业务范围内社会团体的业务主管单位(以下简称业务主管单位)。

法律、行政法规对社会团体的监督管理另有规定的，依照有关法律、行政法规的规定执行。

第二章 管 辖

第七条 全国性的社会团体，由国务院的登记管理机关负责登记管理；地方性的社会团体，由所在地人民政府的登记管理机关负责登记管理；跨行政区域的社会团体，由所跨行政区域的共同上一级人民政府的登记管理机关负责登记管理。

第八条 登记管理机关、业务主管单位与其管辖的社会团体的住所不在一地的，可以委托社会团体住所地的登记管理机关、业务主管单位负责委托范围内的监督管理工作。

第三章 成立登记

第九条 申请成立社会团体，应当经其业务主管单位审查同意，由发起人向登记管理机关申请登记。

筹备期间不得开展筹备以外的活动。

第十条 成立社会团体，应当具备下列条件：

(一)有 50 个以上的个人会员或者 30 个以上的单位会员；个人会员、单位会员混合组成的，会员总数不得少于 50 个；

(二)有规范的名称和相应的组织机构；

(三)有固定的住所；

(四)有与其业务活动相适应的专职工作人员；

(五)有合法的资产和经费来源，全国性的社会团体有 10 万元以上活动资金，地方性的社会团体和跨行政区域的社会团体有 3 万元以上活动资金；

（六）有独立承担民事责任的能力。

社会团体的名称应当符合法律、法规的规定，不得违背社会道德风尚。社会团体的名称应当与其业务范围、成员分布、活动地域相一致，准确反映其特征。全国性的社会团体的名称冠以“中国”、“全国”、“中华”等字样的，应当按照国家有关规定经过批准，地方性的社会团体的名称不得冠以“中国”、“全国”、“中华”等字样。

第十一条 申请登记社会团体，发起人应当向登记管理机关提交下列文件：

（一）登记申请书；

（二）业务主管单位的批准文件；

（三）验资报告、场所使用权证明；

（四）发起人和拟任负责人的基本情况、身份证明；

（五）章程草案。

第十二条 登记管理机关应当自收到本条例第十一条所列全部有效文件之日起60日内，作出准予或者不予登记的决定。准予登记的，发给《社会团体法人登记证书》；不予登记的，应当向发起人说明理由。

社会团体登记事项包括：名称、住所、宗旨、业务范围、活动地域、法定代表人、活动资金和业务主管单位。

社会团体的法定代表人，不得同时担任其他社会团体的法定代表人。

第十三条 有下列情形之一的，登记管理机关不予登记：

（一）有根据证明申请登记的社会团体的宗旨、业务范围不符合本条例第四条的规定的；

（二）在同一行政区域内已有业务范围相同或者相似的社会团体，没有必要成立的；

（三）发起人、拟任负责人正在或者曾经受到剥夺政治权利的刑事处罚，或者不具有完全民事行为能力的；

（四）在申请登记时弄虚作假的；

（五）有法律、行政法规禁止的其他情形的。

第十四条 社会团体的章程应当包括下列事项：

（一）名称、住所；

（二）宗旨、业务范围和活动地域；

（三）会员资格及其权利、义务；

（四）民主的组织管理制度，执行机构的产生程序；

（五）负责人的条件和产生、罢免的程序；

（六）资产管理和使用的原则；

（七）章程的修改程序；

（八）终止程序和终止后资产的处理；

（九）应当由章程规定的其他事项。

第十五条 依照法律规定，自批准成立之日起即具有法人资格的社会团体，应当自批准成立之日起 60 日内向登记管理机关提交批准文件，申领《社会团体法人登记证书》。登记管理机关自收到文件之口起 30 日内发给《社会团体法人登记证书》。

第十六条 社会团体凭《社会团体法人登记证书》申请刻制印章，开立银行账户。社会团体应当将印章式样和银行账号报登记管理机关备案。

第十七条 社会团体的分支机构、代表机构是社会团体的组成部分，不具有法人资格，应当按照其所属于的社会团体的章程所规定的宗旨和业务范围，在该社会团体授权的范围内开展活动、发展会员。社会团体的分支机构不得再设立分支机构。

社会团体不得设立地域性的分支机构。

第四章 变更登记、注销登记

第十八条 社会团体的登记事项需要变更的，应当自业务主管单位审查同意之日起 30 日内，向登记管理机关申请变更登记。

社会团体修改章程，应当自业务主管单位审查同意之日起 30 日内，报登记管理机关核准。

第十九条 社会团体有下列情形之一的，应当在业务主管单位审查同意后，向登记管理机关申请注销登记：

（一）完成社会团体章程规定的宗旨的；

（二）自行解散的；

（三）分立、合并的；

（四）由于其他原因终止的。

第二十条 社会团体在办理注销登记前，应当在业务主管单位及其他有关机关的指导下，成立清算组织，完成清算工作。清算期间，社会团体不得开展清算以外的活动。

第二十一条 社会团体应当自清算结束之日起15日内向登记管理机关办理注销登记。办理注销登记，应当提交法定代表人签署的注销登记申请书、业务主管单位的审查文件和清算报告书。

登记管理机关准予注销登记的，发给注销证明文件，收缴该社会团体的登记证书、印章和财务凭证。

第二十二条 社会团体处分注销后的剩余财产，按照国家有关规定办理。

第二十三条 社会团体成立、注销或者变更名称、住所、法定代表人，由登记管理机关予以公告。

第五章 监督管理

第二十四条 登记管理机关履行下列监督管理职责：

(一)负责社会团体的成立、变更、注销的登记；

(二)对社会团体实施年度检查；

(三)对社会团体违反本条例的问题进行监督检查，对社会团体违反本条例的行为给予行政处罚。

第二十五条 业务主管单位履行下列监督管理职责：

(一)负责社会团体成立登记、变更登记、注销登记前的审查；

(二)监督、指导社会团体遵守宪法、法律、法规和国家政策，依据其章程开展活动；

(三)负责社会团体年度检查的初审；

(四)协助登记管理机关和其他有关部门查处社会团体的违法行为；

(五)会同有关机关指导社会团体的清算事宜。

业务主管单位履行前款规定的职责，不得向社会团体收取费用。

第二十六条 社会团体的资产来源必须合法，任何单位和个人不得侵占、私分或者挪用社会团体的资产。

社会团体的经费，以及开展章程规定的活动按照国家有关规定所取得的合法收入，必须用于章程规定的业务活动，不得在会员中分配。

社会团体接受捐赠、资助，必须符合章程规定的宗旨和业务范围，必须根据与捐赠人、资助人约定的期限、方式和合法用途使用。社会团体应当向业务主管单位报告接受、使用捐赠、资助的有关情况，并应当将有关情况以适当方式向社会公布。

社会团体专职工作人员的工资和保险福利待遇，参照国家对事业单位的有关规定执行。

第二十七条 社会团体必须执行国家规定的财务管理制度，接受财政部门的监督；资产来源属于国家拨款或者社会捐赠、资助的，还应当接受审计机关的监督。

社会团体在换届或者更换法定代表人之前，登记管理机关、业务主管单位应当组织对其进行财务审计。

第二十八条 社会团体应当于每年3月31日前向业务主管单位报送上一年度的工作报告，经业务主管单位初审同意后，于5月31日前报送登记管理机关，接受年度检查。工作报告的内容包括：本社会团体遵守法律法规和国家政策的情况、依照本条例履行登记手续的情况、按照章程开展活动的情况、人员和机构变动的情况以及财务管理的情况。

对于依照本条例第十五条的规定发给《社会团体法人登记证书》的社会团体，登记管理机关对其应当简化年度检查的内容。

第六章 罚 则

第二十九条 社会团体在申请登记时弄虚作假，骗取登记的，或者自取得《社会团体法人登记证书》之日起1年未开展活动的，由登记管理机关予以撤销登记。

第三十条 社会团体有下列情形之一的，由登记管理机关给予警告，责令改正，可以限期停止活动，并可以责令撤换直接负责的主管人员；情节严重的，予以撤销登记；构成犯罪的，依法追究刑事责任：

（一）涂改、出租、出借《社会团体法人登记证书》，或者出租、出借社会团体印章的；

（二）超出章程规定的宗旨和业务范围进行活动的；

（三）拒不接受或者不按照规定接受监督检查的；

（四）不按照规定办理变更登记的；

（五）违反规定设立分支机构、代表机构，或者对分支机构、代表机构疏于管理，造成严重后果的；

（六）从事营利性的经营活动的；

（七）侵占、私分、挪用社会团体资产或者所接受的捐赠、资助的；

（八）违反国家有关规定收取费用、筹集资金或者接受、使用捐赠、资助的。

前款规定的行为有违法经营额或者违法所得的，予以没收，可以并处违法经营额1倍以上3倍以下或者违法所得3倍以上5倍以下的罚款。

第三十一条 社会团体的活动违反其他法律、法规的，由有关国家机关依法处理；有关国家机关认为应当撤销登记的，由登记管理机关撤销登记。

第三十二条 筹备期间开展筹备以外的活动，或者未经登记，擅自以社会团体名义进行活动，以及被撤销登记的社会团体继续以社会团体名义进行活动的，由登记管理机关予以取缔，没收非法财产；构成犯罪的，依法追究刑事责任；尚不构成犯罪的，依法给予治安管理处罚。

第三十三条 社会团体被责令限期停止活动的，由登记管理机关封存《社会团体法人登记证书》、印章和财务凭证。

社会团体被撤销登记的，由登记管理机关收缴《社会团体法人登记证书》和印章。

第三十四条 登记管理机关、业务主管单位的工作人员滥用职权、徇私舞弊、玩忽职守构成犯罪的，依法追究刑事责任；尚不构成犯罪的，依法给予行政处分。

第七章 附 则

第三十五条 《社会团体法人登记证书》的式样由国务院民政部门制定。

对社会团体进行年度检查不得收取费用。

第三十六条 本条例施行前已经成立的社会团体，应当自本条例施行之日起1年内依照本条例有关规定申请重新登记。

第三十七条 本条例自发布之日起施行。1989年10月25日国务院发布的《社会团体登记管理条例》同时废止。

基金会管理条例

中华人民共和国国务院令第400号

（《基金会管理条例》已经2004年2月11日国务院第38次常务会议通过，现予公布，自2004年6月1日起施行）

第一章 总 则

第一条 为了规范基金会的组织和活动，维护基金会、捐赠人和受益人的合法权益，促进社会力量参与公益事业，制定本条例。

第二条 本条例所称基金会，是指利用自然人、法人或者其他组织捐赠的财产，以从事公益事业为目的，按照本条例的规定成立的非营利性法人。

第三条 基金会分为面向公众募捐的基金会（以下简称公募基金会）和不得面向公众募捐的基金会（以下简称非公募基金会）。公募基金会按照募捐的地域范围，分为全国性公募基金会和地方性公募基金会。

第四条 基金会必须遵守宪法、法律、法规、规章和国家政策，不得危害国家安全、统一和民族团结，不得违背社会公德。

第五条 基金会依照章程从事公益活动，应当遵循公开、透明的原则。

第六条 国务院民政部门和省、自治区、直辖市人民政府民政部门是基金会的登记管理机关。

国务院民政部门负责下列基金会、基金会代表机构的登记管理工作：

（一）全国性公募基金会；

（二）拟由非内地居民担任法定代表人的基金会；

（三）原始基金超过 2000 万元，发起人向国务院民政部门提出设立申请的非公募基金会；

（四）境外基金会在中国内地设立的代表机构。

省、自治区、直辖市人民政府民政部门负责本行政区域内地方性公募基金会和不属于前款规定情况的非公募基金会的登记管理工作。

第七条 国务院有关部门或者国务院授权的组织，是国务院民政部门登记的基金会、境外基金会代表机构的业务主管单位。

省、自治区、直辖市人民政府有关部门或者省、自治区、直辖市人民政府授权的组织，是省、自治区、直辖市人民政府民政部门登记的基金会的业务主管单位。

第二章 设立、变更和注销

第八条 设立基金会，应当具备下列条件：

（一）为特定的公益目的而设立；

（二）全国性公募基金会的原始基金不低于 800 万元人民币，地方性公募基金会的原始基金不低于 400 万元人民币，非公募基金会的原始基金不低于 200 万元人民币；原始基金必须为到账货币资金；

（三）有规范的名称、章程、组织机构以及与其开展活动相适应的专职工作人员；

(四)有固定的住所；

(五)能够独立承担民事责任。

第九条 申请设立基金会，申请人应当向登记管理机关提交下列文件：

(一)申请书；

(二)章程草案；

(三)验资证明和住所证明；

(四)理事名单、身份证明以及拟任理事长、副理事长、秘书长简历；

(五)业务主管单位同意设立的文件。

第十条 基金会章程必须明确基金会的公益性质，不得规定使特定自然人、法人或者其他组织受益的内容。

基金会章程应当载明下列事项：

(一)名称及住所；

(二)设立宗旨和公益活动的业务范围；

(三)原始基金数额；

(四)理事会的组成、职权和议事规则，理事的资格、产生程序和任期；

(五)法定代表人的职责；

(六)监事的职责、资格、产生程序和任期；

(七)财务会计报告的编制、审定制度；

(八)财产的管理、使用制度；

(九)基金会的终止条件、程序和终止后财产的处理。

第十一条 登记管理机关应当自收到本条例第九条所列全部有效文件之日起60日内，作出准予或者不予登记的决定。准予登记的，发给《基金会法人登记证书》；不予登记的，应当书面说明理由。

基金会设立登记的事项包括：名称、住所、类型、宗旨、公益活动的业务范围、原始基金数额和法定代表人。

第十二条 基金会拟设立分支机构、代表机构的，应当向原登记管理机关提出登记申请，并提交拟设机构的名称、住所和负责人等情况的文件。

登记管理机关应当自收到前款所列全部有效文件之日起60日内作出准予或者不予登记的决定。准予登记的，发给《基金会分支(代表)机构登记证书》；不予登记的，应当书面说明理由。

基金会分支机构、基金会代表机构设立登记的事项包括：名称、住所、公益活动的业务范围和负责人。

基金会分支机构、基金会代表机构依据基金会的授权开展活动，不具有法人资格。

第十三条 境外基金会在中国内地设立代表机构，应当经有关业务主管单位同意后，向登记管理机关提交下列文件：

（一）申请书；

（二）基金会在境外依法登记成立的证明和基金会章程；

（三）拟设代表机构负责人身份证明及简历；

（四）住所证明；

（五）业务主管单位同意在中国内地设立代表机构的文件。

登记管理机关应当自收到前款所列全部有效文件之日起60日内，作出准予或者不予登记的决定。准予登记的，发给《境外基金会代表机构登记证书》；不予登记的，应当书面说明理由。

境外基金会代表机构设立登记的事项包括：名称、住所、公益活动的业务范围和负责人。

境外基金会代表机构应当从事符合中国公益事业性质的公益活动。境外基金会对其在中国内地代表机构的民事行为，依照中国法律承担民事责任。

第十四条 基金会、境外基金会代表机构依照本条例登记后，应当依法办理税务登记。

基金会、境外基金会代表机构，凭登记证书依法申请组织机构代码、刻制印章、开立银行账户。

基金会、境外基金会代表机构应当将组织机构代码、印章式样、银行账号以及税务登记证件复印件报登记管理机关备案。

第十五条 基金会、基金会分支机构、基金会代表机构和境外基金会代表机构的登记事项需要变更的，应当向登记管理机关申请变更登记。

基金会修改章程，应当征得其业务主管单位的同意，并报登记管理机关核准。

第十六条 基金会、境外基金会代表机构有下列情形之一的，应当向登记管理机关申请注销登记：

（一）按照章程规定终止的；

（二）无法按照章程规定的宗旨继续从事公益活动的；

（三）由于其他原因终止的。

第十七条 基金会撤销其分支机构、代表机构的，应当向登记管理机关办理分支机构、代表机构的注销登记。

基金会注销的，其分支机构、代表机构同时注销。

第十八条 基金会在办理注销登记前，应当在登记管理机关、业务主管单位的指导下成立清算组织，完成清算工作。

基金会应当自清算结束之日起 15 日内向登记管理机关办理注销登记；在清算期间不得开展清算以外的活动。

第十九条 基金会、基金会分支机构、基金会代表机构以及境外基金会代表机构的设立、变更、注销登记，由登记管理机关向社会公告。

第三章 组织机构

第二十条 基金会设理事会，理事为 5 人至 25 人，理事任期由章程规定，但每届任期不得超过 5 年。理事任期届满，连选可以连任。

用私人财产设立的非公募基金会，相互间有近亲属关系的基金会理事，总数不得超过理事总人数的 1/3；其他基金会，具有近亲属关系的不得同时在理事会任职。

在基金会领取报酬的理事不得超过理事总人数的 1/3。

理事会设理事长、副理事长和秘书长，从理事中选举产生，理事长是基金会的法定代表人。

第二十一条 理事会是基金会的决策机构，依法行使章程规定的职权。

理事会每年至少召开 2 次会议。理事会会议须有 2/3 以上理事出席方能召开；理事会决议须经出席理事过半数通过方为有效。

下列重要事项的决议，须经出席理事表决，2/3 以上通过方为有效：

（一）章程的修改；

（二）选举或者罢免理事长、副理事长、秘书长；

（三）章程规定的重大募捐、投资活动；

（四）基金会的分立、合并。

理事会会议应当制作会议记录，并由出席理事审阅、签名。

第二十二条 基金会设监事。监事任期与理事任期相同。理事、理事的近亲属和基金会财会人员不得兼任监事。

监事依照章程规定的程序检查基金会财务和会计资料，监督理事会遵守法律和章程的情况。

监事列席理事会会议，有权向理事会提出质询和建议，并应当向登记管理机关、业务主管单位以及税务、会计主管部门反映情况。

第二十三条 基金会理事长、副理事长和秘书长不得由现职国家工作人员兼任。基金会的法定代表人，不得同时担任其他组织的法定代表人。公募基金会和原始基金来自中国内地的非公募基金会的法定代表人，应当由内地居民担任。

因犯罪被判处管制、拘役或者有期徒刑，刑期执行完毕之日起未逾5年的，因犯罪被判处剥夺政治权利正在执行期间或者曾经被判处剥夺政治权利的，以及曾在因违法被撤销登记的基金会担任理事长、副理事长或者秘书长，且对该基金会的违法行为负有个人责任，自该基金会被撤销之日起未逾5年的，不得担任基金会的理事长、副理事长或者秘书长。

基金会理事遇有个人利益与基金会利益关联时，不得参与相关事宜的决策；基金会理事、监事及其近亲属不得与其所在的基金会有任何交易行为。

监事和未在基金会担任专职工作的理事不得从基金会获取报酬。

第二十四条 担任基金会理事长、副理事长或者秘书长的香港居民、澳门居民、台湾居民、外国人以及境外基金会代表机构的负责人，每年在中国内地居留时间不得少于3个月。

第四章 财产的管理和使用

第二十五条 基金会组织募捐、接受捐赠，应当符合章程规定的宗旨和公益活动的业务范围。境外基金会代表机构不得在中国境内组织募捐、接受捐赠。

公募基金会组织募捐，应当向社会公布募得资金后拟开展的公益活动和资金的详细使用计划。

第二十六条 基金会及其捐赠人、受益人依照法律、行政法规的规定享受税收优惠。

第二十七条 基金会的财产及其他收入受法律保护，任何单位和个人不得私分、侵占、挪用。

基金会应当根据章程规定的宗旨和公益活动的业务范围使用其财产；捐赠协议明确了具体使用方式的捐赠，根据捐赠协议的约定使用。

接受捐赠的物资无法用于符合其宗旨的用途时，基金会可以依法拍卖或者变卖，所得收入用于捐赠目的。

第二十八条 基金会应当按照合法、安全、有效的原则实现基金的保值、增值。

第二十九条 公募基金会每年用于从事章程规定的公益事业支出，不得低于上一年总收入的70%；非公募基金会每年用于从事章程规定的公益事业支出，不得低于上一年基金余额的8%。

基金会工作人员工资福利和行政办公支出不得超过当年总支出的10%。

第三十条 基金会开展公益资助项目，应当向社会公布所开展的公益资助项目种类以及申请、评审程序。

第三十一条 基金会可以与受助人签订协议，约定资助方式、资助数额以及资金用途和使用方式。

基金会有权对资助的使用情况进行监督。受助人未按协议约定使用资助或者有其他违反协议情形的，基金会有权解除资助协议。

第三十二条 基金会应当执行国家统一的会计制度，依法进行会计核算、建立健全内部会计监督制度。

第三十三条 基金会注销后的剩余财产应当按照章程的规定用于公益目的；无法按照章程规定处理的，由登记管理机关组织捐赠给与该基金会性质、宗旨相同的社会公益组织，并向社会公告。

第五章 监督管理

第三十四条 基金会登记管理机关履行下列监督管理职责：

（一）对基金会、境外基金会代表机构实施年度检查；

（二）对基金会、境外基金会代表机构依照本条例及其章程开展活动的情况进行日常监督管理；

（三）对基金会、境外基金会代表机构违反本条例的行为依法进行处罚。

第三十五条 基金会业务主管单位履行下列监督管理职责：

（一）指导、监督基金会、境外基金会代表机构依据法律和章程开展公益活动；

（二）负责基金会、境外基金会代表机构年度检查的初审；

（三）配合登记管理机关、其他执法部门查处基金会、境外基金会代表机构的违法行为。

第三十六条 基金会、境外基金会代表机构应当于每年 3 月 31 日前向登记管理机关报送上一年度工作报告，接受年度检查。年度工作报告在报送登记管理机关前应当经业务主管单位审查同意。

年度工作报告应当包括：财务会计报告、注册会计师审计报告，开展募捐、接受捐赠、提供资助等活动的情况以及人员和机构的变动情况等。

第三十七条 基金会应当接受税务、会计主管部门依法实施的税务监督和会计监督。

基金会在换届和更换法定代表人之前，应当进行财务审计。

第三十八条 基金会、境外基金会代表机构应当在通过登记管理机关的年度检查后，将年度工作报告在登记管理机关指定的媒体上公布，接受社会公众的查询、监督。

第三十九条 捐赠人有权向基金会查询捐赠财产的使用、管理情况，并提出意见和建议。对于捐赠人的查询，基金会应当及时如实答复。

基金会违反捐赠协议使用捐赠财产的，捐赠人有权要求基金会遵守捐赠协议或者向人民法院申请撤销捐赠行为、解除捐赠协议。

第六章　法律责任

第四十条 未经登记或者被撤销登记后以基金会、基金会分支机构、基金会代表机构或者境外基金会代表机构名义开展活动的，由登记管理机关予以取缔，没收非法财产并向社会公告。

第四十一条 基金会、基金会分支机构、基金会代表机构或者境外基金会代表机构有下列情形之一的，登记管理机关应当撤销登记：

（一）在申请登记时弄虚作假骗取登记的，或者自取得登记证书之日起 12 个月内未按章程规定开展活动的；

（二）符合注销条件，不按照本条例的规定办理注销登记仍继续开展活动的。

第四十二条 基金会、基金会分支机构、基金会代表机构或者境外基金会代表机构有下列情形之一的，由登记管理机关给予警告、责令停止活动；情节严重的，可以撤销登记：

（一）未按照章程规定的宗旨和公益活动的业务范围进行活动的；

（二）在填制会计凭证、登记会计账簿、编制财务会计报告中弄虚作假的；

（三）不按照规定办理变更登记的；

（四）未按照本条例的规定完成公益事业支出额度的；

（五）未按照本条例的规定接受年度检查，或者年度检查不合格的；

（六）不履行信息公布义务或者公布虚假信息的。

基金会、境外基金会代表机构有前款所列行为的，登记管理机关应当提请税务机关责令补交违法行为存续期间所享受的税收减免。

第四十三条　基金会理事会违反本条例和章程规定决策不当，致使基金会遭受财产损失的，参与决策的理事应当承担相应的赔偿责任。

基金会理事、监事以及专职工作人员私分、侵占、挪用基金会财产的，应当退还非法占用的财产；构成犯罪的，依法追究刑事责任。

第四十四条　基金会、境外基金会代表机构被责令停止活动的，由登记管理机关封存其登记证书、印章和财务凭证。

第四十五条　登记管理机关、业务主管单位工作人员滥用职权、玩忽职守、徇私舞弊，构成犯罪的，依法追究刑事责任；尚不构成犯罪的，依法给予行政处分或者纪律处分。

第七章　附　则

第四十六条　本条例所称境外基金会，是指在外国以及中华人民共和国香港特别行政区、澳门特别行政区和台湾地区合法成立的基金会。

第四十七条　基金会设立申请书、基金会年度工作报告的格式以及基金会章程范本，由国务院民政部门制订。

第四十八条　本条例自 2004 年 6 月 1 日起施行，1988 年 9 月 27 日国务院发布的《基金会管理办法》同时废止。

本条例施行前已经设立的基金会、境外基金会代表机构，应当自本条例施行之日起 6 个月内，按照本条例的规定申请换发登记证书。

民办非企业单位登记管理暂行条例

（1998 年 10 月 25 日国务院令第 251 号发布）

第一章　总　则

第一条　为了规范民办非企业单位的登记管理，保障民办非企业单位的合法权益，促进社会主义物质文明、精神文明建设，制定本条例。

第二条 本条例所称民办非企业单位，是指企业事业单位、社会团体和其他社会力量以及公民个人利用非国有资产举办的，从事非营利性社会服务活动的社会组织。

第三条 成立民办非企业单位，应当经其业务主管单位审查同意，并依照本条例的规定登记。

第四条 民办非企业单位应当遵守宪法、法律、法规和国家政策，不得反对宪法确定的基本原则，不得危害国家的统一、安全和民族的团结，不得损害国家利益、社会公共利益以及其他社会组织和公民的合法权益，不得违背社会道德风尚。民办非企业单位不得从事营利性经营活动。

第五条 国务院民政部门和县级以上地方各级人民政府民政部门是本级人民政府的民办非企业单位登记管理机关（以下简称登记管理机关）。

国务院有关部门和县级以上地方各级人民政府的有关部门、国务院或者县级以上地方各级人民政府授权的组织，是有关行业、业务范围内民办非企业单位的业务主管单位（以下简称业务主管单位）。

法律、行政法规对民办非企业单位的监督管理另有规定的，依照有关法律、行政法规的规定执行。

第二章 管 辖

第六条 登记管理机关负责同级业务主管单位审查同意的民办非企业单位的登记管理。

第七条 登记管理机关、业务主管单位与其管辖的民办非企业单位的住所不在一地的，可以委托民办非企业单位住所地的登记管理机关、业务主管单位负责委托范围内的监督管理工作。

第三章 登 记

第八条 申请登记民办非企业单位，应当具备下列条件：

（一）经业务主管单位审查同意；

（二）有规范的名称、必要的组织机构；

（三）有与其业务活动相适应的从业人员；

（四）有与其业务活动相适应的合法财产；

（五）有必要的场所。民办非企业单位的名称应当符合国务院民政部门的规定，不得冠以“中国”“全国”“中华”等字样。

第九条 申请民办非企业单位登记，举办者应当向登记管理机关提交下列文件：

（一）登记申请书；

（二）业务主管单位的批准文件；

（三）场所使用权证明；

（四）验资报告；

（五）拟任负责人的基本情况、身份证明；

（六）章程草案。

第十条 民办非企业单位的章程应当包括下列事项：

（一）名称、住所；

（二）宗旨和业务范围；

（三）组织管理制度；

（四）法定代表人或者负责人的产生、罢免的程序；

（五）资产管理和使用的原则；

（六）章程的修改程序；

（七）终止程序和终止后资产的处理；

（八）需要由章程规定的其他事项。

第十一条 登记管理机关应当自收到成立登记申请的全部有效文件之日起60日内作出准予登记或者不予登记的决定。

有下列情形之一的，登记管理机关不予登记，并向申请人说明理由：

（一）有根据证明申请登记的民办非企业单位的宗旨、业务范围不符合本条例第四条规定的；

（二）在申请成立时弄虚作假的；

（三）在同一行政区域内已有业务范围相同或者相似的民办非企业单位，没有必要成立的；

（四）拟任负责人正在或者曾经受到剥夺政治权利的刑事处罚，或者不具有完全民事行为能力的；

（五）有法律、行政法规禁止的其他情形的。

第十二条 准予登记的民办非企业单位，由登记管理机关登记民办非企业单位的名称、住所、宗旨和业务范围、法定代表人或者负责人、开办资金、业务主管单位，并根据其依法承担民事责任的不同方式，分别发给《民办非企业单位(法人)登记证书》、《民办非企业单位(合伙)登记证书》、《民办非企业单位(个体)登记证书》。

依照法律、其他行政法规规定,经有关主管部门依法审核或者登记,已经取得相应的执业许可证书的民办非企业单位,登记管理机关应当简化登记手续,凭有关主管部门出具的执业许可证明文件,发给相应的民办非企业单位登记证书。

第十三条 民办非企业单位不得设立分支机构。

第十四条 民办非企业单位凭登记证书申请刻制印章,开立银行账户。民办非企业单位应当将印章式样、银行账号报登记管理机关备案。

第十五条 民办非企业单位的登记事项需要变更的,应当自业务主管单位审查同意之日起 30 日内,向登记管理机关申请变更登记。民办非企业单位修改章程,应当自业务主管单位审查同意之日起 30 日内,报登记管理机关核准。

第十六条 民办非企业单位自行解散的,分立、合并的,或者由于其他原因需要注销登记的,应当向登记管理机关办理注销登记。

民办非企业单位在办理注销登记前,应当在业务主管单位和其他有关机关的指导下,成立清算组织,完成清算工作。清算期间,民办非企业单位不得开展清算以外的活动。

第十七条 民办非企业单位法定代表人或者负责人应当自完成清算之日起 15 日内,向登记管理机关办理注销登记。办理注销登记,须提交注销登记申请书、业务主管单位的审查文件和清算报告。

登记管理机关准予注销登记的,发给注销证明文件,收缴登记证书、印章和财务凭证。

第十八条 民办非企业单位成立、注销以及变更名称、住所、法定代表人或者负责人,由登记管理机关予以公告。

第四章 监督管理

第十九条 登记管理机关履行下列监督管理职责:

(一)负责民办非企业单位的成立、变更、注销登记;

(二)对民办非企业单位实施年度检查;

(三)对民办非企业单位违反本条例的问题进行监督检查,对民办非企业单位违反本条例的行为给予行政处罚。

第二十条 业务主管单位履行下列监督管理职责：

（一）负责民办非企业单位成立、变更、注销登记前的审查；

（二）监督、指导民办非企业单位遵守宪法、法律、法规和国家政策，按照章程开展活动；

（三）负责民办非企业单位年度检查的初审；

（四）协助登记管理机关和其他有关部门查处民办非企业单位的违法行为；

（五）会同有关机关指导民办非企业单位的清算事宜。业务主管单位履行前款规定的职责，不得向民办非企业单位收取费用。

第二十一条 民办非企业单位的资产来源必须合法，任何单位和个人不得侵占、私分或者挪用民办非企业单位的资产。

民办非企业单位开展章程规定的活动，按照国家有关规定取得的合法收入，必须用于章程规定的业务活动。

民办非企业单位接受捐赠、资助，必须符合章程规定的宗旨和业务范围，必须根据与捐赠人、资助人约定的期限、方式和合法用途使用。民办非企业单位应当向业务主管单位报告接受、使用捐赠、资助的有关情况，并应当将有关情况以适当方式向社会公布。

第二十二条 民办非企业单位必须执行国家规定的财务管理制度，接受财政部门的监督；资产来源属于国家资助或者社会捐赠、资助的，还应当接受审计机关的监督。

民办非企业单位变更法定代表人或者负责人，登记管理机关、业务主管单位应当组织对其进行财务审计。

第二十三条 民办非企业单位应当于每年3月31日前向业务主管单位报送上一年度的工作报告，经业务主管单位初审同意后，于5月31日前报送登记管理机关，接受年度检查。工作报告内容包括：本民办非企业单位遵守法律法规和国家政策的情况、依照本条例履行登记手续的情况、按照章程开展活动的情况、人员和机构变动的情况以及财务管理的情况。

对于依照本条例第十二条第二款的规定发给登记证书的民办非企业单位，登记管理机关对其应当简化年度检查的内容。

第五章 罚 则

第二十四条 民办非企业单位在申请登记时弄虚作假，骗取登记的，或者业务主管单位撤销批准的，由登记管理机关予以撤销登记。

第二十五条 民办非企业单位有下列情形之一的，由登记管理机关予以警告，责令改正，可以限期停止活动；情节严重的，予以撤销登记；构成犯罪的，依法追究刑事责任：

（一）涂改、出租、出借民办非企业单位登记证书，或者出租、出借民办非企业单位印章的；

（二）超出其章程规定的宗旨和业务范围进行活动的；

（三）拒不接受或者不按照规定接受监督检查的；

（四）不按照规定办理变更登记的；

（五）设立分支机构的；

（六）从事营利性的经营活动的；

（七）侵占、私分、挪用民办非企业单位的资产或者所接受的捐赠、资助的；

（八）违反国家有关规定收取费用、筹集资金或者接受使用捐赠、资助的。

前款规定的行为有违法经营额或者违法所得的，予以没收，可以并处违法经营额1倍以上3倍以下或者违法所得3倍以上5倍以下的罚款。

第二十六条 民办非企业单位的活动违反其他法律、法规的，由有关国家机关依法处理；有关国家机关认为应当撤销登记的，由登记管理机关撤销登记。

第二十七条 未经登记，擅自以民办非企业单位名义进行活动的，或者被撤销登记的民办非企业单位继续以民办非企业单位名义进行活动的，由登记管理机关予以取缔，没收非法财产；构成犯罪的，依法追究刑事责任；尚不构成犯罪的，依法给予治安管理处罚。

第二十八条 民办非企业单位被限期停止活动的，由登记管理机关封存其登记证书、印章和财务凭证。

民办非企业单位被撤销登记的，由登记管理机关收缴登记证书和印章。

第二十九条 登记管理机关、业务主管单位的工作人员滥用职权、徇私舞弊、玩忽职守构成犯罪的，依法追究刑事责任；尚不构成犯罪的，依法给予行政处分。

第六章 附 则

第三十条 民办非企业单位登记证书的式样由国务院民政部门制定。

对民办非企业单位进行年度检查不得收取费用。

第三十一条 本条例施行前已经成立的民办非企业单位，应当自本条例实施之日起1年内依照本条例有关规定申请登记。

第三十二条 本条例自发布之日起施行。

社会服务机构登记管理条例（《民办非企业单位登记管理暂行条例》修订草案征求意见稿）

第一章 总 则

第一条 为了规范社会服务机构的登记管理，保障社会服务机构的合法权益，促进社会服务健康发展，制定本条例。

第二条 本条例所称社会服务机构，是指自然人、法人或者其他组织为了提供社会服务，主要利用非国有资产设立的非营利性法人。

第三条 社会服务机构应当遵守宪法、法律、法规和国家政策，不得反对宪法确定的基本原则，不得危害国家的统一、安全和民族的团结，不得损害国家利益、社会公共利益以及其他社会组织和公民的合法权益，不得违背社会道德风尚。

第四条 社会服务机构应当根据实际，设立中国共产党的组织，开展党的活动。社会服务机构应当为党组织的活动提供必要条件。

第五条 国家保护社会服务机构依照法律、法规、规章及其章程开展活动，任何组织或者个人不得非法干涉。

第六条 国务院民政部门和县级以上地方各级人民政府民政部门是本级人民政府的社会服务机构登记管理机关（以下简称登记管理机关）。

国务院有关部门和县级以上地方各级人民政府的有关部门、国务院或者县级以上地方各级人民政府授权的组织，是有关行业、业务范围内社会服务机构的业务主管单位（以下简称业务主管单位）。

县级以上人民政府有关部门依照本条例和其他有关法律法规，在各自的职责范围内做好相关工作。

法律、行政法规对社会服务机构的监督管理另有规定的，依照有关法律、行政法规的规定执行。

第七条　国家鼓励兴办社会服务机构，通过政府补助、购买服务、土地划拨、人才培养等方式，支持社会服务机构发展。

社会服务机构以及对社会服务机构进行捐赠的个人和组织，依照法律、行政法规的规定享受税收优惠。

对在经济社会发展中作出突出贡献的社会服务机构，按照国家有关规定给予表彰和奖励。

第二章　管　辖

第八条　县级以上地方各级人民政府民政部门负责同级业务主管单位审查同意的社会服务机构的登记管理。

直接登记的社会服务机构向所在地县级以上地方人民政府民政部门申请登记，其中城乡社区服务类社会服务机构应当向所在地县级人民政府民政部门申请登记。

县级以上地方各级人民政府民政部门负责同级行业审批机关依法许可的社会服务机构的登记管理。

依照法律、行政法规和国家政策规定，应当由国务院民政部门登记的社会服务机构向国务院民政部门申请登记。

第九条　登记管理机关、业务主管单位与其管辖的社会服务机构的住所不在一地的，可以委托社会服务机构住所地的登记管理机关、业务主管单位负责委托范围内的监督管理工作。

第三章　登　记

第十条　设立社会服务机构应当依照本条例进行登记。

设立社会服务机构，应当经其业务主管单位审查同意。

设立以下社会服务机构，直接向登记管理机关申请登记：

（一）在自然科学和工程技术领域内从事学术研究和交流活动的科技类社会服务机构；

（二）提供扶贫、济困、扶老、救孤、恤病、助残、救灾、助医、助学等服务的公益慈善类社会服务机构；

（三）为满足城乡社区居民生活需求开展活动的城乡社区服务类社会服务机构。

第十一条 申请设立社会服务机构，应当具备下列条件：

（一）不以营利为目的；

（二）有明确的社会服务范围；

（三）有规范的名称、章程；

（四）有与开展服务相适应的合法财产；

（五）有与其业务活动相适应的组织机构、场所、工作人员；

（六）有独立承担民事责任的能力；

（七）法律、行政法规规定的其他条件。

社会服务机构注册资金不得低于 3 万元人民币。在省级以下地方人民政府民政部门申请登记的，注册资金具体标准由省级人民政府制定。

第十二条 申请设立社会服务机构，申请人应当向登记管理机关提交下列材料：

（一）申请书；

（二）章程草案；

（三）捐赠财产承诺书、验资证明；

（四）场所使用权证明；

（五）申请人、理事、监事、拟任负责人基本情况及身份证明。

社会服务机构登记前须经业务主管单位审查同意的，申请人还应当提交业务主管单位的批准文件。

社会服务机构申请人应当对登记申请材料的真实、完整负责，对社会服务机构登记申请过程中的活动负责，不得以申请设立社会服务机构名义开展与申请无关的活动。

第十三条 社会服务机构的名称应当符合法律、法规、规章和政策的规定，不得违背社会道德风尚。

社会服务机构的名称应当与其登记地域、业务范围、组织类型相适应，准确反映其特征。

省级以下人民政府民政部门登记的社会服务机构应当冠以相应的行政区域名称。

第十四条 社会服务机构章程应当载明下列事项：

（一）名称和住所；

（二）宗旨和业务范围；

（三）注册资金数额、来源；

(四)组织机构的组成、产生程序、职权、议事规则;

(五)理事、监事、负责人的资格、职责、产生、任期和罢免程序;

(六)财产的管理、使用制度;

(七)组织的终止条件、程序和终止后财产的处理;

(八)章程的修改程序;

(九)应当由章程规定的其他事项。

第十五条 登记管理机关应当自收到本条例第十二条全部有效申请材料之日起30日内作出准予或者不予登记的决定。情况复杂的,经上一级民政部门批准,可以适当延长,但延长的期限不得超过60日。

准予登记的,核准章程,发给《社会服务机构法人登记证书》。《社会服务机构法人登记证书》载明的登记事项包括:名称、住所、宗旨和业务范围、法定代表人和负责人、注册资金。

经业务主管单位审查同意设立的社会服务机构,登记事项还应当包括业务主管单位。

第十六条 有下列情形之一的,登记管理机关不予登记,并向申请人书面说明理由:

(一)有根据证明申请登记的社会服务机构的宗旨、业务范围不符合本条例第三条规定的;

(二)申请登记时弄虚作假的;

(三)不符合本条例第十一条规定的设立条件的;

(四)拟任理事、监事、负责人有本条例第三十二条规定的不适合任职的情形的;

(五)有法律、行政法规禁止的其他情形。

第十七条 社会服务机构凭登记证书申请刻制印章、开立银行账户,并将印章式样、银行账号报登记管理机关备案。

社会服务机构理事、监事变动的,应当报登记管理机关备案。

第十八条 社会服务机构登记事项发生变更的,应当在变更之日起30日内向登记管理机关申请变更登记。

社会服务机构修改章程,应当经登记管理机关核准。

经业务主管单位审查同意设立的社会服务机构,申请变更登记事项或者核准章程,应当先经业务主管单位审查同意。

第十九条 社会服务机构的设立或者变更涉及重大公共利益的,登记管理机关可以征求有关部门意见或者通过论证会、听证会等形式听取意见，所需时间不包括在审查时限之内。登记管理机关应当将所需时间告知申请人。

第二十条 社会服务机构有下列情形之一的，应当终止，并向登记管理机关申请注销登记：

（一）按照章程规定终止的；

（二）理事会决议终止的；

（三）因分立、合并需要终止的；

（四）无法按照章程规定的宗旨继续从事服务活动的；

（五）依法被撤销登记或者吊销登记证书的；

（六）社会服务机构不能清偿到期债务，且资产不足以清偿全部债务或者明显缺乏清偿能力的。

第二十一条 社会服务机构应当在注销情形出现之日起30日内，在业务主管单位、登记管理机关和其他有关机关的指导下成立清算组织，并开始清算。

社会服务机构未在限定期限内组织清算组开展清算的，以及清算组不履行职责或者存在侵害社会服务机构财产情况的，债权人可以申请人民法院指定有关人员组成清算组进行清算。

注销事由出现之日起1年以内无债权人提出申请的，经业务主管单位审查设立的社会服务机构的业务主管单位，或者直接登记的社会服务机构的登记管理机关，可以向人民法院提出申请。

清算期间，社会服务机构不得开展清算以外的活动。

社会服务机构属于本条例第二十条第（六）项解散情况的，参照适用《中华人民共和国企业破产法》的相关程序。

第二十二条 清算组在清算期间行使下列职权：

（一）清理社会服务机构财产，分别编制资产负债表和财产清单；

（二）通知、公告债权人；

（三）处理与清算有关的社会服务机构未了结的业务；

（四）清缴所欠税款以及清算过程中产生的税款；

（五）清理债权、债务；

（六）处理社会服务机构清偿债务后的剩余财产；

（七）代表社会服务机构参与民事诉讼活动。

清算组成员应当依法履行清算义务，不得利用职权收受贿赂或者其他非法收入，不得侵占社会服务机构财产。

清算组成员因故意或者重大过失给社会服务机构或者债权人造成损失的，应当承担赔偿责任。

社会服务机构负责人、理事及工作人员应当配合清算组开展清算工作，因故意或者重大过失妨害清算，侵害社会服务机构财产或债权人权益的，应当承担赔偿责任。

第二十三条 清算组应当自成立之日起 10 日内通知债权人，并于 60 日内在报纸上公告。债权人应当自接到通知书之日起 30 日内，未接到通知书的自公告之日起 45 日内，向清算组申报其债权。

债权人申报债权，应当说明债权的有关事项，并提供证明材料。清算组应当对债权进行登记。

在申报债权期间，清算组不得对债权人进行清偿。

第二十四条 清算组在清理社会服务机构财产、编制资产负债表和财产清单后，应当制定清算方案，并报理事会或者人民法院确认。

社会服务机构财产在优先支付清算费用后，按照下列顺序进行：

（一）支付所欠服务对象费用；

（二）给付职工工资；

（三）社会保险费用和法定补偿金；

（四）缴纳所欠税款；

（五）偿还其他债务。

社会服务机构清偿债务后的剩余财产，应当依照章程的规定用于特定的社会服务和公益目的；无法按照章程规定处理的，由登记管理机关组织捐赠给与该社会服务机构性质、宗旨相同的非营利组织，并向社会公布。本条例施行前登记的民办非企业单位清偿后的剩余财产处理，由国务院民政部门会同有关部门制定。

第二十五条 社会服务机构在应当自完成清算之日起 15 日内，向登记管理机关申请办理注销登记。

社会服务机构申请注销登记时，应当向登记管理机关提交注销登记申请书和清算报告。经业务主管单位审查同意登记的社会服务机构，还应当提交业务主管单位审查同意的文件。

登记管理机关应当自收到全部有效文件之日起 30 日内核准注销，发给注销证明文件，收缴登记证书、印章和财务凭证。

第二十六条 依照本条例的规定而进行的设立、变更、注销登记，登记管理机关应当在登记完成后向社会公告。

第四章 组织机构

第二十七条 社会服务机构设立理事会，理事数为3至25人。

第一届理事由申请人、捐赠人共同提名、协商确定。继任理事由理事会提名并选举产生。理事任期由章程规定，每届任期不得超过5年。理事任期届满，可以连选连任。

理事会设理事长1人，可以设副理事长。

第二十八条 理事会是社会服务机构的决策机构，履行下列职责：

（一）修改章程；

（二）决定分立、合并或者终止；

（三）决定理事长、副理事长、理事任免事项；

（四）确定法定代表人人选，任免执行机构负责人；

（五）制定内部管理制度；

（六）审议年度工作计划、财务预算、决算报告；

（七）审议重大业务活动、大额财产处置以及重要涉外活动；

（八）审议年度工作报告和财务会计报告；

（九）章程规定的其他职权。

理事会应当对所议事项的决定制作会议记录、会议决议，出席会议的理事应当在会议记录、会议决议上签名。

理事会违反本条例或者章程规定作出的决议无效。

理事长召集和主持理事会会议；理事长不履行职务的，由半数以上理事共同推举1名副理事长或理事召集和主持。

第二十九条 社会服务机构可以设立执行机构。执行机构在执行机构负责人领导下开展工作，负责组织实施理事会决议和章程规定的其他职权。

不担任理事的执行机构负责人列席理事会。

第三十条 社会服务机构可以设立监事或监事会，监事会由3人以上组成。登记或者认定为慈善组织的社会服务机构应当设立监事。

监事由主要捐赠人、业务主管单位、登记管理机关选派。监事任期与理事任期相同，可以连任，但不得超过2届。理事、负责人、财会人员以及上述人员的近亲属不得兼任监事。

监事履行以下职责：

（一）依法监督社会服务机构按照章程开展活动；

（二）列席理事会会议，有权向理事会提出质询和建议；

（三）监督法定代表人的工作，检查财务和会计资料；

（四）有权向业务主管单位、登记管理机关以及税务、会计主管部门反映情况；

（五）章程赋予的其他职权。

第三十一条 社会服务机构的法定代表人依照章程的规定，由负责人担任。法律、行政法规另有规定的从其规定。

第三十二条 有下列情形之一的，不得担任社会服务机构的负责人、理事、监事：

（一）无民事行为能力或者限制民事行为能力的；

（二）因故意犯罪被判处刑罚，自刑罚执行完毕之日起未逾五年的；

（三）担任因违法被吊销登记证书的社会组织的法定代表人，并负有个人责任的，自被吊销之日起未逾五年的；

（四）有法律、行政法规规定不适合任职的其他情形的。

违反前款规定选举或者任命的负责人、理事、监事无效。负责人、理事、监事在任职期间出现前款所列情形的，社会服务机构应当依照章程的规定解除其职务。

国家机关工作人员不得担任社会服务机构的负责人。

有近亲属关系的理事人数不得超过理事总人数的三分之一。在社会服务机构领取薪水的理事数量不得超过理事总人数的三分之一。

第三十三条 社会服务机构的负责人、理事、监事应当遵守法律、法规和社会服务机构章程，忠实履行职责，维护社会服务机构利益，不得有下列行为：

（一）违反决策程序或者内部管理规定，超越职权或者怠于履职的；

（二）工作中隐瞒情况或者虚假报告的；

（三）与本社会服务机构交易，损害本单位利益的；

（四）参与与自身利益有关的决策或者利用职务之便谋取其他不正当利益的；

（五）其他违反忠实和勤勉义务，损害本单位利益的行为。

违反前款规定给社会服务机构造成损失的，应当依法承担赔偿责任。

第五章　活动准则和财产管理

第三十四条　社会服务机构开展需要取得行业许可的服务的，应当按照有关法律、行政法规的规定，向有关行业审批机关申请行业许可证或者批准文件。

第三十五条　在县级人民政府民政部门登记的社会服务机构可以在其住所地所在县级行政区域范围内设立分支机构。

分支机构是社会服务机构的组成部分，不具备法人资格，应当按照其所属社会服务机构章程所规定的宗旨和业务范围，在社会服务机构的授权范围内，使用冠有所属社会服务机构名称的规范全称开展活动。

第三十六条　社会服务机构的财产包括：

（一）注册资金；

（二）社会捐赠的财产；

（三）在核准的业务范围内开展社会服务取得的收入，政府资助和购买服务收入；

（四）依法保值增值形成的财产；

（五）其他合法财产。

第三十七条　社会服务机构应当按照合法、安全、有效的原则管理自身财产。

社会服务机构的财产应当按照章程的规定使用，不得在申请人、捐赠人、负责人中分配。

任何组织或者个人不得私分、挪用、截留或者侵占社会服务机构的财产。

社会服务机构使用国有资产的，应当遵守国有资产监督管理有关规定。

社会服务机构不得以其财产向其他组织和个人提供担保或者与组织宗旨无关的借款，不得成为投资组织的债务连带责任出资人。

政府资助的财产和捐赠协议约定不得投资的财产，不得用于投资。

第三十八条　社会服务机构与利益关联方发生交易的，应当遵循公开、公平、公允的原则，不得损害社会服务机构利益。

理事会审议与利益关联方交易事项时，与该交易有利益关系的理事应当回避表决，也不得代理其他理事行使表决权。

第三十九条　社会服务机构接受捐赠和开展募捐活动，应当遵守相关法律和行政法规规定，符合章程规定的宗旨和业务范围。接受的捐赠财产应当根据与捐赠人约定的期限、方式和用途合法使用。

捐赠人有权向社会服务机构查询捐赠财产的使用、管理情况，并提出意见和建议。

第四十条 社会服务机构应当按照国家统一的会计制度确定财务制度、制定财务会计报告，健全内控机制，规范使用票据，接受财政部门的监督。

社会服务机构财产来源于国家资助或者社会捐赠、资助的，应当接受审计机关监督。

社会服务机构开展活动的资金往来，应当使用登记管理机关备案的账户，不得使用其他组织或者个人的账户。

第四十一条 社会服务机构及其工作人员不得伪造、涂改、出租、出借、转让本机构登记证书、印章。

登记证书、印章遗失或者毁损的，社会服务机构应当向社会声明作废，申请补领。

第四十二条 社会服务机构接受境外捐助、开展对外合作、加入国际组织等，应当遵守国家有关规定并建立相应管理制度。

第六章 信息公开

第四十三条 登记管理机关及其他政府有关部门应当及时向社会公开下列信息：

(一)社会服务机构登记、许可事项；

(二)登记或者认定为慈善组织的社会服务机构名单；

(三)对社会服务机构的税收优惠、资助补贴等优惠措施；

(四)对社会服务机构开展检查、抽查、评估的结果；

(五)对社会服务机构的表彰、处罚结果；

(六)法律法规规定应当公开的其他信息。

登记管理机关和其他政府有关部门之间应当建立社会服务机构信息共享机制。

第四十四条 社会服务机构应当自以下信息产生或者变动30日内在登记管理机关统一的信息平台以及通过其他便于公众查询的方式向社会公开：

(一)登记事项；

(二)章程；

(三)负责人、理事和监事名单；

(四)服务内容和收费标准；

(五)接受捐赠和使用情况；

(六)税收优惠、资助补贴、政府购买服务情况；

(七)与利益关联方发生交易情况；

(八)受到行政处罚情况；

(九)设立分支机构情况；

(十)其他依法应当公开的信息。

第四十五条 社会服务机构应当于每年1月1日至6月30日，通过登记管理机关统一的信息平台向登记管理机关报送上一年度工作报告。

社会服务机构年度工作报告内容包括：

(一)基本信息；

(二)业务活动情况；

(三)组织机构情况；

(四)接受有关部门监督管理的情况；

(五)监事意见；

(六)履行信息公开义务的情况；

(七)财务会计报告；

(八)登记管理机关要求的其他信息。

前款第(一)至(六)项信息应当向社会公开，第(七)项、第(八)项信息由社会服务机构选择是否向社会公开。

依法登记或者认定为慈善组织的社会服务机构，年度工作报告及公开的内容还应当包括注册会计师审计报告。

第四十六条 社会服务机构应当对公开信息的真实性、完整性、及时性负责。公开信息应当便于公众获取，不得有虚假记载、误导性陈述或者重大遗漏。社会服务机构被民政部门登记或者认定为慈善组织的，还应当依法公开相关的组织和活动信息。

社会服务机构对于已经公开的信息，应当制作信息公开档案，妥善保管。

涉及国家秘密、商业机密和个人隐私的信息以及法律、行政法规规定不予公开的其他信息，不得公开。捐赠人不同意公开的信息，不得公开。

第七章 监督管理

第四十七条 登记管理机关履行下列监督管理职责：

（一）负责社会服务机构的设立、变更、注销登记、备案和章程核准；

（二）督促社会服务机构履行信息公开责任，对社会服务机构公开的信息进行随机抽查；

（三）对社会服务机构依照本条例及其章程开展活动的情况进行监督检查；

（四）对社会服务机构违反本条例的行为依法进行查处。

第四十八条 民政部门建立社会服务机构评估、信用记录、年度工作报告、活动异常名录制度，并通过统一的信息平台向社会公开社会服务机构的相关信息。

第四十九条 登记管理机关对涉嫌违反本条例规定的社会服务机构，有权采取下列措施：

（一）约谈负责人及相关工作人员；

（二）对住所和违法行为发生地进行现场检查；

（三）要求负责人作出说明，查阅、复制有关材料，对可能被转移、销毁、隐匿或者篡改的文件、资料予以封存；

（四）向有关单位和个人调查询问与监督管理有关的情况；

（五）经本级人民政府批准，查询社会服务机构的账户；

（六）法律、行政法规规定的其他措施。

进行现场检查或者调查的人员不得少于2人，并应当出示合法证件和检查、调查通知书。

登记管理机关依法履行监督管理职责时，有关单位和个人应当予以配合。

第五十条 业务主管单位履行下列监督管理职责：

（一）负责社会服务机构设立、变更、注销登记以及章程核准前的审查；

（二）监督、指导社会服务机构遵守宪法、法律、法规、规章和国家有关政策，并依据其章程开展活动；

（三）监督、指导社会服务机构制定年度工作报告、履行信息公开义务；

（四）协助登记管理机关和其他有关部门查处社会服务机构的违法

行为；

（五）会同有关部门指导社会服务机构的清算事宜。

第五十一条 县级以上人民政府外事、发展改革、公安、财政、人力资源社会保障、审计、税务等有关职能部门对社会服务机构涉及本领域的事项履行监督管理职责，依法查处违法违规行为并及时向登记管理机关通报。

第五十二条 登记管理机关应当建立社会监督机制，鼓励公众监督社会服务机构依法开展活动。社会公众、新闻媒体可以对社会服务机构开展社会服务活动情况进行监督。社会公众可以依法向登记管理机关及有关部门举报社会服务机构的违法违规行为，相关部门应当及时受理。

社会服务机构可以依法建立行业组织，进行行业管理和行业监督。

第五十三条 有下列情形之一的社会服务机构，由登记管理机关列入异常名录或严重违法名单，并通过统一的信息平台向社会公开：

（一）未按照本条例规定的时限公开年度报告或者公开有关组织信息的；

（二）公开信息隐瞒真实情况、弄虚作假的；

（三）有其他违法违规情况的。

具体实施办法由国务院民政部门制定。

第八章 法律责任

第五十四条 社会服务机构弄虚作假骗取登记的，由登记管理机关撤销登记。登记管理机关可以对直接责任人处以 5 万元以下的罚款。

第五十五条 社会服务机构不再具备设立条件的，由登记管理机关责令限期改正，逾期仍不符合条件的，吊销登记证书。

第五十六条 社会服务机构有下列情形之一的，由登记管理机关责令改正，可以给予警告或者责令限期停止活动；有违法所得的，没收违法所得；可以单处或者并处 1 万元以上 3 万元以下的罚款；情节严重的，吊销登记证书：

（一）伪造、变造或者出租、出借、转让登记证书、印章的；

（二）超出章程规定的宗旨和业务范围开展活动的；

（三）拒不接受或者不按照规定接受监督检查，或者在接受监督检查时隐瞒真实情况、弄虚作假的；

（四）不按照规定办理变更登记、核准、备案，或者隐瞒真实情况、弄虚作假的；

（五）违反规定设立分支机构的；

（六）私分、挪用、截留或者侵占社会服务机构财产的；

（七）违反国家有关规定筹集资金、获取收入或者接受使用捐赠、资助的；

（八）其他违反本条例规定的情形。

社会服务机构有前款所列情形的，登记管理机关可以对法定代表人、负责人、直接责任人员给予警告，并可处以 1 万元以下的罚款。对前款第（七）项情形的，责令相关责任人限期退还财产，给社会服务机构造成损失的，依法承担赔偿责任。

第五十七条 社会服务机构的活动违反其他法律、法规的，由有关国家机关依法处理。有关国家机关认为应当吊销登记证书的，由登记管理机关吊销登记证书。

第五十八条 未经登记，擅自以社会服务机构名义进行活动，以及被撤销登记、吊销登记证书后继续以社会服务机构名义开展活动，情节轻微的，由登记管理机关责令解散；情节严重或者拒不解散的，予以取缔，没收非法财产和违法所得；对责任人可处以 2 万元以下的罚款。有违反治安管理行为的，依法给予治安管理处罚；构成犯罪的，依法追究刑事责任。

依照法律、行政法规规定应当取得而未取得许可证或者批准文件，擅自开展活动的，由有关行业审批机关会同登记管理机关进行查处。

第五十九条 登记管理机关依法作出变更登记、撤销登记、吊销登记证书、注销登记的决定后，社会服务机构拒不缴回或者无法缴回原登记证书、印章的，由登记管理机关公告作废。

第六十条 登记管理机关工作人员滥用职权、徇私舞弊、玩忽职守构成犯罪的，依法追究刑事责任；尚不构成犯罪的，依法给予处分。

第九章 附 则

第六十一条 本条例所称社会服务机构的负责人，是指理事长、副理事长、执行机构负责人。

本条例所称利益关联方是指与理事、监事、负责人之间存在互相控制和影响关系、可能导致社会服务机构利益被转移的组织或个人。

第六十二条 依照本条例登记的具有慈善组织属性的社会服务机构，还应当符合《中华人民共和国慈善法》的有关规定。

第六十三条 社会服务机构登记办法、名称管理规定、章程示范文本、年度工作报告、登记证书式样，由国务院民政部门制定。

第六十四条 具有涉外因素的社会服务机构，具体登记管理办法由国务院民政部门依照有关法律、行政法规另行规定。

内地与香港特别行政区、澳门特别行政区和台湾地区就设立社会服务机构有协议规定的，依照有关协议办理。

中国和外国就设立社会服务机构有协议规定的，依照有关协议办理。

第六十五条 本条例自 年 月 日起施行，1998 年 10 月 25 日国务院发布的《民办非企业单位登记管理暂行条例》同时废止。

本条例施行前已经登记的民办非企业单位，应当自本条例施行之日起 2 年内，按照国务院民政部门规定的办法申请换发登记证书。

关于《社会服务机构登记管理条例》（《民办非企业单位登记管理暂行条例》修订草案征求意见稿）的说明

对比 1998 年国务院颁布的《民办非企业单位登记管理暂行条例》（以下简称《暂行条例》），现予公布的《社会服务机构登记管理条例》（《民办非企业单位登记管理暂行条例》修订草案“征求意见稿”）（以下简称“征求意见稿”）共 9 章 65 条。

现将征求意见稿的主要修改内容说明如下：

一、修改了条例名称和相关概念

一是对民办非企业单位的称谓作了修改。《中华人民共和国慈善法》已将民办非企业单位更名为社会服务机构。为保持一致，征求意见稿将“民办非企业单位”修改为“社会服务机构”。

二是对社会服务机构进行了重新定义。《暂行条例》对民办非企业单位的界定是“企业事业单位、社会团体和其他社会力量以及公民个人”、“利用非国有资产举办”、“从事非营利性社会服务活动的社会组织”。征求意见稿对社会服务机构的界定是“自然人、法人或者其他组织”、“为了提供社会服务”、“主要利用非国有资产”、“设立的非营利性法人”（第二条）。

将“企业事业单位、社会团体和其他社会力量以及公民个人”修改为“自然人、法人或者其他组织”，主要考虑到这样表述更全面规范。

将“利用非国有资产”修改为“主要利用非国有资产”，主要考虑到这类机构在设立过程中利用了包括国有土地在内的部分国有资产。

将“从事非营利性社会服务活动的社会组织”修改为“为了提供社会服务”、“设立的非营利性法人”，主要考虑到非营利性活动难以界定，而非营利组织是《企业所得税法》明确的概念。

二、调整完善了管理体制

十八届三中全会要求对行业协会商会类、科技类、公益慈善类、城乡社区服务类社会组织实行直接登记。据此，征求意见稿对双重管理体制进行了调整完善，规定对科技类、公益慈善类、城乡社区服务类社会服务机构实行直接登记，设立其他社会服务机构，应当先经其业务主管单位审查同意（第十条）。同时，为了加强对社会服务机构的行业管理，征求意见稿规定，社会服务机构开展服务需要取得行业许可的，应当按照法律、行政法规的规定，向有关行业审批机关申请行业许可证或者批准文件（第三十四条）。

三、统一了社会服务机构的组织类型

征求意见稿取消了个体型、合伙型，将社会服务机构统一为非营利性法人（第二条），理由如下：一是与《民办教育促进法》的规定保持一致。《民办教育促进法》明确规定民办学校为法人组织，目前，个体型、合伙型民办学校已完成主体资格变更，转为法人组织形式。二是使申请人的权利义务对等。按照非营利组织的基本要求，社会服务机构的申请人不能从盈余和剩余财产中分配，但个体型、合伙型组织出现财务问题却要承担无限连带民事责任，显失公平。三是要求社会服务机构遵循法人治理结构和运作方式，有利于保持其非营利性。对存量的个体型、合伙型民办非企业单位，可以通过2年过渡期实现主体资格变更（第六十五条）。

四、允许县级人民政府民政部门登记的社会服务机构在住所地县级区域范围内设立分支机构

《暂行条例》规定“民办非企业单位不得设立分支机构”，主要是从当时的立法环境和管理状况考虑的。为了扩展服务规模，提升服务质量，社会服务机构急需设立分支机构。同时，考虑到社会组织跨出登记管理机关的管

辖范围设立分支机构，登记管理机关将难以有效管理，且社会服务机构多数在区县民政部门登记，征求意见稿本着积极稳妥、适度放开的精神，拟限定在县级人民政府民政部门登记的社会服务机构可在其住所地县级行政区域范围内设立分支机构（第三十五条）。

五、规范了社会服务机构的组织机构、活动准则和财产管理

为加强对社会服务机构的规范管理，征求意见稿增加了组织机构、活动准则和财产管理2章，对社会服务机构的理事会构成（第二十七条）、职责和议事规则（第二十八条）、监事（会）职权（第三十条）、法定代表人（第三十一条）、理事、监事的任职资格（第三十二条）和履职要求（第三十三条）提出了明确的要求，对社会服务机构开展需要行业审批的特定社会服务活动、开展涉外活动（第四十二条）提出了明确的要求，对社会服务机构财产的管理和使用（第三十七条）、接受和使用捐赠（第三十九条）、会计和审计监督（第四十条）、注销和清算程序（第二十条至第二十五条）提出了明确的要求，以引导社会服务机构自我管理、依法自治，并加强对社会服务机构的非营利性监管。

六、将年度检查调整为年度工作报告和信息公开

为落实国务院关于简政放权、加强事中事后监管的要求，征求意见稿参考商事制度改革中变年度检查为年度报告和公示的做法，将年度检查调整为社会服务机构应当履行的年度工作报告（第四十五条）和信息公开义务（第四十四条、第四十六条），同时，登记管理机关通过实施随机抽查，将不履行年度工作报告和信息公开义务的社会服务机构列入异常名录等方式（第五十三条），加强监督，既有利于社会服务机构更好地依法自治，又有利于社会公众对社会服务机构进行社会监督，还有利于管理部门加强事中事后监管。

中华人民共和国慈善法

（2016年3月16日第十二届全国人民代表大会第四次会议通过）

目　录

第一章　总　则

第一条　为了发展慈善事业，弘扬慈善文化，规范慈善活动，保护慈善组织、捐赠人、志愿者、受益人等慈善活动参与者的合法权益，促进社会进步，共享发展成果，制定本法。

第二条　自然人、法人和其他组织开展慈善活动以及与慈善有关的活动，适用本法。其他法律有特别规定的，依照其规定。

第三条　本法所称慈善活动，是指自然人、法人和其他组织以捐赠财产或者提供服务等方式，自愿开展的下列公益活动：

（一）扶贫、济困；

（二）扶老、救孤、恤病、助残、优抚；

（三）救助自然灾害、事故灾难和公共卫生事件等突发事件造成的损害；

（四）促进教育、科学、文化、卫生、体育等事业的发展；

（五）防治污染和其他公害，保护和改善生态环境；

（六）符合本法规定的其他公益活动。

第四条　开展慈善活动，应当遵循合法、自愿、诚信、非营利的原则，不得违背社会公德，不得危害国家安全、损害社会公共利益和他人合法权益。

第五条　国家鼓励和支持自然人、法人和其他组织践行社会主义核心价值观，弘扬中华民族传统美德，依法开展慈善活动。

第六条　国务院民政部门主管全国慈善工作，县级以上地方各级人民政府民政部门主管本行政区域内的慈善工作；县级以上人民政府有关部门依照本法和其他有关法律法规，在各自的职责范围内做好相关工作。

第七条 每年9月5日为“中华慈善日”。

第二章 慈善组织

第八条 本法所称慈善组织，是指依法成立、符合本法规定，以面向社会开展慈善活动为宗旨的非营利性组织。

慈善组织可以采取基金会、社会团体、社会服务机构等组织形式。

第九条 慈善组织应当符合下列条件：

（一）以开展慈善活动为宗旨；

（二）不以营利为目的；

（三）有自己的名称和住所；

（四）有组织章程；

（五）有必要的财产；

（六）有符合条件的组织机构和负责人；

（七）法律、行政法规规定的其他条件。

第十条 设立慈善组织，应当向县级以上人民政府民政部门申请登记，民政部门应当自受理申请之日起三十日内作出决定。符合本法规定条件的，准予登记并向社会公告；不符合本法规定条件的，不予登记并书面说明理由。

本法公布前已经设立的基金会、社会团体、社会服务机构等非营利性组织，可以向其登记的民政部门申请认定为慈善组织，民政部门应当自受理申请之日起二十日内作出决定。符合慈善组织条件的，予以认定并向社会公告；不符合慈善组织条件的，不予认定并书面说明理由。

有特殊情况需要延长登记或者认定期限的，报经国务院民政部门批准，可以适当延长，但延长的期限不得超过六十日。

第十一条 慈善组织的章程，应当符合法律法规的规定，并载明下列事项：

（一）名称和住所；

（二）组织形式；

（三）宗旨和活动范围；

（四）财产来源及构成；

（五）决策、执行机构的组成及职责；

(六)内部监督机制;

(七)财产管理使用制度;

(八)项目管理制度;

(九)终止情形及终止后的清算办法;

(十)其他重要事项。

第十二条 慈善组织应当根据法律法规以及章程的规定,建立健全内部治理结构,明确决策、执行、监督等方面的职责权限,开展慈善活动。

慈善组织应当执行国家统一的会计制度,依法进行会计核算,建立健全会计监督制度,并接受政府有关部门的监督管理。

第十三条 慈善组织应当每年向其登记的民政部门报送年度工作报告和财务会计报告。报告应当包括年度开展募捐和接受捐赠情况、慈善财产的管理使用情况、慈善项目实施情况以及慈善组织工作人员的工资福利情况。

第十四条 慈善组织的发起人、主要捐赠人以及管理人员,不得利用其关联关系损害慈善组织、受益人的利益和社会公共利益。

慈善组织的发起人、主要捐赠人以及管理人员与慈善组织发生交易行为的,不得参与慈善组织有关该交易行为的决策,有关交易情况应当向社会公开。

第十五条 慈善组织不得从事、资助危害国家安全和社会公共利益的活动,不得接受附加违反法律法规和违背社会公德条件的捐赠,不得对受益人附加违反法律法规和违背社会公德的条件。

第十六条 有下列情形之一的,不得担任慈善组织的负责人:

(一)无民事行为能力或者限制民事行为能力的;

(二)因故意犯罪被判处刑罚,自刑罚执行完毕之日起未逾五年的;

(三)在被吊销登记证书或者被取缔的组织担任负责人,自该组织被吊销登记证书或者被取缔之日起未逾五年的;

(四)法律、行政法规规定的其他情形。

第十七条 慈善组织有下列情形之一的,应当终止:

(一)出现章程规定的终止情形的;

(二)因分立、合并需要终止的;

(三)连续二年未从事慈善活动的;

(四)依法被撤销登记或者吊销登记证书的;

（五）法律、行政法规规定应当终止的其他情形。

第十八条 慈善组织终止，应当进行清算。

慈善组织的决策机构应当在本法第十七条规定的终止情形出现之日起三十日内成立清算组进行清算，并向社会公告。不成立清算组或者清算组不履行职责的，民政部门可以申请人民法院指定有关人员组成清算组进行清算。

慈善组织清算后的剩余财产，应当按照慈善组织章程的规定转给宗旨相同或者相近的慈善组织；章程未规定的，由民政部门主持转给宗旨相同或者相近的慈善组织，并向社会公告。

慈善组织清算结束后，应当向其登记的民政部门办理注销登记，并由民政部门向社会公告。

第十九条 慈善组织依法成立行业组织。

慈善行业组织应当反映行业诉求，推动行业交流，提高慈善行业公信力，促进慈善事业发展。

第二十条 慈善组织的组织形式、登记管理的具体办法由国务院制定。

第三章 慈善募捐

第二十一条 本法所称慈善募捐，是指慈善组织基于慈善宗旨募集财产的活动。

慈善募捐，包括面向社会公众的公开募捐和面向特定对象的定向募捐。

第二十二条 慈善组织开展公开募捐，应当取得公开募捐资格。依法登记满二年的慈善组织，可以向其登记的民政部门申请公开募捐资格。民政部门应当自受理申请之日起二十日内作出决定。慈善组织符合内部治理结构健全、运作规范的条件的，发给公开募捐资格证书；不符合条件的，不发给公开募捐资格证书并书面说明理由。

法律、行政法规规定自登记之日起可以公开募捐的基金会和社会团体，由民政部门直接发给公开募捐资格证书。

第二十三条 开展公开募捐，可以采取下列方式：

（一）在公共场所设置募捐箱；

（二）举办面向社会公众的义演、义赛、义卖、义展、义拍、慈善晚会等；

（三）通过广播、电视、报刊、互联网等媒体发布募捐信息；

（四）其他公开募捐方式。

慈善组织采取前款第一项、第二项规定的方式开展公开募捐的，应当在其登记的民政部门管辖区域内进行，确有必要在其登记的民政部门管辖区域外进行的，应当报其开展募捐活动所在地的县级以上人民政府民政部门备案。捐赠人的捐赠行为不受地域限制。

慈善组织通过互联网开展公开募捐的，应当在国务院民政部门统一或者指定的慈善信息平台发布募捐信息，并可以同时在其网站发布募捐信息。

第二十四条 开展公开募捐，应当制定募捐方案。募捐方案包括募捐目的、起止时间和地域、活动负责人姓名和办公地址、接受捐赠方式、银行账户、受益人、募得款物用途、募捐成本、剩余财产的处理等。

募捐方案应当在开展募捐活动前报慈善组织登记的民政部门备案。

第二十五条 开展公开募捐，应当在募捐活动现场或者募捐活动载体的显著位置，公布募捐组织名称、公开募捐资格证书、募捐方案、联系方式、募捐信息查询方法等。

第二十六条 不具有公开募捐资格的组织或者个人基于慈善目的，可以与具有公开募捐资格的慈善组织合作，由该慈善组织开展公开募捐并管理募得款物。

第二十七条 广播、电视、报刊以及网络服务提供者、电信运营商，应当对利用其平台开展公开募捐的慈善组织的登记证书、公开募捐资格证书进行验证。

第二十八条 慈善组织自登记之日起可以开展定向募捐。

慈善组织开展定向募捐，应当在发起人、理事会成员和会员等特定对象的范围内进行，并向募捐对象说明募捐目的、募得款物用途等事项。

第二十九条 开展定向募捐，不得采取或者变相采取本法第二十三条规定的方式。

第三十条 发生重大自然灾害、事故灾难和公共卫生事件等突发事件，需要迅速开展救助时，有关人民政府应当建立协调机制，提供需求信息，及时有序引导开展募捐和救助活动。

第三十一条 开展募捐活动，应当尊重和维护募捐对象的合法权益，保障募捐对象的知情权，不得通过虚构事实等方式欺骗、诱导募捐对象实施捐赠。

第三十二条 开展募捐活动，不得摊派或者变相摊派，不得妨碍公共秩序、企业生产经营和居民生活。

第三十三条 禁止任何组织或者个人假借慈善名义或者假冒慈善组织开展募捐活动，骗取财产。

第四章 慈善捐赠

第三十四条 本法所称慈善捐赠，是指自然人、法人和其他组织基于慈善目的，自愿、无偿赠与财产的活动。

第三十五条 捐赠人可以通过慈善组织捐赠，也可以直接向受益人捐赠。

第三十六条 捐赠人捐赠的财产应当是其有权处分的合法财产。捐赠财产包括货币、实物、房屋、有价证券、股权、知识产权等有形和无形财产。

捐赠人捐赠的实物应当具有使用价值，符合安全、卫生、环保等标准。

捐赠人捐赠本企业产品的，应当依法承担产品质量责任和义务。

第三十七条 自然人、法人和其他组织开展演出、比赛、销售、拍卖等经营性活动，承诺将全部或者部分所得用于慈善目的的，应当在举办活动前与慈善组织或者其他接受捐赠的人签订捐赠协议，活动结束后按照捐赠协议履行捐赠义务，并将捐赠情况向社会公开。

第三十八条 慈善组织接受捐赠，应当向捐赠人开具由财政部门统一监（印）制的捐赠票据。捐赠票据应当载明捐赠人、捐赠财产的种类及数量、慈善组织名称和经办人姓名、票据日期等。捐赠人匿名或者放弃接受捐赠票据的，慈善组织应当做好相关记录。

第三十九条 慈善组织接受捐赠，捐赠人要求签订书面捐赠协议的，慈善组织应当与捐赠人签订书面捐赠协议。

书面捐赠协议包括捐赠人和慈善组织名称，捐赠财产的种类、数量、质量、用途、交付时间等内容。

第四十条 捐赠人与慈善组织约定捐赠财产的用途和受益人时，不得指定捐赠人的利害关系人作为受益人。

任何组织和个人不得利用慈善捐赠违反法律规定宣传烟草制品，不得利用慈善捐赠以任何方式宣传法律禁止宣传的产品和事项。

第四十一条 捐赠人应当按照捐赠协议履行捐赠义务。捐赠人违反捐赠协议逾期未交付捐赠财产，有下列情形之一的，慈善组织或者其他接受捐赠的人可以要求交付；捐赠人拒不交付的，慈善组织和其他接受捐赠的人可以依法向人民法院申请支付令或者提起诉讼：

（一）捐赠人通过广播、电视、报刊、互联网等媒体公开承诺捐赠的；

（二）捐赠财产用于本法第三条第一项至第三项规定的慈善活动，并签订书面捐赠协议的。

捐赠人公开承诺捐赠或者签订书面捐赠协议后经济状况显著恶化，严重影响其生产经营或者家庭生活的，经向公开承诺捐赠地或者书面捐赠协议签订地的民政部门报告并向社会公开说明情况后，可以不再履行捐赠义务。

第四十二条　捐赠人有权查询、复制其捐赠财产管理使用的有关资料，慈善组织应当及时主动向捐赠人反馈有关情况。

慈善组织违反捐赠协议约定的用途，滥用捐赠财产的，捐赠人有权要求其改正；拒不改正的，捐赠人可以向民政部门投诉、举报或者向人民法院提起诉讼。

第四十三条　国有企业实施慈善捐赠应当遵守有关国有资产管理的规定，履行批准和备案程序。

第五章　慈善信托

第四十四条　本法所称慈善信托属于公益信托，是指委托人基于慈善目的，依法将其财产委托给受托人，由受托人按照委托人意愿以受托人名义进行管理和处分，开展慈善活动的行为。

第四十五条　设立慈善信托、确定受托人和监察人，应当采取书面形式。受托人应当在慈善信托文件签订之日起七日内，将相关文件向受托人所在地县级以上人民政府民政部门备案。

未按照前款规定将相关文件报民政部门备案的，不享受税收优惠。

第四十六条　慈善信托的受托人，可以由委托人确定其信赖的慈善组织或者信托公司担任。

第四十七条　慈善信托的受托人违反信托义务或者难以履行职责的，委托人可以变更受托人。变更后的受托人应当自变更之日起七日内，将变更情况报原备案的民政部门重新备案。

第四十八条　慈善信托的受托人管理和处分信托财产，应当按照信托目的，恪尽职守，履行诚信、谨慎管理的义务。

慈善信托的受托人应当根据信托文件和委托人的要求，及时向委托人报告信托事务处理情况、信托财产管理使用情况。慈善信托的受托人应当每年至少一次将信托事务处理情况及财务状况向其备案的民政部门报告，并向社会公开。

第四十九条 慈善信托的委托人根据需要，可以确定信托监察人。

信托监察人对受托人的行为进行监督，依法维护委托人和受益人的权益。信托监察人发现受托人违反信托义务或者难以履行职责的，应当向委托人报告，并有权以自己的名义向人民法院提起诉讼。

第五十条 慈善信托的设立、信托财产的管理、信托当事人、信托的终止和清算等事项，本章未规定的，适用本法其他有关规定；本法未规定的，适用《中华人民共和国信托法》的有关规定。

第六章 慈善财产

第五十一条 慈善组织的财产包括：

（一）发起人捐赠、资助的创始财产；

（二）募集的财产；

（三）其他合法财产。

第五十二条 慈善组织的财产应当根据章程和捐赠协议的规定全部用于慈善目的，不得在发起人、捐赠人以及慈善组织成员中分配。

任何组织和个人不得私分、挪用、截留或者侵占慈善财产。

第五十三条 慈善组织对募集的财产，应当登记造册，严格管理，专款专用。

捐赠人捐赠的实物不易储存、运输或者难以直接用于慈善目的的，慈善组织可以依法拍卖或者变卖，所得收入扣除必要费用后，应当全部用于慈善目的。

第五十四条 慈善组织为实现财产保值、增值进行投资的，应当遵循合法、安全、有效的原则，投资取得的收益应当全部用于慈善目的。慈善组织的重大投资方案应当经决策机构组成人员三分之二以上同意。政府资助的财产和捐赠协议约定不得投资的财产，不得用于投资。慈善组织的负责人和工作人员不得在慈善组织投资的企业兼职或者领取报酬。

前款规定事项的具体办法，由国务院民政部门制定。

第五十五条 慈善组织开展慈善活动，应当依照法律法规和章程的规定，按照募捐方案或者捐赠协议使用捐赠财产。慈善组织确需变更募捐方案规定的捐赠财产用途的，应当报民政部门备案；确需变更捐赠协议约定的捐赠财产用途的，应当征得捐赠人同意。

第五十六条 慈善组织应当合理设计慈善项目，优化实施流程，降低运行成本，提高慈善财产使用效益。

慈善组织应当建立项目管理制度，对项目实施情况进行跟踪监督。

第五十七条 慈善项目终止后捐赠财产有剩余的，按照募捐方案或者捐赠协议处理；募捐方案未规定或者捐赠协议未约定的，慈善组织应当将剩余财产用于目的相同或者相近的其他慈善项目，并向社会公开。

第五十八条 慈善组织确定慈善受益人，应当坚持公开、公平、公正的原则，不得指定慈善组织管理人员的利害关系人作为受益人。

第五十九条 慈善组织根据需要可以与受益人签订协议，明确双方权利义务，约定慈善财产的用途、数额和使用方式等内容。

受益人应当珍惜慈善资助，按照协议使用慈善财产。受益人未按照协议使用慈善财产或者有其他严重违反协议情形的，慈善组织有权要求其改正；受益人拒不改正的，慈善组织有权解除协议并要求受益人返还财产。

第六十条 慈善组织应当积极开展慈善活动，充分、高效运用慈善财产，并遵循管理费用最必要原则，厉行节约，减少不必要的开支。慈善组织中具有公开募捐资格的基金会开展慈善活动的年度支出，不得低于上一年总收入的百分之七十或者前三年收入平均数额的百分之七十；年度管理费用不得超过当年总支出的百分之十，特殊情况下，年度管理费用难以符合前述规定的，应当报告其登记的民政部门并向社会公开说明情况。

具有公开募捐资格的基金会以外的慈善组织开展慈善活动的年度支出和管理费用的标准，由国务院民政部门会同国务院财政、税务等部门依照前款规定的原则制定。

捐赠协议对单项捐赠财产的慈善活动支出和管理费用有约定的，按照其约定。

第七章 慈善服务

第六十一条 本法所称慈善服务，是指慈善组织和其他组织以及个人基于慈善目的，向社会或者他人提供的志愿无偿服务以及其他非营利服务。

慈善组织开展慈善服务，可以自己提供或者招募志愿者提供，也可以委托有服务专长的其他组织提供。

第六十二条 开展慈善服务，应当尊重受益人、志愿者的人格尊严，不得侵害受益人、志愿者的隐私。

第六十三条　开展医疗康复、教育培训等慈善服务，需要专门技能的，应当执行国家或者行业组织制定的标准和规程。

慈善组织招募志愿者参与慈善服务，需要专门技能的，应当对志愿者开展相关培训。

第六十四条　慈善组织招募志愿者参与慈善服务，应当公示与慈善服务有关的全部信息，告知服务过程中可能发生的风险。

慈善组织根据需要可以与志愿者签订协议，明确双方权利义务，约定服务的内容、方式和时间等。

第六十五条　慈善组织应当对志愿者实名登记，记录志愿者的服务时间、内容、评价等信息。根据志愿者的要求，慈善组织应当无偿、如实出具志愿服务记录证明。

第六十六条　慈善组织安排志愿者参与慈善服务，应当与志愿者的年龄、文化程度、技能和身体状况相适应。

第六十七条　志愿者接受慈善组织安排参与慈善服务的，应当服从管理，接受必要的培训。

第六十八条　慈善组织应当为志愿者参与慈善服务提供必要条件，保障志愿者的合法权益。

慈善组织安排志愿者参与可能发生人身危险的慈善服务前，应当为志愿者购买相应的人身意外伤害保险。

第八章　信息公开

第六十九条　县级以上人民政府建立健全慈善信息统计和发布制度。

县级以上人民政府民政部门应当在统一的信息平台，及时向社会公开慈善信息，并免费提供慈善信息发布服务。

慈善组织和慈善信托的受托人应当在前款规定的平台发布慈善信息，并对信息的真实性负责。

第七十条　县级以上人民政府民政部门和其他有关部门应当及时向社会公开下列慈善信息：

（一）慈善组织登记事项；

（二）慈善信托备案事项；

（三）具有公开募捐资格的慈善组织名单；

（四）具有出具公益性捐赠税前扣除票据资格的慈善组织名单；

（五）对慈善活动的税收优惠、资助补贴等促进措施；

（六）向慈善组织购买服务的信息；

（七）对慈善组织、慈善信托开展检查、评估的结果；

（八）对慈善组织和其他组织以及个人的表彰、处罚结果；

（九）法律法规规定应当公开的其他信息。

第七十一条 慈善组织、慈善信托的受托人应当依法履行信息公开义务。信息公开应当真实、完整、及时。

第七十二条 慈善组织应当向社会公开组织章程和决策、执行、监督机构成员信息以及国务院民政部门要求公开的其他信息。上述信息有重大变更的，慈善组织应当及时向社会公开。

慈善组织应当每年向社会公开其年度工作报告和财务会计报告。具有公开募捐资格的慈善组织的财务会计报告须经审计。

第七十三条 具有公开募捐资格的慈善组织应当定期向社会公开其募捐情况和慈善项目实施情况。

公开募捐周期超过六个月的，至少每三个月公开一次募捐情况，公开募捐活动结束后三个月内应当全面公开募捐情况。

慈善项目实施周期超过六个月的，至少每三个月公开一次项目实施情况，项目结束后三个月内应当全面公开项目实施情况和募得款物使用情况。

第七十四条 慈善组织开展定向募捐的，应当及时向捐赠人告知募捐情况、募得款物的管理使用情况。

第七十五条 慈善组织、慈善信托的受托人应当向受益人告知其资助标准、工作流程和工作规范等信息。

第七十六条 涉及国家秘密、商业秘密、个人隐私的信息以及捐赠人、慈善信托的委托人不同意公开的姓名、名称、住所、通讯方式等信息，不得公开。

第九章 促进措施

第七十七条 县级以上人民政府应当根据经济社会发展情况，制定促进慈善事业发展的政策和措施。

县级以上人民政府有关部门应当在各自职责范围内，向慈善组织、慈善信托受托人等提供慈善需求信息，为慈善活动提供指导和帮助。

第七十八条 县级以上人民政府民政部门应当建立与其他部门之间的

慈善信息共享机制。

第七十九条 慈善组织及其取得的收入依法享受税收优惠。

第八十条 自然人、法人和其他组织捐赠财产用于慈善活动的，依法享受税收优惠。企业慈善捐赠支出超过法律规定的准予在计算企业所得税应纳税所得额时当年扣除的部分，允许结转以后三年内在计算应纳税所得额时扣除。

境外捐赠用于慈善活动的物资，依法减征或者免征进口关税和进口环节增值税。

第八十一条 受益人接受慈善捐赠，依法享受税收优惠。

第八十二条 慈善组织、捐赠人、受益人依法享受税收优惠的，有关部门应当及时办理相关手续。

第八十三条 捐赠人向慈善组织捐赠实物、有价证券、股权和知识产权的，依法免征权利转让的相关行政事业性费用。

第八十四条 国家对开展扶贫济困的慈善活动，实行特殊的优惠政策。

第八十五条 慈善组织开展本法第三条第一项、第二项规定的慈善活动需要慈善服务设施用地的，可以依法申请使用国有划拨土地或者农村集体建设用地。慈善服务设施用地非经法定程序不得改变用途。

第八十六条 国家为慈善事业提供金融政策支持，鼓励金融机构为慈善组织、慈善信托提供融资和结算等金融服务。

第八十七条 各级人民政府及其有关部门可以依法通过购买服务等方式，支持符合条件的慈善组织向社会提供服务，并依照有关政府采购的法律法规向社会公开相关情况。

第八十八条 国家采取措施弘扬慈善文化，培育公民慈善意识。

学校等教育机构应当将慈善文化纳入教育教学内容。国家鼓励高等学校培养慈善专业人才，支持高等学校和科研机构开展慈善理论研究。

广播、电视、报刊、互联网等媒体应当积极开展慈善公益宣传活动，普及慈善知识，传播慈善文化。

第八十九条 国家鼓励企业事业单位和其他组织为开展慈善活动提供场所和其他便利条件。

第九十条 经受益人同意，捐赠人对其捐赠的慈善项目可以冠名纪念，法律法规规定需要批准的，从其规定。

第九十一条 国家建立慈善表彰制度，对在慈善事业发展中做出突出贡献的自然人、法人和其他组织，由县级以上人民政府或者有关部门予以表彰。

第十章 监督管理

第九十二条 县级以上人民政府民政部门应当依法履行职责，对慈善活动进行监督检查，对慈善行业组织进行指导。

第九十三条 县级以上人民政府民政部门对涉嫌违反本法规定的慈善组织，有权采取下列措施：

（一）对慈善组织的住所和慈善活动发生地进行现场检查；

（二）要求慈善组织作出说明，查阅、复制有关资料；

（三）向与慈善活动有关的单位和个人调查与监督管理有关的情况；

（四）经本级人民政府批准，可以查询慈善组织的金融账户；

（五）法律、行政法规规定的其他措施。

第九十四条 县级以上人民政府民政部门对慈善组织、有关单位和个人进行检查或者调查时，检查人员或者调查人员不得少于二人，并应当出示合法证件和检查、调查通知书。

第九十五条 县级以上人民政府民政部门应当建立慈善组织及其负责人信用记录制度，并向社会公布。

民政部门应当建立慈善组织评估制度，鼓励和支持第三方机构对慈善组织进行评估，并向社会公布评估结果。

第九十六条 慈善行业组织应当建立健全行业规范，加强行业自律。

第九十七条 任何单位和个人发现慈善组织、慈善信托有违法行为的，可以向民政部门、其他有关部门或者慈善行业组织投诉、举报。民政部门、其他有关部门或者慈善行业组织接到投诉、举报后，应当及时调查处理。

国家鼓励公众、媒体对慈善活动进行监督，对假借慈善名义或者假冒慈善组织骗取财产以及慈善组织、慈善信托的违法违规行为予以曝光，发挥舆论和社会监督作用。

第十一章 法律责任

第九十八条 慈善组织有下列情形之一的，由民政部门责令限期改正；逾期不改正的，吊销登记证书并予以公告：

（一）未按照慈善宗旨开展活动的；

（二）私分、挪用、截留或者侵占慈善财产的；

（三）接受附加违反法律法规或者违背社会公德条件的捐赠，或者对受益人附加违反法律法规或者违背社会公德的条件的。

第九十九条 慈善组织有下列情形之一的，由民政部门予以警告、责令限期改正；逾期不改正的，责令限期停止活动并进行整改：

（一）违反本法第十四条规定造成慈善财产损失的；

（二）将不得用于投资的财产用于投资的；

（三）擅自改变捐赠财产用途的；

（四）开展慈善活动的年度支出或者管理费用的标准违反本法第六十条规定的；

（五）未依法履行信息公开义务的；

（六）未依法报送年度工作报告、财务会计报告或者报备募捐方案的；

（七）泄露捐赠人、志愿者、受益人个人隐私以及捐赠人、慈善信托的委托人不同意公开的姓名、名称、住所、通讯方式等信息的。

慈善组织违反本法规定泄露国家秘密、商业秘密的，依照有关法律的规定予以处罚。

慈善组织有前两款规定的情形，经依法处理后一年内再出现前款规定的情形，或者有其他情节严重情形的，由民政部门吊销登记证书并予以公告。

第一百条 慈善组织有本法第九十八条、第九十九条规定的情形，有违法所得的，由民政部门予以没收；对直接负责的主管人员和其他直接责任人员处二万元以上二十万元以下罚款。

第一百零一条 开展募捐活动有下列情形之一的，由民政部门予以警告、责令停止募捐活动；对违法募集的财产，责令退还捐赠人；难以退还的，由民政部门予以收缴，转给其他慈善组织用于慈善目的；对有关组织或者个人处二万元以上二十万元以下罚款：

（一）不具有公开募捐资格的组织或者个人开展公开募捐的；

（二）通过虚构事实等方式欺骗、诱导募捐对象实施捐赠的；

（三）向单位或者个人摊派或者变相摊派的；

（四）妨碍公共秩序、企业生产经营或者居民生活的。

广播、电视、报刊以及网络服务提供者、电信运营商未履行本法第二十七条规定的验证义务的，由其主管部门予以警告，责令限期改正；逾期不改正的，予以通报批评。

第一百零二条　慈善组织不依法向捐赠人开具捐赠票据、不依法向志愿者出具志愿服务记录证明或者不及时主动向捐赠人反馈有关情况的，由民政部门予以警告，责令限期改正；逾期不改正的，责令限期停止活动。

第一百零三条　慈善组织弄虚作假骗取税收优惠的，由税务机关依法查处；情节严重的，由民政部门吊销登记证书并予以公告。

第一百零四条　慈善组织从事、资助危害国家安全或者社会公共利益活动的，由有关机关依法查处，由民政部门吊销登记证书并予以公告。

第一百零五条　慈善信托的受托人有下列情形之一的，由民政部门予以警告，责令限期改正；有违法所得的，由民政部门予以没收；对直接负责的主管人员和其他直接责任人员处二万元以上二十万元以下罚款：

（一）将信托财产及其收益用于非慈善目的的；

（二）未按照规定将信托事务处理情况及财务状况向民政部门报告或者向社会公开的。

第一百零六条　慈善服务过程中，因慈善组织或者志愿者过错造成受益人、第三人损害的，慈善组织依法承担赔偿责任；损害是由志愿者故意或者重大过失造成的，慈善组织可以向其追偿。

志愿者在参与慈善服务过程中，因慈善组织过错受到损害的，慈善组织依法承担赔偿责任；损害是由不可抗力造成的，慈善组织应当给予适当补偿。

第一百零七条　自然人、法人或者其他组织假借慈善名义或者假冒慈善组织骗取财产的，由公安机关依法查处。

第一百零八条　县级以上人民政府民政部门和其他有关部门及其工作人员有下列情形之一的，由上级机关或者监察机关责令改正；依法应当给予处分的，由任免机关或者监察机关对直接负责的主管人员和其他直接责任人员给予处分：

（一）未依法履行信息公开义务的；

（二）摊派或者变相摊派捐赠任务，强行指定志愿者、慈善组织提供服务的；

（三）未依法履行监督管理职责的；

（四）违法实施行政强制措施和行政处罚的；

（五）私分、挪用、截留或者侵占慈善财产的；

(六)其他滥用职权、玩忽职守、徇私舞弊的行为。

第一百零九条 违反本法规定,构成违反治安管理行为的,由公安机关依法给予治安管理处罚;构成犯罪的,依法追究刑事责任。

第十二章 附 则

第一百一十条 城乡社区组织、单位可以在本社区、单位内部开展群众性互助互济活动。

第一百一十一条 慈善组织以外的其他组织可以开展力所能及的慈善活动。

第一百一十二条 本法自2016年9月1日起施行。

中华人民共和国红十字会法

(1993年10月31日第八届全国人民代表大会常务委员会第四次会议通过 根据2009年8月27日第十一届全国人民代表大会常务委员会第十次会议《关于修改部分法律的决定》修正 2017年2月24日第十二届全国人民代表大会常务委员会第二十六次会议修订)

目 录

第一章 总 则

第一条 为了保护人的生命和健康,维护人的尊严,发扬人道主义精神,促进和平进步事业,保障和规范红十字会依法履行职责,制定本法。

第二条 中国红十字会是中华人民共和国统一的红十字组织,是从事人道主义工作的社会救助团体。

第三条 中华人民共和国公民，不分民族、种族、性别、职业、宗教信仰、教育程度，承认中国红十字会章程并缴纳会费的，可以自愿参加中国红十字会。

企业、事业单位及有关团体通过申请可以成为红十字会的团体会员。

国家鼓励自然人、法人以及其他组织参与红十字志愿服务。

国家支持在学校开展红十字青少年工作。

第四条 中国红十字会应当遵守宪法和法律，遵循国际红十字和红新月运动确立的基本原则，依照中国批准或者加入的日内瓦公约及其附加议定书和中国红十字会章程，独立自主地开展工作。

中国红十字会全国会员代表大会依法制定或者修改中国红十字会章程，章程不得与宪法和法律相抵触。

第五条 各级人民政府对红十字会给予支持和资助，保障红十字会依法履行职责，并对其活动进行监督。

第六条 中国红十字会根据独立、平等、互相尊重的原则，发展同各国红十字会和红新月会的友好合作关系。

第二章 组 织

第七条 全国建立中国红十字会总会。中国红十字会总会对外代表中国红十字会。

县级以上地方按行政区域建立地方各级红十字会，根据实际工作需要配备专职工作人员。

全国性行业根据需要可以建立行业红十字会。

上级红十字会指导下级红十字会工作。

第八条 各级红十字会设立理事会、监事会。理事会、监事会由会员代表大会选举产生，向会员代表大会负责并报告工作，接受其监督。

理事会民主选举产生会长和副会长。理事会执行会员代表大会的决议。

执行委员会是理事会的常设执行机构，其人员组成由理事会决定，向理事会负责并报告工作。

监事会民主推选产生监事长和副监事长。理事会、执行委员会工作受监事会监督。

第九条 中国红十字会总会可以设名誉会长和名誉副会长。名誉会长和名誉副会长由中国红十字会总会理事会聘请。

第十条 中国红十字会总会具有社会团体法人资格；地方各级红十字会、行业红十字会依法取得社会团体法人资格。

第三章 职 责

第十一条 红十字会履行下列职责：

（一）开展救援、救灾的相关工作，建立红十字应急救援体系。在战争、武装冲突和自然灾害、事故灾难、公共卫生事件等突发事件中，对伤病人员和其他受害者提供紧急救援和人道救助。

（二）开展应急救护培训，普及应急救护、防灾避险和卫生健康知识，组织志愿者参与现场救护。

（三）参与、推动无偿献血、遗体和人体器官捐献工作，参与开展造血干细胞捐献的相关工作。

（四）组织开展红十字志愿服务、红十字青少年工作。

（五）参加国际人道主义救援工作。

（六）宣传国际红十字和红新月运动的基本原则和日内瓦公约及其附加议定书。

（七）依照国际红十字和红新月运动的基本原则，完成人民政府委托事宜。

（八）依照日内瓦公约及其附加议定书的有关规定开展工作。

（九）协助人民政府开展与其职责相关的其他人道主义服务活动。

第十二条 在战争、武装冲突和自然灾害、事故灾难、公共卫生事件等突发事件中，执行救援、救助任务并标有红十字标志的人员、物资和交通工具有优先通行的权利。

第十三条 任何组织和个人不得阻碍红十字会工作人员依法履行救援、救助、救护职责。

第四章 标志与名称

第十四条 中国红十字会使用白底红十字标志。

红十字标志具有保护作用和标明作用。

红十字标志的保护使用，是标示在战争、武装冲突中必须受到尊重和保护的人员和设备、设施。其使用办法，依照日内瓦公约及其附加议定书的有关规定执行。

红十字标志的标明使用，是标示与红十字活动有关的人或者物。其使用办法，由国务院和中央军事委员会依据本法规定。

第十五条 国家武装力量的医疗卫生机构使用红十字标志，应当符合日内瓦公约及其附加议定书的有关规定。

第十六条 红十字标志和名称受法律保护。禁止利用红十字标志和名称牟利，禁止以任何形式冒用、滥用、篡改红十字标志和名称。

第五章 财产与监管

第十七条 红十字会财产的主要来源：

（一）红十字会会员缴纳的会费；

（二）境内外组织和个人捐赠的款物；

（三）动产和不动产的收入；

（四）人民政府的拨款；

（五）其他合法收入。

第十八条 国家对红十字会兴办的与其宗旨相符的公益事业给予扶持。

第十九条 红十字会可以依法进行募捐活动。募捐活动应当符合《中华人民共和国慈善法》的有关规定。

第二十条 红十字会依法接受自然人、法人以及其他组织捐赠的款物，应当向捐赠人开具由财政部门统一监（印）制的公益事业捐赠票据。捐赠人匿名或者放弃接受捐赠票据的，红十字会应当做好相关记录。

捐赠人依法享受税收优惠。

第二十一条 红十字会应当按照募捐方案、捐赠人意愿或者捐赠协议处分其接受的捐赠款物。

捐赠人有权查询、复制其捐赠财产管理使用的有关资料，红十字会应当及时主动向捐赠人反馈有关情况。

红十字会违反募捐方案、捐赠人意愿或者捐赠协议约定的用途，滥用捐赠财产的，捐赠人有权要求其改正；拒不改正的，捐赠人可以向人民政府民政部门投诉、举报或者向人民法院提起诉讼。

第二十二条 红十字会应当建立财务管理、内部控制、审计公开和监督检查制度。

红十字会的财产使用应当与其宗旨相一致。

红十字会对接受的境外捐赠款物，应当建立专项审查监督制度。

红十字会应当及时聘请依法设立的独立第三方机构，对捐赠款物的收入和使用情况进行审计，将审计结果向红十字会理事会和监事会报告，并向社会公布。

第二十三条 红十字会应当建立健全信息公开制度，规范信息发布，在统一的信息平台及时向社会公布捐赠款物的收入和使用情况，接受社会监督。

第二十四条 红十字会财产的收入和使用情况依法接受人民政府审计等部门的监督。

红十字会接受社会捐赠及其使用情况，依法接受人民政府民政部门的监督。

第二十五条 任何组织和个人不得私分、挪用、截留或者侵占红十字会的财产。

第六章 法律责任

第二十六条 红十字会及其工作人员有下列情形之一的，由同级人民政府审计、民政等部门责令改正；情节严重的，对直接负责的主管人员和其他直接责任人员依法给予处分；造成损害的，依法承担民事责任；构成犯罪的，依法追究刑事责任：

（一）违背募捐方案、捐赠人意愿或者捐赠协议，擅自处分其接受的捐赠款物的；

（二）私分、挪用、截留或者侵占财产的；

（三）未依法向捐赠人反馈情况或者开具捐赠票据的；

（四）未依法对捐赠款物的收入和使用情况进行审计的；

（五）未依法公开信息的；

（六）法律、法规规定的其他情形。

第二十七条 自然人、法人或者其他组织有下列情形之一，造成损害的，依法承担民事责任；构成违反治安管理行为的，依法给予治安管理处罚；构成犯罪的，依法追究刑事责任：

（一）冒用、滥用、篡改红十字标志和名称的；

（二）利用红十字标志和名称牟利的；

（三）制造、发布、传播虚假信息，损害红十字会名誉的；

(四)盗窃、损毁或者以其他方式侵害红十字会财产的;

(五)阻碍红十字会工作人员依法履行救援、救助、救护职责的;

(六)法律、法规规定的其他情形。

红十字会及其工作人员有前款第一项、第二项所列行为的,按照前款规定处罚。

第二十八条 各级人民政府有关部门及其工作人员在实施监督管理中滥用职权、玩忽职守、徇私舞弊的,对直接负责的主管人员和其他直接责任人员依法给予处分;构成犯罪的,依法追究刑事责任。

第七章 附 则

第二十九条 本法所称“国际红十字和红新月运动确立的基本原则”,是指一九八六年十月日内瓦国际红十字大会第二十五次会议通过的“国际红十字和红新月运动章程”中确立的人道、公正、中立、独立、志愿服务、统一和普遍七项基本原则。

本法所称“日内瓦公约”,是指中国批准的于一九四九年八月十二日订立的日内瓦四公约,即:《改善战地武装部队伤者病者境遇之日内瓦公约》、《改善海上武装部队伤者病者及遇船难者境遇之日内瓦公约》、《关于战俘待遇之日内瓦公约》和《关于战时保护平民之日内瓦公约》。

本法所称日内瓦公约“附加议定书”,是指中国加入的于一九七七年六月八日订立的《一九四九年八月十二日日内瓦四公约关于保护国际性武装冲突受难者的附加议定书》和《一九四九年八月十二日日内瓦四公约关于保护非国际性武装冲突受难者的附加议定书》。

第三十条 本法自 2017 年 5 月 8 日起施行。

中华人民共和国公益事业捐赠法

(1999 年 6 月 28 日第九届全国人民代表大会常务委员会第十次会议通过 1999 年 6 月 28 日中华人民共和国主席令第十九号公布)

第一章 总 则

第一条 为了鼓励捐赠,规范捐赠和受赠行为,保护捐赠人、受赠人和受益人的合法权益，促进公益事业的发展，制定本法。

第二条 自然人、法人或者其他组织自愿无偿向依法成立的公益性社会团体和公益性非营利的事业单位捐赠财产，用于公益事业的，适用本法。

第三条 本法所称公益事业是指非营利的下列事项：

（一）救助灾害、救济贫困、扶助残疾人等困难的社会群体和个人的活动；

（二）教育、科学、文化、卫生、体育事业；

（三）环境保护、社会公共设施建设；

（四）促进社会发展和进步的其他社会公共和福利事业。

第四条 捐赠应当是自愿和无偿的，禁止强行摊派或者变相摊派，不得以捐赠为名从事营利活动。

第五条 捐赠财产的使用应当尊重捐赠人的意愿，符合公益目的，不得将捐赠财产挪作他用。

第六条 捐赠应当遵守法律、法规，不得违背社会公德，不得损害公共利益和其他公民的合法权益。

第七条 公益性社会团体受赠的财产及其增值为社会公共财产，受国家法律保护，任何单位和个人不得侵占、挪用和损毁。

第八条 国家鼓励公益事业的发展，对公益性社会团体和公益性非营利的事业单位给予扶持和优待。

国家鼓励自然人、法人或者其他组织对公益事业进行捐赠。

对公益事业捐赠有突出贡献的自然人、法人或者其他组织，由人民政府或者有关部门予以表彰。对捐赠人进行公开表彰，应当事先征求捐赠人的意见。

第二章 捐赠和受赠

第九条 自然人、法人或者其他组织可以选择符合其捐赠意愿的公益性社会团体和公益性非营利的事业单位进行捐赠。捐赠的财产应当是其有权处分的合法财产。

第十条 公益性社会团体和公益性非营利的事业单位可以依照本法接受捐赠。本法所称公益性社会团体是指依法成立的，以发展公益事业为宗旨的基金会、慈善组织等社会团体。

本法所称公益性非营利的事业单位是指依法成立的，从事公益事业的不以营利为目的的教育机构、科学研究机构、医疗卫生机构、社会公共文化机构、社会公共体育机构和社会福利机构等。

第十一条 在发生自然灾害时或者境外捐赠人要求县级以上人民政府及其部门作为受赠人时，县级以上人民政府及其部门可以接受捐赠，并依照本法的有关规定对捐赠财产进行管理。

县级以上人民政府及其部门可以将受赠财产转交公益性社会团体或者公益性非营利的事业单位；也可以按照捐赠人的意愿分发或者兴办公益事业，但是不得以本机关为受益对象。

第十二条 捐赠人可以与受赠人就捐赠财产的种类、质量、数量和用途等内容订立捐赠协议。捐赠人有权决定捐赠的数量、用途和方式。

捐赠人应当依法履行捐赠协议，按照捐赠协议约定的期限和方式将捐赠财产转移给受赠人。

第十三条 捐赠人捐赠财产兴建公益事业工程项目，应当与受赠人订立捐赠协议，对工程项目的资金、建设、管理和使用作出约定。

捐赠的公益事业工程项目由受赠单位按照国家有关规定办理项目审批手续，并组织施工或者由受赠人和捐赠人共同组织施工。工程质量应当符合国家质量标准。捐赠的公益事业工程项目竣工后，受赠单位应当将工程建设、建设资金的使用和工程质量验收情况向捐赠人通报。

第十四条 捐赠人对于捐赠的公益事业工程项目可以留名纪念；捐赠人单独捐赠的工程项目或者主要由捐赠人出资兴建的工程项目，可以由捐赠人提出工程项目的名称，报县级以上人民政府批准。

第十五条 境外捐赠人捐赠的财产，由受赠人按照国家有关规定办理入境手续；捐赠实行许可证管理的物品，由受赠人按照国家有关规定办理许可证申领手续，海关凭许可证验放、监管。

华侨向境内捐赠的，县级以上人民政府侨务部门可以协助办理有关入境手续，为捐赠人实施捐赠项目提供帮助。

第三章 捐赠财产的使用和管理

第十六条 受赠人接受捐赠后，应当向捐赠人出具合法、有效的收据，将受赠财产登记造册，妥善保管。

第十七条 公益性社会团体应当将受赠财产用于资助符合其宗旨的活动和事业。对于接受的救助灾害的捐赠财产，应当及时用于救助活动。基金会每年用于资助公益事业的资金数额，不得低于国家规定的比例。

公益性社会团体应当严格遵守国家的有关规定，按照合法、安全、有效的原则，积极实现捐赠财产的保值增值。

公益性非营利的事业单位应当将受赠财产用于发展本单位的公益事业，不得挪作他用。对于不易储存、运输和超过实际需要的受赠财产，受赠人可以变卖，所取得的全部收入，应当用于捐赠目的。

第十八条 受赠人与捐赠人订立了捐赠协议的，应当按照协议约定的用途使用捐赠财产，不得擅自改变捐赠财产的用途。如果确需改变用途的，应当征得捐赠人的同意。

第十九条 受赠人应当依照国家有关规定，建立健全财务会计制度和受赠财产的使用制度，加强对受赠财产的管理。

第二十条 受赠人每年度应当向政府有关部门报告受赠财产的使用、管理情况，接受监督。必要时，政府有关部门可以对其财务进行审计。

海关对减免关税的捐赠物品依法实施监督和管理。

县级以上人民政府侨务部门可以参与对华侨向境内捐赠财产使用与管理的监督。

第二十一条 捐赠人有权向受赠人查询捐赠财产的使用、管理情况，并提出意见和建议。对于捐赠人的查询，受赠人应当如实答复。

第二十二条 受赠人应当公开接受捐赠的情况和受赠财产的使用、管理情况，接受社会监督。

第二十三条 公益性社会团体应当厉行节约，降低管理成本，工作人员的工资和办公费用从利息等收入中按照国家规定的标准开支。

第四章　优惠措施

第二十四条 公司和其他企业依照本法的规定捐赠财产用于公益事业，依照法律、行政法规的规定享受企业所得税方面的优惠。

第二十五条 自然人和个体工商户依照本法的规定捐赠财产用于公益事业，依照法律、行政法规的规定享受个人所得税方面的优惠。

第二十六条 境外向公益性社会团体和公益性非营利的事业单位捐赠的用于公益事业的物资，依照法律、行政法规的规定减征或者免征进口关税和进口环节的增值税。

第二十七条 对于捐赠的工程项目，当地人民政府应当给予支持和优惠。

第五章 法律责任

第二十八条 受赠人未征得捐赠人的许可，擅自改变捐赠财产的性质、用途的，由县级以上人民政府有关部门责令改正，给予警告。拒不改正的，经征求捐赠人的意见，由县级以上人民政府将捐赠财产交由与其宗旨相同或者相似的公益性社会团体或者公益性非营利的事业单位管理。

第二十九条 挪用、侵占或者贪污捐赠款物的，由县级以上人民政府有关部门责令退还所用、所得款物，并处以罚款；对直接责任人员，由所在单位依照有关规定予以处理；构成犯罪的，依法追究刑事责任。依照前款追回、追缴的捐赠款物，应当用于原捐赠目的和用途。

第三十条 在捐赠活动中，有下列行为之一的，依照法律、法规的有关规定予以处罚；构成犯罪的，依法追究刑事责任：

（一）逃汇、骗购外汇的；

（二）偷税、逃税的；

（三）进行走私活动的；

（四）未经海关许可并且未补缴应缴税额，擅自将减税、免税进口的捐赠物资在境内销售、转让或者移作他用的。

第三十一条 受赠单位的工作人员，滥用职权，玩忽职守，徇私舞弊，致使捐赠财产造成重大损失的，由所在单位依照有关规定予以处理；构成犯罪的，依法追究刑事责任。

第六章 附 则

第三十二条 本法自1999年9月1日起施行。

中国注册志愿者管理办法

（2013年11月修订）

第一章 总 则

第一条 为规范志愿者注册工作，加强注册志愿者管理，特制定本办法。

第二条 志愿者（英文名称为 Volunteer）是指不以物质报酬为目的，利用自己的时间、技能等资源，自愿为国家、社会和他人提供服务的人。

第三条 注册志愿者(China Registered Volunteer)是指按照本办法规定的程序，在共青团组织及其授权的志愿者组织注册登记、参加服务活动的志愿者。

第四条 志愿者精神：奉献、友爱、互助、进步。

第五条 志愿者标识

注册志愿者标识(通称"心手标")的整体构图为心的造型，又是英文"Volunteer"的第一个字母"V"，红色，图案中央是手的造型，也是鸽子的造型，白色。标志寓意为中国志愿者向社会上所有需要帮助的人们奉献一片爱心，伸出友爱之手，表达"爱心献社会，真情暖人心"和"团结互助、共创和谐"的主题。(图案见附件1)

第六条 每年3月5日是中国青年志愿者服务日，12月5日是国际志愿者日。

第二章 注 册

第七条 基本条件

(一)年满十八周岁或十六至十八周岁以自己劳动收入为主要生活来源者；十四至十八周岁者，须经其法定代理人同意；未满十八周岁的在校学生申请注册的，按所在学校有关规定办理。

(二)具备参加志愿服务相应的基本能力和身体素质。

(三)遵守国家法律法规和注册机构的相关规定。

第八条 注册机构

市(地、州、盟)、县(市、区、旗)、乡(镇、街道)以及大中专院校团组织及其授权的志愿者组织为志愿者注册机构。

第九条 注册程序

(一)申请人直接到开展志愿者注册工作的团组织、志愿者组织提出申请或通过网络、通讯等方式提出申请，填写《志愿者注册登记表》(参考式样见附件2)。

(二)注册机构对申请人进行审核。

(三)审核合格，注册机构向申请人颁发注册志愿者证章。注册机构可根据实际需要，为注册志愿者编制本地管理服务号码。

第三章 权利和义务

第十条 权利

（一）参加志愿服务活动。

（二）接受相关的志愿服务培训，获得志愿服务活动真实、必要的信息。

（三）获得从事志愿服务的必需条件和必要保障。

（四）优先获得志愿者组织和其他志愿者提供的服务。

（五）对志愿服务工作提出意见和建议。

（六）相关法律、法规、政策所赋予的权利。

（七）可申请取消注册志愿者身份。

第十一条 义务

（一）遵守国家法律法规及团组织、志愿者组织的相关规定。

（二）每名注册志愿者根据个人意愿至少选择参加一个志愿服务项目或活动，每年参加志愿服务时间累计不少于20小时。

（三）履行志愿服务承诺，完成志愿服务任务，传播志愿服务理念。

（四）自觉维护团组织、志愿者组织和志愿者的形象。

（五）在志愿者职责范围内，自觉维护服务对象的合法权益。

（六）自觉抵制任何以志愿者身份从事的赢利活动或其他违背社会公德的活动（行为）。

（七）依法应当承担的其他义务。

第四章 志愿服务

第十二条 志愿服务

（一）志愿服务是指志愿者不以物质报酬为目的，利用自己的时间、技能等资源，自愿为国家、社会和他人提供服务的行为。

（二）志愿服务主要领域包括：扶贫济困、助老助残、社区服务、生态建设、大型活动、抢险救灾、社会管理、文化建设、西部开发、海外服务等。

（三）团组织、志愿者组织根据服务对象的需求，向注册志愿者发布服务信息、提供服务岗位，志愿者按照相关要求开展志愿服务。注册志愿者也可按照相关规定自行开展志愿服务。提倡具有相同服务意向和志趣爱好的注册志愿者在团组织、志愿者组织指导下结成志愿服务团队开展服务。

（四）注册志愿者参加志愿服务，应通过与志愿者组织或服务对象签订服务协议书等形式，明确服务内容、时间和有关的权利、义务。未满十八周岁的注册志愿者可参加与其年龄、智力相适应的志愿服务；未满十八周岁的在校学生注册后，按所在学校有关规定参与相关志愿服务。

（五）各级团组织、志愿者组织可依托服务需求相对集中的社会公益机构，通过签订协议、命名挂牌等形式创建志愿服务基地，探索建立志愿者经常性、就近就便开展志愿服务的有效机制。

（六）各级团组织、志愿者组织要推进志愿服务平台建设，形成实体型、网络型、复合型平台。鼓励依托网络新媒体组织开展志愿服务活动，同时应面向社会公开相关信息，遵守有关法律规定。

第五章　组织与管理

第十三条　组织机构

（一）共青团中央、中国青年志愿者协会负责全国注册志愿者工作的规划、协调和指导。

（二）省级团委、志愿者协会根据本地区、本系统的实际，制定相应的实施细则，广泛推行志愿者注册制度。根据实际需要，也可直接开展志愿者注册工作。

（三）市、县两级团委应普遍建立志愿者专门工作机构和志愿者协会，安排专人负责志愿者注册和管理工作。

（四）县级以下基层团组织应通过建立志愿者协会、创建志愿者服务站、培育志愿服务伙伴、发展志愿者服务队和服务团队等形式，广泛开展志愿者注册工作，实现志愿者注册和服务的便利化。

（五）社区和机关团体、企事业单位、中学的团组织、志愿者组织（含志愿者服务站、服务队、服务团队等），经所在地注册机构同意可以开展志愿者注册工作。

（六）注册机构及其下属的团组织、志愿者组织负责志愿者的管理服务，建立健全宣传动员、注册登记、管理培训、考核评价、激励表彰、个人信息保密等制度。

第十四条　日常管理

（一）注册志愿者参加志愿服务后，由服务对象或组织者提供志愿者的服务时间、服务内容等证明，注册机构及其下属团组织、志愿者组织予以认定。服务时间为实际服务时间（不含往返时间），以小时为单位计量。

（二）注册机构应建立健全注册志愿者档案和信息管理系统，逐步实现网上注册和管理，促进管理工作的科学化、制度化、规范化。

（三）注册志愿者使用全国统一的标识。开展志愿服务活动时，注册志愿者应佩戴以全国统一标识为主体图案的标志。志愿者旗帜和服装以红、蓝、白为基本色调。

（四）注册机构可在重大活动时或定期组织志愿者进行宣誓。志愿者誓词："我愿意成为一名光荣的志愿者。我承诺：尽己所能，不计报酬，帮助他人，服务社会，践行志愿精神，传播先进文化，为社会进步贡献力量！”

（五）注册志愿者培训工作主要由注册机构及其下属的团组织、志愿者组织负责，对注册志愿者申请人进行志愿服务基本理念培训，定期向注册志愿者提供志愿服务相关技能等方面的培训，向志愿者骨干提供专门的培训，提高志愿者的服务能力和综合素质。

（六）团组织、志愿者组织应探索和完善注册志愿者服务时间储蓄制度，使注册志愿者在本人需要帮助时，优先得到志愿者组织和其他志愿者的服务。

（七）对拒不履行义务的，注册机构可取消其注册志愿者身份。

（八）注册志愿者在志愿者组织安排的志愿服务过程中对服务对象造成损害的，由志愿者组织承担责任；志愿者组织承担责任后，有权向有故意或者重大过失的注册志愿者追偿。

（九）各级团组织、志愿者组织应逐步建立志愿者权益保障机制。依据有关法律法规、政策规定维护志愿者正当权益，推动建立志愿者保险和应急基金，做好相关救助和慰问工作。如服务对象在接受服务过程中对注册志愿者造成损害，志愿者组织应当支持受损害的注册志愿者向有关服务对象追偿损失，并提供必要的帮助。

第六章　激励和表彰

第十五条　团组织、志愿者组织应完善志愿者评价机制，组织实施星级认证制度，评选表彰和奖章授予制度等。

第十六条　星级认证制度

星级认证制度由省级团委、志愿者协会组织实施。注册机构负责具体认证工作，根据志愿者注册后参加志愿服务的时间累计，认定其为一至五星志愿者。星级志愿者认定后，可由相关注册机构在其注册证上进行标注，并佩戴相应标志。

（一）志愿者注册后，参加志愿服务时间累计达到100小时的，认定为“一星志愿者”；

（二）志愿者注册后，参加志愿服务时间累计达到300小时的，认定为“二星志愿者”；

（三）志愿者注册后，参加志愿服务时间累计达到600小时的，认定为“三星志愿者”；

（四）志愿者注册后，参加志愿服务时间累计达到1000小时的，认定为“四星志愿者”；

（五）志愿者注册后，参加志愿服务时间累计达到1500小时的，认定为“五星志愿者”。

第十七条 评选表彰和奖章授予制度

各级团组织、志愿者组织主要依据注册志愿者的服务时间、服务业绩，根据有关规定，定期组织开展评选表彰活动，授予志愿者荣誉称号和相应服务奖章。共青团中央、中国青年志愿者协会定期组织开展中国青年志愿者优秀个人奖、组织奖、项目奖评选表彰活动。

第七章 附 则

第十八条 长期在中国内地工作、学习、生活的港澳同胞、台湾同胞和海外华人华侨及外国人申请注册的，由注册机构会同有关部门按相关规定办理。

第十九条 本办法的修改、变更、解释权属于共青团中央青年志愿者工作部、中国青年志愿者协会秘书处。

第二十条 本办法自公布之日起施行。2006年颁布的《中国注册志愿者管理办法》同时废止。

附件1：注册志愿者标识

附件2：志愿者注册登记表（参考式样）

附件1：

图案说明：注册志愿者标识（通称“心手标”）的整体构图为心的造型，又是英文“Volunteer”的第一个字母“V”，红色，图案中央是手的造型，也是鸽子的造型，白色。标志寓意为中国志愿者向社会上所有需要帮助的人们奉献一片爱心，伸出友爱之手，表达“爱心献社会，真情暖人心”和“团结互助、共创和谐”的主题。

注册志愿者标识

制作说明：图案中白色为纯白色，红色的色号为M100Y100。

附件 2：

志愿者注册登记表(参考式样)

志愿者编号(注册机构填写)：[　　　　　　　　] 填表日期：　　年　　月　　日

<table>
<tr><td>姓名</td><td></td><td>性别</td><td></td><td>出生年月</td><td></td><td>民族</td><td></td><td rowspan="3">照片</td></tr>
<tr><td>籍贯</td><td></td><td>户籍所在地</td><td></td><td>政治面貌</td><td></td><td>宗教信仰</td><td></td></tr>
<tr><td>学历</td><td></td><td>职称</td><td></td><td>职务</td><td></td><td>职业</td><td></td></tr>
<tr><td colspan="2">毕业学校及专业</td><td colspan="7"></td></tr>
<tr><td colspan="2">工作单位及地址</td><td colspan="7"></td></tr>
<tr><td colspan="2">住址</td><td colspan="7"></td></tr>
<tr><td colspan="2">身份证号码</td><td colspan="4"></td><td>特长</td><td colspan="2"></td></tr>
<tr><td colspan="2">其他有效证件号码</td><td colspan="4"></td><td>爱好</td><td colspan="2"></td></tr>
<tr><td rowspan="3">联系方式</td><td>联系地址</td><td colspan="4"></td><td>邮编</td><td colspan="2"></td></tr>
<tr><td>联系电话</td><td colspan="7">办公：　　　宅电：　　　手机：</td></tr>
<tr><td>Email</td><td colspan="4"></td><td>QQ</td><td colspan="2"></td></tr>
<tr><td>服务意向</td><td colspan="8"></td></tr>
<tr><td>个人简历</td><td colspan="8"></td></tr>
<tr><td>申请人承诺</td><td colspan="8">(请抄写)我愿意成为一名光荣的志愿者。我承诺：尽己所能，不计报酬，帮助他人，服务社会，践行志愿精神，传播先进文化，为社会进步奉献力量。

申请人签字：　　　　年　　月　　日</td></tr>
<tr><td>备注</td><td colspan="8"></td></tr>
</table>

主要参考文献

一、著作类

（一）中文原著类

1. 俞可平主编：《治理与善治》，社会科学文献出版社 2000 年版。

2. 王名：《社会组织与社会治理》，社会科学文献出版社 2014 年版。

3. 王浦劬、臧雷振：《治理理论与实践：经典议题研究新解》，中央编译出版社 2017 年版。

4. 贾霄锋编著：《社会转型加速时期社会组织介入社会问题治理研究》，西南交通大学出版社 2016 年版。

5. 陶希东等：《共建共享：论社会治理》，上海人民出版社 2017 年版。

6. 王振海等：《社会组织发展与国家治理现代化》，人民出版社 2015 年版。

7. 唐兴霖：《国家与社会之间》，社会科学文献出版社 2013 年版。

8. 国务院发展研究中心公管所：《社会治理的理论与实践探索》，中国发展出版社 2018 年版。

9. 张成福、党秀云：《公共管理学》，中国人民大学出版社 2001 年版。

10. 庞中英：《全球治理与世界秩序》，北京大学出版社 2012 年版。

11. 朱富强：《现代西方政治经济学：以公共选择学派为主的经济和政治理论》，清华大学出版社 2016 年版。

12. 俞可平等：《中国公民社会的兴起与治理的变迁》，社会科学文献出版社 2002 年版。

13. 中国社会科学院国家法治指数研究中心、中国社会科学院法学研究所法治指数创新工程项目组：《社会治理：新时代"枫桥经验"的线上实践》，中国社会科学出版社 2019 年版。

14. 童星:《中国社会治理》,中国人民大学出版社 2018 年版。

15. 殷昭举主编:《社会治理学》,广东高等教育出版社 2016 年版。

16. 向春玲主编:《推进国家治理体系现代化》,中共中央党校出版社 2015 年版。

17. 王浦劬:《国家治理现代化理论与策论》,人民出版社 2016 年版。

18. 上海市人民政府发展研究中心:《全球城市精准治理——联合国第四届世界城市日全球城市论坛实录》,格致出版社 2018 年版。

19. 王浦劬、[美]莱斯特·萨拉蒙等:《政府向社会组织购买公共服务研究——中国与全球经验分析》,北京大学出版社 2010 年版。

20. 张静:《社会治理:组织、观念与方法》,商务印书馆 2019 年版。

21. 王阳亮:《责任与合作:政府购买养老服务研究》,中国社会科学出版社 2017 年版。

22. 杨冠琼:《国家治理体系与能力现代化研究》,经济管理出版社 2018 年版。

23. 张旭升:《政府购买居家养老服务参与主体的行动逻辑研究》,中国社会科学出版社 2016 年版。

24. 房宁、唐奕:《治理南山:深圳经验的南山样本》,中国社会科学出版社 2018 年版。

25. 叶托等:《政府购买公共科技服务研究》,华南理工大学出版社 2017 年版。

26. 张志铭、于浩:《转型中国的法治化治理》,法律出版社 2018 年版。

27. 刘少华等:《国家治理体系现代化与政治治理》,湖南人民出版社 2015 年版。

28. 周红云主编:《社会治理与社会创新》,中央编译出版社 2015 年版。

29. 王文建、夏金华:《治理理论研究新探》,科学出版社 2018 年版。

30. 康宗基:《中国政府与社会组织关系研究——基于“国家与社会关系”的视角》,人民出版社 2017 年版。

31. 王东京等编著:《国家治理——中国政府转型》,重庆大学出版社 2019 年版。

32. 麻宝斌等:《公共治理理论与实践》,社会科学文献出版社 2013 年版。

33. 刘智峰:《国家治理论》,中国社会科学出版社 2014 年版。

34. 周军等:《社会工作创新:基层社会治理实践研究》,知识产权出版社

2018 年版。

35. 赵建春:《中国国家治理现代化研究》,经济管理出版社 2017 年版。

36. 郭苏建等:《转型中国的治理研究》,格致出版社、上海人民出版社 2017 年版。

37. 王春光等:《迈向社会治理的基层实践》,经济管理出版社 2017 年版。

38. 杨雪冬:《地方治理的逻辑》,社会科学文献出版社 2018 年版。

39. 靳江好主编:《服务型政府建设》,社会科学文献出版社 2012 年版。

40. 魏礼群主编:《创新社会治理　决胜全面小康》,红旗出版社 2017 年版。

41. 项显生:《政府购买公共服务的法律问题研究》,北京大学出版社 2017 年版。

42. 苏长和:《大国治理》,人民日报出版社 2018 年版。

43. 魏礼群主编:《社会治理:40 年回顾与展望》,中国言实出版社 2019 年版。

44. 迟树功、王格芳主编:《国家治理体系和治理能力现代化》,中共中央党校出版社 2014 年版。

45. 徐越倩:《治理转型:浙江服务型政府建设研究》,浙江工商大学出版社 2019 年版。

46. 王浦劬、[英]郝秋笛等:《政府向社会力量购买公共服务发展研究——基于中英经验的分析》,北京大学出版社 2016 年版。

47. 陈诚:《社区治理能力评估指标体系研究》,经济日报出版社 2017 年版。

48. 王东伟:《我国政府购买公共服务问题研究》,经济科学出版社 2015 年版。

49. 杨雪冬:《国家治理的逻辑》,社会科学文献出版社 2017 年版。

50. 沈传亮:《大转型——中国治理变革研究》,河北人民出版社 2013 年版。

51. 李君如:《治理什么样的国家,怎样治理国家?》,外文出版社 2018 年版。

52. 许玉镇:《公众参与政府治理的法治保障》,社会科学文献出版社 2015 年版。

53. 江必新、王红霞:《国家治理现代化与社会治理》,中国法制出版社

2016年版。

54.王强编著:《政府治理的现代视野》,中国时代经济出版社2010年版。

55.武小川:《公众参与社会治理的法治化研究》,中国社会科学出版社2016年版。

56.龚维斌主编:《中国社会治理研究》,社会科学文献出版社2014年版。

57.陈林等主编:《第三条道路:世纪之交的西方政治变革》,当代世界出版社2000年版。

58.王韶兴:《政党政治论》,山东人民出版社2011年版。

59.马玉丽:《美国宪法的正当法律程序研究——从程序到实质的演变》,山东人民出版社2016年版。

60.袁方成:《国家治理与社会成长——中国城市社区治理40年》,上海交通大学出版社2018年版。

61.郁建兴等:《在参与中成长的中国公民社会——基于浙江温州商会的研究》,浙江大学出版社2008年版。

62.秦亚青:《全球治理:多元世界的秩序重建》,世界知识出版社2019年版。

63.刘春湘:《非营利组织治理结构研究》,中南大学出版社2007年版。

64.张勤:《中国公民社会组织发展研究》,人民出版社2008年版。

65.王惠岩主编:《政治学原理》,高等教育出版社1999年版。

66.魏中龙:《政府购买服务的理论与实践研究》,中国人民大学出版社2014年版。

67.袁政:《公共选择理论探索》,中国书籍出版社2015年版。

68.刘爱龙:《社会治理创新中的法治绩效研究》,法律出版社2019年版。

69.陈潭等:《治理的秩序:乡土中国的政治生态与实践逻辑》,人民出版社2012年版。

70.王名等:《中国社团改革:从政府选择到社会选择》,社会科学文献出版社2001年版。

(二)中文译著类

1.[美]莱斯特·萨拉蒙等:《全球公民社会——非营利部门国际指数》,陈一梅等译,北京大学出版社2007年版。

2.[美]奥利弗·威廉姆森:《治理机制》,石烁译,机械工业出版社2016年版。

3.[美]詹姆斯·罗西瑙主编:《没有政府的治理》,张胜军、刘小林等译,江西人民出版社 2001 年版。

4.[美]理查德·博克斯:《公民治理:引领 21 世纪的美国社区》,孙柏英译,中国人民大学出版社 2005 年版。

5.[美]杰克·奈特:《制度与社会冲突》,周伟林译,上海人民出版社 2017 年版。

6.[美]珍妮特·登哈特、罗伯特·登哈特:《新公共服务:服务,而不是掌舵》,方兴、丁煌译,中国人民大学出版社 2010 年版。

7.[美]迈克尔· 麦金尼斯主编:《多中心治道与发展》,王文章、毛寿龙译,上海三联书店 2000 年版。

8.[美]埃莉诺·奥斯特罗姆:《公共事务的治理之道——集体行动制度的演进》,余迅达、陈旭东译,上海三联书店 2000 年版。

9.[美]弗朗西斯·福山:《国家构建:21 世纪的国家治理与世界秩序》,郭华译,学林出版社 2017 年版。

10.[美]奥斯特罗姆等:《公共服务的制度建构——都市警察服务的制度结构》,宋全喜、任睿译,上海三联书店 2000 年版。

11.[美]迈克尔·麦金尼斯主编:《多中心体制与地方公共经济》,毛寿龙、李梅译,上海三联书店 2000 年版。

12.[美]盖伊·彼得斯:《政府未来的治理模式》,吴爱明等译,中国人民大学出版社 2001 年版。

13.[美]曼瑟尔·奥尔森:《集体行动的逻辑》,陈郁、郭宇峰、李崇新译,格致出版社、上海三联书店、上海人民出版社 2014 年版。

14.[美]菲利普·库珀:《合同制治理——公共管理者面临的挑战与机遇》,竺乾威、卢毅、陈卓霞译,复旦大学出版社 2007 年版。

15.[美]梅里利·格林德尔、约翰·托马斯:《公共选择与政策变迁》,黄新华、陈天慈译,商务印书馆 2016 年版。

16.[美]萨拉蒙:《公共服务中的伙伴——现代福利国家中政府与非营利组织的关系》,田凯译,商务印书馆 2008 年版。

17.[美]弗兰克·古德诺:《政治与行政》,王元、杨百鹏译,华夏出版社 1987 年版。

18.[德]马克斯·韦伯:《经济与社会》(第 1 卷),阎克文译,上海人民出版社 2010 年版。

19.[英]丹尼斯·缪勒:《公共选择理论》(第3版),韩旭、杨春学等译,中国社会科学出版社2017年版。

20.[英]托尼·本尼特:《文化、治理与社会》,王杰、强东红等译,中国出版集团、东方出版中心2016年版。

二、论文类

(一)期刊论文

1.格里·斯托克:《作为理论的治理:五个论点》,载《国际社会科学杂志》(中文版)1999年第1期。

2.玛丽·克劳德·斯莫茨:《治理在国际关系中的正确运用》,肖孝毛译,载《国际社会科学杂志》(中文版)1999年第1期。

3.俞可平:《重构社会秩序,走向官民共治》,载《国家行政学院学报》2012年第4期。

4.杨得志:《非政府组织对农村治理的参与研究》,载《管理现代化》2012年第5期。

5.李凤华:《治理理论:渊源、精神及其适用性》,载《湖南师范大学社会科学学报》2003年第5期。

6.王浦劬:《国家治理、政府治理和社会治理的基本含义及其相互关系辨析》,载《社会学评论》2014年第3期。

7.姜晓萍:《国家治理现代化进程中的社会治理体制创新》,载《中国行政管理》2014年第2期。

8.王名、董俊林:《关于新时代社会治理的系统观点及其理论思考》,载《行政管理改革》2018年第3期。

9.冯崇微、曹波:《发达国家对非营利组织的税收优惠》,载《中国社会组织》2014年第15期。

10.高秉雄、张江涛:《公共治理:理论缘起于模式变迁》,载《社会主义研究》2010年第6期。

11.文贯中:《市场机制、政府定位和法治——对市场失灵和政府失灵的匡正之法的回顾与展望》,载《经济社会体制比较》2002年第1期。

12.陈建平:《"新公共服务"的公共理性诉求》,载《上海行政学院学报》2007年第2期。

13.李平原、刘海潮:《探析奥斯特罗姆的多中心治理理论 ——从政府、市场、社会多元共治的视角》，载《甘肃理论学刊》2014 年第 3 期。

14. 陈艳敏：《多中心治理理论：一种公共事务自主治理的制度理论》，载《新疆社科论坛》2007 年第 3 期。

15. 潘锋：《市场经济背景下多中心治理理论在中国面临的困境及对策》，载《经济研究导刊》2013 年第 27 期。

16. 强舸：《“政党—社会”关系变迁与国家治理能力现代化》，载《岭南学刊》2017 年第 5 期。

17. 夏建中、张菊枝：《我国社会组织的现状与未来发展方向》，载《湖南师范大学社会科学学报》2014 年第 1 期。

18. 顾朝曦：《改革社会组织管理制度 充分激发社会组织活力》，载《中国社会组织》2014 年第 1 期。

19. 熊光清：《中国网络社团兴起的影响：国家与社会关系的视角》，载《南京社会科学》2009 年第 11 期。

20. 廖晓明、邱安民：《社会管理创新动阻力因素分析与因应之策》，载《中国行政管理》2013 年第 3 期。

21. 马庆钰、贾西津：《中国社会组织的发展方向与未来趋势》，载《国家行政学院学报》2015 年第 4 期。

22. 陈振明等：《政府社会管理职能的概念辨析》，载《东南学术》2005 年第4 期。

23. 朱力、葛亮：《社会协同：社会管理的重大创新》，载《社会科学研究》2013 年第 5 期。

24. 俞可平：《更加重视社会自治》，载《人民论坛》2011 年第 6 期。

25. 张汝立、陈书洁：《西方发达国家政府购买社会公共服务的经验和教训》，载《中国行政管理》2010 年第 11 期。

26. 包国宪、赵晓军：《新公共治理理论及对中国公共服务绩效评估的影响》，载《上海行政学院学报》2018 年第 2 期。

27. 秦云益、刘亚菲：《从政府本位到社会本位——公共管理理念的跨越》，载《郑州经济管理干部学院学报》2007 年第 3 期。

28. 孙涛、孙宏伟：《比较视野下的中国地方政府改革及其挑战》，载《行政论坛》2018 年第 6 期。

29. 俞可平：《治理和善治：一种新的政治分析框架》，载《南京社会科学》2001 年第 9 期。

30. 童志锋、郁建兴:《从政府本位到社会本位:社会管理体制变革的新分析框架》,载《中共浙江省委党校学报》2011 年第 1 期。

31. 孙发锋:《去行政化:中国民间组织发展的必然要求》,载《理论与改革》2010 年第 4 期。

32. 孔凡义、姜卫平、潘诗钰:《社会组织去行政化:起源、内容和困境》,载《武汉科技大学学报》(社会科学版)2014 年第 5 期。

33. 马玉丽:《治理视角下政府购买社会工作服务的第三方评估探析》,载《法制博览》2019 年第 1 期。

34. 黄浩明:《民间组织在统筹经济社会发展过程中的地位和作用》,载《学会》2006 年第 3 期。

35. 戚枝淬:《社会组织内部治理结构法律问题研究》,载《理论月刊》2016 年第 8 期。

36. 李巍:《社会组织公信力问题探究》,载《行政与法》2017 年第 7 期。

37. 夏国永:《国外政府与社会组织合作治理的经验借鉴与启示》,载《经济研究导刊》2012 年第 6 期。

38. 周晓丽、党秀云:《西方国家的社会治理:机制、理念及其启示》,载《南京社会科学》2013 年第 10 期。

39. 姜力:《认清形势 明确任务 开创社会组织建设与管理新局面——在全国社会组织建设与管理工作经验交流会上的讲话》,载《社团管理研究》2007 年第 3 期。

40. 蓝志勇:《美国社会治理的实践》,载《城市管理与科技》2015 年第 6 期。

41. 周贤日:《美国教育捐赠税制及其启示——以美国〈国内税收法〉501(c)条款为视角》,载《温州大学学报》(社会科学版)2015 年第 6 期。

42. 冯俏彬:《政府管理与支持社会组织的国际经验及对我国的启示》,载《财政研究》2013 年第 7 期。

43. 田丰:《发达国家与地区社会组织参与社会治理的经验与启示》,载《检察风云:社会治理理论专刊》2014 年第 2 期。

44. 马占亚:《政府主导 多元参与——新加坡社区治理的经验与启示》,载《广东经济》2015 年第 12 期。

45. 汪文来:《新加坡、香港培育发展社会组织的启示》,载《特区实践与理论》2011 年第 6 期。

46. 何晓裴:《新加坡社会组织考察》,载《群文天地》2011 年第 16 期。

47. 本刊编者:《新加坡地方政府治理现代化经验》,载《管理观察》2015 年第 5 期。

48. 王晖:《新加坡社区治理经验及启示》,载《特区实践与理论》2014 年第4 期。

49. 李平、安喆:《新加坡城市社区管理模式及其启示》,载《管理观察》2015 年第 29 期。

50. 林佩碧:《新加坡政府与民间组织以"三开"促新移民融入》,载《华人世界》2009 年第 11 期。

51. 胡澎:《日本 NGO 的发展及其在外交中的作用》,载《日本学刊》2011 年第 4 期。

52. 田香兰:《日本民间非营利组织的发展现状、法律环境及社会贡献》,载《日本问题研究》2013 年第 2 期。

53. 俞祖成、邹东升:《日本 NPO 与政府的合作伙伴关系:一个初步研究》,载《中国第三部门研究》2012 年第 2 期。

54. 中共浙江省委"两新"工委、浙江省社会组织促进会赴台考察组、庄跃成、梁星心:《台湾社会组织发展考察报告》,载《中国社会组织》2013 年第4 期。

55. 郑振宇:《台湾社会组织管理的经验、问题与启示》,载《探索》2013 年第 3 期。

56. 黄耀明:《台湾社会工作专业发展的经验与启示》,载《闽台文化交流》2006 年第 4 期。

57. 周建国、尹力:《基层社会治理:台湾经验及其比较》,载《中共长春市委党校学报》2013 年第 3 期。

58. 吴晓林:《台湾地区社区建设政策的制度变迁》,载《南京师大学报》(社会科学版)2015 年第 1 期。

59. 钟其:《台湾地区基层社会治理机制及对大陆的启示》,载《公安学刊(浙江警察学院学报)》2014 年第 1 期。

60. 孙志凯:《香港社会治理模式的特点和借鉴意义》,载《中共珠海市委党校珠海市行政学院学报》2013 年第 6 期。

61. 靳环宇:《香港社会组织的特征及对内地的启示》,载《中国社会组织》2013 年第 8 期。

62. 成元俊、陈锦棠:《经验与启示:香港民间社会组织的发展》,载《学习与实践》2010 年第 1 期。

63. 高飞:《增强文化自信,实现文化自强——改革开放 40 周年文化思想浅谈》,载《第十六届沈阳科学学术年会论文集(经管社科)》,2019 年。

64. 戴木才、王艳玲:《中国传统核心价值观的源流发展及其启示》,载《湖南师范大学社会科学学报》2019 年第 4 期。

65. 宋周尧:《论以社会主义核心价值观凝聚改革共识》,载《攀登》2019 年第 3 期。

66. 李永洪、张海洋:《治理资源对创新社会治理体系的价值功能及其有效配置路径》,载《南都学坛》2015 年第 4 期。

67. 廖鸿、石国亮:《中国社会组织发展管理及改革展望》,载《四川师范大学学报》(社会科学版)2011 年第 10 期。

68. 吴文洁:《国外非营利组织的发展及启示》,载《商业时代》2006 年第 29 期。

69. 闫娟:《21 世纪政府、市场与公民社会的三足鼎立——来自治理理论的启示》,载《成都行政学院学报》2002 年第 1 期。

70. 何炜:《跨界治理的三种理论模式、价值诉求及其实现机制》,载《中共四川省委党校学报》2016 年第 4 期。

71. 李坤轩:《新时代深化“放管服”改革的问题与对策》,载《行政管理改革》2019 年第 6 期。

72. 姚秀霞:《山东烟台:推动社会组织党建工作新探索》,载《中国民政》2018 年第 14 期。

73. 斯钦:《社会组织党建工作怎么抓》,载《人民论坛》2017 年第 32 期。

74. 教军章、杨木阳等:《社会组织内部管理优化途径研究》,载《黑龙江教育(理论与实践)》2018 年第 3 期。

75. 何振锋:《社会组织参与公共政策制定存在问题的成因分析》,载《社团管理研究》2011 年第 3 期。

76. 周定财:《探索社会组织参与社会治理的新途径》,载《开放导报》2016 年第 6 期。

77. 郑准镐:《非政府组织的政策参与及影响模式》,载《中国行政管理》2004 年第 5 期。

78. 高红、朴贞子:《我国社会组织政策参与及其制度分析》,载《中国行政管理》2012 年第 1 期 。

79. 李坤轩:《法治政府建设的问题反思与解决之道》,载《人民论坛》2016 年第 33 期。

80. 句华:《美国地方政府公共服务合同外包的发展趋势及其启示》,载《中国行政管理》2008 年第 7 期。

81. 李坤轩、马玉丽:《山东省地方治理的创新与发展——第三方评估》,载《政法学刊》2018 年第 4 期。

82. 毕婷:《萨拉蒙志愿失灵理论之探析》,载《中国商界》2008 年第 10 期。

83. 詹国彬:《需求方缺陷、供给方缺陷与精明买家——政府购买公共服务的困境与破解之道》,载《经济社会体制比较》2013 年第 5 期。

84. 李建辉:《浅议政府向社会组织购买服务——以广东省运作模式为例》,载《社团管理研究》2010 年第 6 期。

85. 王瑞敏、章文君、高洁:《公共科技服务平台构建和有效运行研究》,载《科研管理》2010 年第 6 期。

86. 彭程:《地方政府购买科技服务的现实意义与实现路径研究》,载《中国科技产业》2015 年第 2 期。

(二)博士、硕士论文

1. 张骁虎:《20 世纪以来美国社会治理中联邦政府角色的演变》,吉林大学博士学位论文,2017 年。

2. 易轩宇:《社会组织参与社会治理的机制创新研究》,湘潭大学博士学位论文,2015 年。

3. 张媛:《社会组织参与社会治理研究》,长春理工大学硕士学位论文,2015 年。

4. 盛婷婷:《我国社会组织参与社会治理中的政府责任研究》,长春工业大学硕士学位论文,2018 年。

5. 侯非:《社会组织参与社会治理路径研究》,西南大学硕士学位论文,2013 年。

6. 刘震:《社会组织参与社会治理的路径研究》,南昌大学硕士学位论文,2014 年。

7. 唐敏:《社会组织参与社会治理研究》,贵州民族大学硕士学位论文,2015 年。

8. 吴怡:《公益组织参与社会治理研究》,广东外语外贸大学硕士学位论文,2016 年。

9. 张雪:《中国非政府组织参与社会治理的问题及对策研究》,西南大学硕士学位论文,2015 年。

10. 刘远波:《我国非政府组织参与社会治理研究》,郑州大学硕士学位论文,2017 年。

11. 谢玥:《我国社会组织参与社会治理中存在的问题及对策研究》,四川师范大学硕士学位论文,2017 年。

三、报纸类文章

1. 李凤虎:《从"政府本位"到"社会本位"》,载《河南日报》2018 年 12 月7 日。

2. 张祖平:《奉献精神是中国特色志愿服务的文化内核》,载《中国青年报》2019 年 8 月 8 日。

3. 谢舜等:《发挥社会组织在社会治理中的重要作用》,载《广西日报》2014 年 4 月 22 日。

4. 刘鹏:《加快推进政府职能向社会组织转移》,载《吉林日报》2014 年 6 月28 日。

5. 江必新:《推进国家治理体系和治理能力现代化》,载《光明日报》2013 年 11 月 15 日。

四、党的重要文献资料

1.《坚定不移沿着中国特色社会主义道路前进 为全面建成小康社会而奋斗》,人民网,http://cpc. people. com. cn/18/n/2012/1109/c350821-19529916-1. html。

2.《中共中央关于全面深化改革若干重大问题的决定》,人民网,http://cpc. people. com. cn/n/2013/1115/c64094-23559163. html。

3.《中共中央关于全面推进依法治国若干重大问题的决定》,人民网,http://cpc. people. com. cn/n/2014/1029/c64387-25927606. html。

4.《中共中央关于制定国民经济和社会发展第十三个五年规划的建议》,人民网,http://cpc. people. com. cn/n/2015/1103/c399243-27772351. html。

5.《决胜全面建成小康社会 夺取新时代中国特色社会主义伟大胜利》，人民网，http://politics. people. com. cn/n1/2017/1028/c1001-29613514. html。

6.《中共中央关于深化党和国家机构改革的决定》，人民网，http://cpc. people. com. cn/n1/2018/0305/c64094-29847159. html。

7.《中共中央印发〈深化党和国家机构改革方案〉》，人民网，http://politics. people. com. cn/n1/2018/0321/c1001-29881261. html。

五、外文类

1. G. Stoker, *The Management of British Local Governance*, Macmillan, 1998.

2. G. Stoker, "Governance as Theory: Five Propositions," *International Social Science Journal*, Vol. 68, 2018, pp. 15-24.

3. Donald F. Kettl, "The Global Revolution in Public Management: Driving Themes, Missing Links," *Journal of Policy Analysis and Management*, Vol. 16, No. 3, 1997, pp. 446-462.

4. S. P. Osborne, *The New Public Governance? Emerging Perspectives on the Theory and Practice of Public Governance*, London: Routledge, 2009.

5. W. C. Robert, "Restraining the Regulatory State," *Regulation*, No. 4, 2017, pp. 44-46.

后 记

改革开放40多年以来，市场经济引发了社会各个领域的巨大变化，社会各种力量关系更加复杂化。当下对社会问题的有效治理，仅靠政府与市场力量已难以完成。对于公共领域的社会治理问题，除依靠政府与市场外，还有一支非常重要的力量，即社会组织。社会组织参与社会治理，可以发挥其公益性、志愿性、民间性等优势，从而满足社会发展的需要，进而使社会组织成长为社会治理中一支不可或缺的力量。

尽管当前社会组织已取得长足发展，但其在社会治理中的作用并未得到充分发挥，还存在很多的不足。基于此，本书对新时期社会组织参与社会治理的诸多问题进行了分析与探讨。

近年来，如何看待社会组织的地位、作用，成为党和国家高度重视的问题。这就需要我们认真思考政府与社会组织的关系，进一步发挥社会组织作为社会治理主体之一的作用。需要强调的是，发展社会组织，并不意味着政府对社会事务放任不管；我们既要对二者的功能角色进行清晰的定位，继续推进政府简政放权改革，发挥社会组织的自治性等优势，同时又要优化社会组织的管理体制，实现政府与社会组织之间的良性互动，促进社会组织在社会治理中积极作用的发挥。

我国社会组织发展起步较晚，在管理中还存在诸多薄弱环节。西方国家和我国港台地区社会组织参与社会治理已取得一定的经验，可为我们当前思考社会组织参与社会治理提供有益借鉴。但由于各个国家和地区的政治、经济、文化等各不相同，因此社会组织参与社会治理的模式也不是一成不变的，需要与时俱进，根据社会环境的变化进行调整，结合实践的发展进行创新。当前我国社会组织参与社会治理尚处于初步的探索阶段，需要结合我国国情制定出符合现实发展需要的、具有中国特色的社会治理模式。

本书是中共山东省委党校（山东行政学院）2019年度创新工程科研支撑

项目“社会组织参与社会治理”的阶段性研究成果。

本书写作过程中参阅了国内外诸多专家学者的权威论著，在此对他们表示感谢。

本书的出版得到了山东大学出版社的大力支持，在此对出版社各位编辑老师的辛勤劳动表示衷心感谢。

对于社会组织参与社会治理这一研究领域，笔者还处于初级研究阶段，学术积累和写作水平还很有限，对于书中存在的不当和疏漏之处，敬请大家批评指正。

马玉丽

2019 年 8 月于济南